멘토의 탄생

최초의 멘토가 가르치는 정의와 자유, 지도자의 덕목

멘토의 탄생

Les aventures de Télémaque

프랑수아 드 페늘롱 지음 | 강미란 옮김

푸르메

일러두기

❀ 이 책은 프랑스 국립도서관이 데이터화한 1824년본 『*Les aventures de Télémaque* 』를 텍스트로 삼아 번역하고 편집하였다.

❀ 본문에 나오는 그리스/로마 신화의 등장인물명은 원서에 나온 이름을 따르기로 한다. 원서에서는 대부분 로마 신화의 주인공들이 등장하나 간혹 그리스 신화로 익숙한 이름들이 나오기도 한다.

❀ 그리스/로마 신화의 등장인물의 이름 및 지명의 한글 표기는 일반적으로 통용되거나 『두산백과』에 등재된 내용을 따랐다.

차례

🏛

제1장

쉽게 약속하는 자,
허망히 깨지리라

지금 비록 불행을 겪고 있긴 하나 신들이 그대에게서
지혜를 빼앗아 가지는 않았나 보군요.
그 어떤 행운보다 더 귀한 것이 지혜지요.

칼립소¹는 율리시스²가 떠나버린 슬픔을 달랠 길이 없었다. 고통 속에서 깨닫는 불멸의 삶은 불행하게만 느껴졌다. 더이상 노랫소리가 들려오지 않는 그녀의 동굴, 칼립소를 모시던 님프들조차 말 걸기를 꺼렸다. 칼립소는 영원한 봄날이 섬을 둘러싼, 잘 꾸며진 잔디 위를 자주 거닐었다. 그러나 이토록 아름다운 곳조차 그녀의 시름을 덜어주기는커녕, 수많은 시간을 함께 보낸 율리시스에 대한 가슴 아픈 기억만 되살려줄 뿐이었다. 해변에 우두커니 서서 눈물을 흩뿌리는 일이 잦았는가 하면 눈앞에서 파도를 가르며 멀어져간 율리시스의 배가 떠난 곳을 하염없이 바라보기만 했다.

그러다 갑자기 난파선의 파편들이 눈에 띄었다. 선원들의 자리는 조각나 있었고, 노 역시 부서져 모래 위 여기저기에 널려 있었으며,

방향타, 돛대, 밧줄 할 것 없이 바다 위를 둥둥 떠다니고 있었다. 그리고 저 멀리로 두 명의 남자가 보였다. 한 사람은 나이가 지긋해 보였고, 또 하나는 젊은이였는데 그 생김이 율리시스를 많이 닮았다. 율리시스의 온화함과 자신감, 떡벌어진 몸매에 위풍당당한 걸음까지. 신들은 인간에 비해 많은 것을 알고 있다고 하나 텔레마코스[3]를 동반한 저 존엄한 노인이 누구인지 칼립소는 전혀 알 길이 없었다. 상급 신들은 하급 신들에게 그들이 관심을 가질 만한 모든 것을 숨기곤 했다. 따라서 멘토의 모습을 하고 텔레마코스와 함께 한 미네르바[4]도 칼립소에게 자신의 존재를 들키고 싶지 않았다.

칼립소는 아버지를 쏙 빼닮은 율리시스의 아들이 난파를 당해 그녀의 섬으로 들어온 것이 신나기만 했다. 하지만 누구인지 모르는 척 시치미를 떼며 그의 아들 곁으로 다가가 말했다.

"내 섬에 발을 들이는 이 무모함은 대체 어디에서 왔단 말입니까! 나의 대국에 탈 없이 들어오는 자는 없다는 것을 아셔야지요."

그러자 텔레마코스가 대답했다.

"당신이 인간이든 여신이든(하긴 당신을 보면 여신이 아니고는 이렇게 아름다울 수 없다는 생각이 들지만) 바람 따라 물결 따라 아버지를 찾아나선 아들의 배가 바위에 부딪혀 부서져버린 불행을 보고 어찌 마음이 흔들리지 않을 수 있습니까."

"당신이 찾는 아버지가 누굽니까?"

칼립소의 질문에 텔레마코스가 대답했다.

"율리시스라 합니다. 10년 간의 싸움 끝에 트로이를 몰락시킨 왕들 중 한 명입니다. 위대한 전사로서의 기개와 대단한 지략으로 그리스뿐만 아니라 아시아 전역에서 그 이름을 날렸습니다. 지금은 광활한 바다 어딘가에서 길을 잃고 수많은 위험을 감당해야 하는 처지입니다. 그에게서 고향은 멀어져만 가나 봅니다. 그의 아내 페넬로페와 아들인 나는 왕을 다시 볼 희망도 잃었습니다. 나는 아버지가 겪었던 고생을 그대로 겪으며 그가 어디에 있는지 찾아나섰습니다. 내가 지금 무슨 말을 하는 거죠? 어쩌면 아버지는 이미 바다의 심연에 묻혔을지 모르는데 말입니다. 우리가 받는 고통을 가엽게 여겨주십시오. 만일 운명의 신들이 율리시스의 목숨을 거뒀는지 살렸는지 아신다면, 그 아들인 이 텔레마코스에게 말해주십시오."

젊은 나이에도 불구하고 지혜와 언변을 갖춘 텔레마코스에게 한편 놀라고 또 한편 마음이 약해진 칼립소, 그를 보고 또 봐도 물리지가 않았다. 한참을 묵묵히 있더니 드디어 칼립소가 입을 열었다.

"당신의 아버지에게 무슨 일이 있었는지 말해주도록 하지요. 하지만 이야기가 너무 깁니다. 지금은 고생길을 잠시 잊고 휴식을 취하는 게 좋겠어요. 내 집으로 오세요, 아들처럼 돌봐드릴 테니. 당신이 나의 외로움을 달래줄 수 있을 거예요. 그럼 난 당신의 행복이 되어드리죠. 마음껏 즐기시길 바라겠어요."

숲속의 수많은 나무들 위로 가지를 드러낸 거목처럼 그녀를 둘러싼 젊은 님프들 사이에 당당히 머리를 들고 나선 칼립소의 뒤를 텔레마코스는 따르기로 했다. 그는 칼립소의 신비스러운 미모, 하늘거리는 자줏빛 드레스, 자연스럽게 그러나 우아하게 묶어놓은 뒷머리, 자칫 지나칠 수 있는 격렬함을 절제시켜주는 온화함에 탄복할 수밖에 없었다. 고개를 숙인 멘토도 겸손한 침묵 속에 묵묵히 텔레마코스를 따랐다.

모두 칼립소의 동굴 입구에 도착했다. 텔레마코스는 이토록 소박한 모습만으로도 보는 사람을 매혹할 수 있다는 사실에 놀라울 뿐이었다. 금은보화는커녕 대리석도, 기둥도, 그림도, 동상도 없었다. 암석을 다듬어 만든 그녀의 동굴 천장은 조약돌과 조개껍데기로 가득했으며, 어린 포도나무 덩굴이 흐드러져 벽을 감싸고 있었다. 게다가 산들바람이 불어 작열하는 태양 아래서도 이곳만은 늘 시원했다. 맨드라미와 제비꽃이 가득한 초원 위로 잔잔하게 속삭이며 흘러내린 샘물은 수정만큼 맑고 깨끗한 연못을 만들어주었다. 갓 피어나기 시작한 수많은 꽃들로 덮인 초록빛 융단이 칼립소의 동굴을 감싸고 있었다. 저쪽으로는 금빛 열매 오렌지 나무가 무성했고, 그 꽃은 사시사철 계속 피어 그 어떤 향기보다 달콤하고 향긋한 내음을 뿜어냈다. 초원에 왕관을 씌운 듯 서있는 오렌지 나무숲은 햇빛이 뚫고 들어오지 못할 짙은 그늘을 이루었다. 그곳에서는 새가 지저귀는 소리, 아니면 시냇물 흐르는 소리밖에 들을 수가 없었다. 바위에서 떨어져내린 냇물은 부글부글 거품을 내다가 초원을 따라 이내 사라져버리고 말았다.

칼립소의 동굴은 언덕 경사진 곳에 자리잡고 있었다. 거기서는 바다가 보였다. 투명한 얼음처럼 맑은 것이 한데 모여 있는가 하면 가끔은 미친 듯이 바위에 부딪쳐 산산히 부서지며 태산과도 높은 파도를 만들어내는 바다였다. 반대편으로는 강이 보였는데, 활짝 핀 보리수와 구름에 닿을 듯 고개를 쳐든 포플러로 군데군데가 섬처럼 보이기도 했다. 그렇게 섬을 만들어낸 물길들은 마치 시골에서 즐겁게 노는 듯 보였다. 어떤 물길은 빠른 속도로 청정수를 흘려보냈고, 또 어떤 물길은 잔잔하고 고요하게 흘렀다. 또 어떤 물길은 원천으로 거슬러 오르는 듯 돌고 돌아 제자리로 흘러갔는데, 그 모습이 마치 마법 같은 섬 기슭을 떠날 마음이 없는 것 같았다. 또 저 멀리로는 언덕바지와 산줄기가 구름 속으로 사라지며 독특한 지평선을 만들어 보는 즐거움이 남달랐다. 옆산에는 줄줄이 흐드러진 청포도가 가득했는데, 보랏빛보다 더 찬란한 청포도 열매는 잎사귀 위로 몽글몽글 고개를 내밀어 나무가 지탱하기 버거워 보였다. 그밖에도 무화과, 올리브, 석류 등 오만가지 나무들이 모여 거대한 정원을 이루고 있었다. 칼립소는 자연이 주는 아름다움을 텔레마코스에게 보여주며 말했다.

"여기서 쉬시지요. 옷이 다 젖었군요. 갈아입어야겠습니다. 그리고 다시 보도록 해요. 그때는 당신의 심금을 울릴 그 얘기를 해드리지요."

칼립소는 자신이 머무는 동굴 옆 가장 깊숙하고 비밀스러운 곳으로 텔레마코스와 멘토를 안내했다. 님프들이 이미 삼나무를 피워놓아 곳곳에 향기가 가득했고 두 사람을 위한 새옷까지 마련해놓았다. 눈보다 더 새하얀 모직 튜닉과 금실로 자수를 놓은 자줏빛 가운이 준비된 것을 본 텔레마코스는 그 화려함에 놀라며 기분이 좋아졌다. 또래의 젊은 남자에게서 볼 수 있는 어쩌면 너무나 당연한 반응이었다. 이에 멘토가 심각한 목소리로 말했다.

"텔레마코스! 율리시스 아들의 마음을 빼앗는 게 겨우 이런 것이란 말입니까? 아버지의 명성을 지킬 생각을 하세요. 그대를 괴롭히는 사치와 부를 무찌를 생각을 하시란 말입니다. 여자들처럼 하릴없이 지장이나 하기를 좋아하는 젊은이는 지혜를 누리고 영광을 받을 자격이 없습니다. 고통을 참을 줄 알고 쾌락을 과감히 버릴 줄 아는 마음가짐에서 영광을 얻는 것이니까요."

그러자 텔레마코스가 한숨을 쉬며 말했다.

"나태와 쾌락이 내 마음을 점령하여 고통을 받으니, 차라리 나는 죽는 편을 택하겠습니다! 율리시스의 아들인 내가 비겁하고 연약한 삶의 유혹에 빠져들 수는 없는 일입니다! 도대체 하늘은 무슨 연유로 우리에게 저 여신, 아니 우리를 환대하는 저 여인을 만나게 한 것입니까!"

멘토가 대답했다.

"저 여자는 온갖 악으로 텔레마코스를 짓누를 수 있음을 명심하십시오. 그대는 배를 부숴버린 암초보다 그녀의 거짓된 유혹을 더 조심하셔야 합니다. 덕을 위협하는 쾌락이란 난파나 죽음보다 더 무서운 것입니다. 그녀가 하는 말을 모두 믿어서는 안 됩니다. 젊음이란 오만하기 그지없는 것, 젊음 그 자체만으로 많은 것을 약속하지요. 깨지기 쉬운 것이 젊음이나, 이는 또 모든 것이 가능하다고 믿게 합니다. 그 무엇도 두렵지 않지요. 젊음 자체를 믿는 것입니다.

신중하게 생각해보지도 않고 말입니다. 칼립소의 달콤하고 입에 발린 말, 꽃 밑에 숨은 뱀처럼 부드럽게 넘어가는 그 말들을 조심하십시오. 감춰진 독을 두려워하십시오. 텔레마코스 자신에게 도전하셔야 합니다. 나의 조언을 늘 기다리셔야 합니다."

두 사람은 그들을 기다리는 칼립소에게로 갔다. 머리를 땋고 하얀 옷을 입은 님프들이 소박하지만 깔끔한 진미의 요리를 대접했다. 님프들이 그물을 쳐 잡은 새와 화살 사냥으로 잡아들인 고기 외에는 다른 고기를 찾아볼 수 없었다. 님프들은 은 술병에 담겨 있던 과일즙보다 더 달콤한 포도주를 꽃으로 장식한 금빛 잔에 따라주었다. 봄에 볼 수 있는 열매며 가을에 풍작인 과일이 가득 담긴 바구니를 내오기도 했다.

그때 네 명의 님프가 노래를 부르기 시작했다. 거인족과의 싸움에 나선 신화를 노래하더니 이윽고 주피터와 세멜레[5]의 사랑이야기, 바쿠스의 탄생과 실레노스[6]의 손에 자란 이야기, 히포메네스가 아틀란테와의 경주 중 헤리페리데스의 정원에서 얻어온 황금사과를 던져 승리한 이야기[7]가 이어졌다. 그리고 트로이 전쟁을 노래하기 시작했다. 율리시스의 용맹함과 그의 지혜가 하늘 높은 곳까지 울려 퍼졌다. 레우코토에라는 이름의 님프가 부드러운 목소리에 리라의 선율을 더했다. 아버지의 이름이 들리자 텔레마코스는 두 볼 위로 눈물을 떨구었고, 그 바람에 텔레마코스의 미모가 더욱 빛을 냈다. 그러나 먹지도 못하고 슬픔에 잠긴 텔레마코스를 본 칼립소는 님프들의 노래를 멈췄다. 막 켄타우로스와 라피테스의 싸움[8], 그리고 에 우리디케를 찾아 지옥으로 간 오르페우스의 이야기를 노래하던 참이었다. 식사가 끝나자 칼립소는 텔레마코스를 불러 말했다.

"율리시스의 아들 텔레마코스, 내가 얼마나 지극정성으로 당신을 접대하는지 아시겠죠? 나는 불멸의 몸이랍니다. 내 섬은 인간이 함부로 발을 들일 수 없지요, 큰 벌을 받지 않고선 말입니다. 아무리 난파를 당했어도 그 무모함에 내가 분개를 했을 수도 있지요, 당신을 아끼는 마음이 없었다면 말이에요. 당신의 아버지 역시 융숭한 대접을 받았어요. 하지만 아쉽게도 그걸 즐기지 못했지요. 내 섬에 꽤 오래 머물렀습니다. 그렇게 나와 함께 불멸의 삶을 살면 되는 거였어요. 하지만 보잘 것 없는 고향으로 가겠다고 이 좋은 걸 다 마다 했습니다. 다시 보지도 못할 이타케를 보겠다고 무엇을 버렸는지 아시겠죠?

그는 나를 떠나려했습니다. 그리고 떠났어요. 그래서 나는 폭풍을 일으켜 복수를 했습니다. 바람의 노리개가 된 그의 배는 파도 속으로 묻혀버렸어요. 이 슬픈 이야기를 잘 새겨들으세요. 난파를 당했으니 더이상 기대하지 마십시오. 아버지를 다시 볼 희망도, 그를 따라 다시 이타케로 돌아갈 희망도 접으세요. 이젠 부친 잃은 슬픔을 달랠 때예요. 당신을 행복하게 해줄 여신이 여기 있잖습니까. 그 여신이 당신에게 이 왕국을 드릴 거예요."

칼립소는 계속해서 율리시스가 자기와 함께 이 섬에 있는 동안 얼마나 행복했는지를 말했다. 폴리페모스[9]의 동굴에서 있었던 이야기며 라이스트리고네스의 왕 안티파테스[10]의 섬에서 있었던 일까지 모조리 다 설명하였다. 태양신의 딸 키르케[11]의 섬에서 있었던 일은 물론이요, 스킬라[12]와 카리브디스[13]의 소용돌이에 휘말린 사건까지도 잊지 않았다. 마지막으로 그녀를 떠나던 날 분노한 넵투누스가 일으킨 폭풍에 휘말린 이야기도 전했다. 칼립소는 율리시스가 이 폭풍 때문에 죽었다고 믿도록 하고 싶었다. 그러니 페아키아 섬에 살아 들어간 부분은 굳이 말하지 않았다.

칼립소의 환대에 그저 넋을 잃고 있었던 텔레마코스는 드디어 그녀의 계교를 눈치챘고 멘토가 전해준 사려 깊은 충고를 가슴 깊이 깨달았다. 그리고 텔레마코스가 입을 열었다.

"내가 이렇게 슬퍼할 수밖에 없음을 용서해주세요. 하지만 지금으로선 어찌 불행하지 않을 수 있겠습니까? 시간이 흐르면 나에게 베풀어주는 호의를 즐길 수 있을지도 모르지요. 그러나 지금은 아버지를 위해 울게 놔두십시오. 내 아버지가 그럴 자격이 있다는 것은 나보다 당신이 더 잘 아실 테지요?"

칼립소는 더이상 텔레마코스를 재촉하지 않기로 했다. 게다가 텔레마코스의 슬픔에 동참하며 율리시스를 측은히 여기는 흉내까지 냈다. 하지만 텔레마코스의 마음을 움직이려면 더 많은 정보를 얻어내야 했다. 결국 어떻게 난파를 당했으며 섬으로 흘러 들어오는데 어떤 모험을 겪어내야 했는지 묻기로 했다.

"나에게 닥친 불행에 대해 이야기하려면 너무 깁니다."

텔레마코스가 대답했다.

"아니요! 그 얘기가 간절히 기다려집니다. 그러니 나에게 말해주세요."

그리고도 오랫동안 텔레마코스에게 고집을 부렸다. 결국 그녀를 당할 재간이 없어진 텔레마코스가 입을 열었다.

"나는 트로이 전쟁을 마치고 온 다른 왕들에게 아버지의 소식을 묻기 위해 이타케 섬을 떠났습니다. 그런 나를 보며 어머니 페넬로페의 구혼자들은 많이 놀랐죠. 신의라고는 찾아볼 수 없는 그들의 성격을 잘 알았기에 나는 떠난다는 사실을 숨기고 있었습니다. 그러나 필로스에서 만난 네스토르[14]도, 라케다이몬[15]에서 나를 기꺼이 맞아준 메넬라오스[16]도 아버지가 살아 있는지 죽었는지 모른다고 했습니다. 불안과 긴박함의 연속인 삶에 지친 나는 시칠리아로 떠날 결심을 했습니다. 아버지가 강풍에 휩쓸려갔다는 바로 그곳이죠. 그러나 지금 여기 보시는 멘토가 이 무모한 계획을 말렸습니다. 한편에는 사람들을 잡아 삼킨다는 거대괴물 키클로페스[17]가 있고, 또 한편으로는 아이네아스[18]와 트로이의 함대라는 위험이 도사리고 있다고 했습니다. 멘토가 말했습니다.

'트로이인들은 그리스인들을 증오합니다. 그러니 율리시스의 아들을 잡아 그 피를 뿌리며 기꺼이 즐길 것입니다!'

그리고 멘토가 덧붙였습니다.

'이타케로 돌아가십시오. 신들의 보호를 받은 그대의 아버지가 먼저 도착했을지 모릅니다. 그러나 만약에라도 하늘의 신들이 율리시스의 목숨을 빼앗고, 다시는 고국으로 돌아갈 수 없는 운명을 선택했다면 아버지를 위해 복수를 해야 합니다. 어머니를 구해내야 합니다. 사람들에게 그대의 지혜로움을 널리 알리십시오. 바로 그대 안에 한 나라를 통치할 수 있는 왕의 힘이 있다는 것을 보이십시오. 아버지가 한 업적보다 더 대단한 업적을 남길 수 있음을 보이십시오.'

정말 힘이 되어주는 말이었죠. 하지만 그 말을 깊이 새기지 않았습니다. 나의 열정만을 믿은 거예요. 그래도 멘토는 그의 뜻을 저버리고 혼자 결정한 나의 이 무모한 모험에 따라주었습니다. 또한 신들도 이런 나의 실수를 통해 오만함을 고칠 수 있는 기회를 준 셈이에요."

텔레마코스가 말하는 동안 칼립소는 멘토를 지켜보았다. 뭔가 신의 기운이 느껴지는 그를 보며 놀라지 않을 수 없었다. 하지만 그것이 무엇인지 알아낼 길은 없었다. 그리하여 칼립소는 불안과 불신이 가득한 눈빛으로 멘토를 쳐다보았다. 그녀는 혹여 흔들리는 자신의 모습을 보일까 내심 두렵기도 했다.

"계속하세요. 제 궁금증을 모두 풀어주세요."

그러자 텔레마코스는 계속해서 말을 이어갔다.

"시칠리아로 가는 중에는 바람이 좋았습니다. 그러다 갑자기 폭풍을 예고하는 검은 기운이 하늘을 감쌌어요. 이윽고 모든 것이 깊은 어둠에 잠기게 되었습니다. 그때 번쩍 빛나는 번개 덕분에 우리처럼 위험에 빠진 배 한 척을 보게 되었어요. 바로 아이네아스의 배라는 것을 알았습니다. 그들은 우리에게 암초만큼이나 두려운 상대였습니다. 하지만 때는 이미 늦었더군요. 나는 무모한 젊음의 열정 때문에 깊이 생각하지 못했던 것입니다. 이런 위험에 휩싸였을 때 멘토는 강인하고 대담할 뿐만 아니라 오히려 평소보다 더 밝아보였습니다. 그는 나에게 용기를 주었습니다. 어떤 보이지 않는 힘을 불어넣어주었지요. 선장은 두려움에 어쩔 줄 몰랐고, 멘토는 아주 침착하게 모든 선원들에게 명령을 내렸습니다. 그때 나는 멘토에게 말했습니다.

'멘토, 나는 왜 당신의 조언을 저버렸을까요? 내 자신만 믿으려 했던 나는 이렇게 불행하지 않습니까? 미래를 내다볼 줄도, 그렇다고 과거를 돌아볼 줄도, 현재를 제대로 꾸려가지도 못하는 그런 나이에 말입니다. 우리가 이 폭풍을 벗어날 수만 있다면 나는 내 자신을 최고의 적으로 삼고 살겠습니다. 당신만을, 멘토만을 항상 믿고 따르겠습니다.'

내 말에 멘토가 웃으며 말했습니다.

'그대가 저지른 잘못에 대해 뭐라 할 생각은 없습니다. 그대가 그걸 깨달으면 된 것입니다. 이번의 실수를 통해 다음번에는 유혹을 잘 견뎌낼 수 있는 방법을 알아내는 것으로 족합니다. 하지만 이 폭풍이 지나면 젊음의 오만함이 다시 살아나겠죠. 지금은 용기를 가지고 버텨야 합니다. 위험에 빠지기 전에는 그 위험을 예상하고 두려워할 줄 알아야 합니다. 그러나 이미 위험에 빠졌을 때는 그 위험에 담대해지는 것이 최선입니다. 당신은 율리시스의 아들입니다. 그 이름값을 하십시오. 텔레마코스를 위협하는 그 어떤 악보다 더 강한 모습을 보이십시오.'

나는 멘토의 온화함과 용기에 깊은 감동을 받았습니다. 게다가 얼마나 능란하게 트로이인들로부터 우리를 구해냈는지 놀라지 않을 수 없었죠. 점점 하늘이 개이고 그들의 배와 우리가 타고 있던 배가 가까워졌습니다. 그러니 우리를 알아보는 것은 시간 문제였죠. 그때 멘토는 폭풍 때문에 다른 배들과 멀어진 트로이 배 한 척을 발견해냈습니다. 그 배의 선미는 꽃으로 장식되어 있었어요. 그러자 멘토는 엇비슷한 꽃으로 선미를 꾸미기 시작했어요. 트로이인들이 쓴 줄과 비슷한 줄을 묶기도 했습니다. 그러더니 선원들에게 그러더군요, 적들이 알아보지 못하도록 최대한 몸을 숙이라고요. 그런 상태로 적들의 함대 사이를 지났습니다. 우리가 실종된 줄만 알았던 동료라고 믿은 적들이 기쁨의 함성을 내질렀어요. 바다가 어찌나 거칠던지, 우리는 적과의 항해를 얼마간 계속해야 했습니다. 마침 우리 배가 적의 함대 뒤쪽에 자리하고 있었을 때 강풍이 불어왔죠. 그 덕분에 적들은 아프리카 쪽으로 떠밀려 갔고, 우리는 죽을힘을 다해 시칠리아 근처로 노를 저었어요.

다행히 뭍에 닿았습니다. 하지만 우리가 맞닥뜨린 것은 힘을 들여 도망쳐 나온 적의 함대만큼이나 위험했어요. 그리스인들의 적인 또 다른 트로이인들, 바로 시칠리아에서 만난 이들이 그들이었습니다. 트로이 출신인 아케스테스[19]가 군림하던 곳이었죠. 그곳 주민들은 우리가 그들을 공격하기 위해 무장을 한 섬 사람들 혹은 그들의 땅을 훔치러 들어온 이방인이라고 생각했나 봐요. 겁에 질린 섬사람들이 우리 배를 불태우고 말았습니다. 격분한 주민들은 모든 선원의 목을 베었습니다. 멘토와 나만 살려두었죠. 아케스테스에게 데려가기 위해서요. 그래서 우리가 왜 이 섬에 들어왔는지, 어디서 왔는지 알아보려고 했던 거죠. 우린 등 뒤로 손이 묶인 채 마을로 들어갔습니다. 우리가 그리스인이라는 것이 알려지면 그 야만인들에게 처절한 죽음을 당할 처지였어요. 그들은 볼거리를 위해 우리를 바로 죽이지 않았던 겁니다.

우선은 아케스테스에게 우리를 데려갔습니다. 그는 금으로 된 홀을 들고 사람들을 심판하며 큰 제물을 바칠 준비를 하고 있었어요. 아주 엄한 목소리로 우리가 어디에서 왔으며 여행을 하는 목적이 무엇인지 물었습니다. 멘토가 얼른 나서 그에게 말했습니다.

'우리는 헤스페리아 연안에서 온 사람들입니다. 거기서 멀지 않은 곳에 살고 있습니다.'

그렇게 해서 멘토는 우리가 그리스인이라는 사실을 숨겼어요. 하지만 아케스테스는 이야기를 더 들어보지도 않고 우리가 목적을 숨기고 들어온 이방인들이라고 했죠. 근처 숲속에 들어가 그곳을 지키는 사람들의 종이 될 것을 명했습니다. 이건 죽는 것보다 더 심하다는 생각이 들더군요. 그래서 나는 소리쳤습니다.

'그런 부당한 처사를 내리시느니 차라리 우릴 죽여주십시오. 나는 이타케 왕 율리시스의 아들 텔레마코스입니다! 아버지를 찾겠다고 망망대해에 나섰습니다. 아버지를 찾을 수 없다면, 다시는 내 고국을 볼 수 없다면, 그리고 종으로 살 수밖에 없다면 차라리 나를 죽여주십시오. 나는 그 모욕을 견딜 수 없을 것입니다!'

내 말이 끝나자마자 흥분한 군중이 소리를 질렀습니다. 계략적으로 트로이를 함락시킨 잔인한 왕 율리시스의 아들을 죽여야 한다고요. 그러자 아케스테스가 이렇게 말하더군요.

'율리시스의 아들은 들으시오! 당신의 아버지 때문에 죽음의 강 코키투스로 일찍 떠나간 트로이의 영혼들을 생각하면 그대의 피를 거부할 수가 없소. 당신과 당신을 따르는 저자를 죽음에 처하겠소!'

그때 군중 속에 있던 노인이 안키세스의 무덤에 우리를 제물로 바치는 것은 어떻겠냐고 하더군요. 노인은 이렇게 말했습니다.

'우리의 영웅에게 저들의 피가 얼마나 달갑겠습니까? 아이네아스도 저들이 제물로 바쳐진 것을 알면 기뻐할 것입니다. 그에게 가장 소중했던 아버지 안키세스를 왕께서 얼마나 아끼는지 아시게 될 테니까요.'

노인의 제안에 모두 박수를 보냈습니다. 이제 나와 멘토는 죽을 일만 남은 것이었습니다. 사람들은 우리를 안키세스의 무덤으로 끌고 갔어요. 거기에 두 개의 제단을 만들고 성화를 밝혔습니다. 우리 두 사람을 찌를 검이 눈앞에 준비되어 있었습니다. 멘토와 나의 머리 위에 꽃 장식까지 했지요. 우리를 살릴 동정의 눈빛이라고는 보이지 않았습니다. 우리 목숨은 거기서 끝난 것이었어요. 그때 멘토가 아케스테스에게 말했습니다, 아주 차분한 목소리로 말이죠.

'아케스테스 왕은 들으십시오. 트로이인들에게 단 한 번도 무기를 들어본 적이 없는 젊은 텔레마코스의 불행에 마음이 흔들리지 않을 수는 있겠죠. 하지만 당신들의 안녕에 관련된 일인데도 가만히 보고만 있을 수 있을까요? 저에게는 신들의 의중과 전조를 파악하는 능력이 있습니다. 그 능력에 따르면 당신들은 사흘의 시간이 흐르기 전, 산으로부터 급류처럼 쏟아져 내려올 야만인들에게 침략을 당할 것입니다. 그들이 이 마을을 덮치고 이 나라를 가질 것입니다. 그들에 대항할 준비를 하시지요. 사람들에게 무기를 들게 하고 시골에 있는 이들과 가축들을 모두 성 안으로 급히 불러들이십시오. 내 예언이 틀리다면 사흘이 지나 우리를 죽여도 좋습니다. 그러나 그 반대로 내 예언이 적중한다면 은혜를 입은 사람을 해해서는 안 된다는 것을 잊지 마십시오.'

그 누구에게도 볼 수 없었던 확신에 찬 모습을 멘토에게서 본 아케스테스는 놀랄 수밖에 없었습니다. 그리고 그가 말했습니다.

'알겠소. 비록 불행을 겪고 있긴 하나 신들이 그대에게서 지혜를 빼앗아가지는 않았나 보군요. 그 어떤 행운보다 더 귀한 것이 지혜지요.'

아케스테스는 곧 우리를 제물로 바치려던 제사를 멈췄습니다. 그리고 서둘러 멘토가 예견한 야만인들의 침략으로부터 나라를 보호하기 위한 명령을 내리기 시작했습니다. 사방에서 덜덜 떨고 있는 여자들, 허리가 굽은 노인들, 눈물을 흘리는 아이들이 보였어요. 모두 황급히 성 안으로 들어갔지요. 풍성한 초원에서 방목을 하던 소 떼와 양 떼들도 울어대며 몰려들었습니다. 가축들을 다 들일 외양간은 부족했어요. 여기저기서 사람들은 서로를 밀어내고, 소리를 지르고, 모르는 사람을 친구인 줄 알고 손을 잡는가 하면, 어디로 가는지도 모르고 발걸음을 재촉했지요. 하지만 도시의 중직에 있던 사람들은 달랐어요, 자기들은 다른 사람들보다 똑똑하고 지혜롭다고 믿었던 겁니다. 멘토를 사기꾼이라고 했어요. 자기 목숨 살리겠다고 말도 안 되는 예언을 했다며 말이죠.

그리고 사흘째, 중직에 있는 사람들이 아직도 멘토가 사기꾼이라고 믿고 있을 때였어요. 옆산 경사진 곳으로 먼지바람이 일어났습니다. 셀 수도 없이 많은 야만족 군사들이 중무장을 하고 내려오고 있었죠. 매서운 바람이 끊이질 않고 겨울만 계속되는 아크라타스 정상과 네브로데스 산에 살고 있던 아주 잔인한 히메리안들이었습니다. 현명한 멘토의 예언을 듣지 않은 사람들은 가축이며 종들을 모두 잃었죠. 아케스테스가 멘토에게 이렇게 말했습니다.

'당신이 그리스인임을 잊었습니다. 우리의 적들이 가장 좋은 친구가 되었군요. 신께서 우리를 살리려고 당신들을 보냈습니다. 이제 당신의 현명한 조언을 기다릴 뿐입니다. 우리를 도와주시지요.'

멘토의 눈에서는 제일 강하다는 용사들에게서도 볼 수 없었던 용맹함이 보였습니다. 그는 철모를 쓰고 방패와 칼, 그리고 창을 들었습니다. 아케스테스의 군사를 정렬한 후 선두에 나서 적들을 향해 다가갔습니다. 용기 하나는 누구도 이길 자가 없다던 아케스테스도 나이가 들어 멀리서 지켜볼 수밖에 없었죠. 나는 멘토 가까이서 그를 따랐습니다. 하지만 그의 용맹함을 따라갈 수는 없었습니다. 전투에 나선 멘토의 갑옷은 불멸의 방패와도 같았습니다. 멘토의 검이 지나는 곳에는 차례로 죽음이 기다리고 있었어요. 마치 허약한 양 떼 사이로 들어간 굶주린 누미디아의 사자와도 같았습니다. 찢고 찌르고, 핏속에서 헤엄을 쳤습니다. 목동들은 양 떼를 구하기는커녕 두려움에 떨며 도망을 갔고요.

불시에 침략을 하려 했던 야만족은 어안이 벙벙해질 수밖에 없었어요. 아케스테스의 군사는 모범이 되어준 멘토의 명령에 따라 움직였습니다. 얼마나 용맹스럽게 싸웠는지 자신들의 역량을 보고 스스로 놀랐을 겁니다. 나는 창을 던져 적들의 왕자를 쳤습니다. 나이는 비슷했지만 나보다 훨씬 몸이 컸어요. 키클로페스와 같은 뿌리의 거인족 야만인들이었으니까요. 나처럼 약해 보이는 적은 무시했던 거죠. 하지만 난 그의 비범한 힘에도, 또 거칠고 미개한 그의 모습에도 놀라지 않았어요. 대신 창으로 그의 가슴을 적중했고 그는 숨을 거두며 검은 피를 토해냈어요. 나를 누를 수 있으리라 생각했겠죠. 바닥으로 쓰러지며 그가 갖고 있던 무기들이 엄청난 소리를 냈어요. 산 너머에까지 울려 퍼졌죠. 나는 그의 시신과 그에게서 뺏은 무기를 들고 아케스테스에게 갔습니다. 그때 멘토는 적들을 혼란에 빠트리고 그들을 칼로 베었습니다. 그리고 남은 도망자들을 숲속으로 쫓아버렸어요.

생각지도 못했던 승리를 거두자 사람들은 멘토가 신의 보호를 받는 자라고 믿었습니다. 아케스테스는 고마운 마음에 우리를 걱정하더군요. 아이네아스의 함대가 시칠리아로 다시 돌아올 것을 내심 걱정한 거예요. 그래서 우리가 고향으로 갈 수 있도록 배 한 척을 마련해주었습니다. 선물도 가득 채워줬어요. 그리고 자신이 생각하는 또 다른 위험을 피하려면 빨리 떠나는 것이 좋다고 했죠. 하지만 그는 선장도 선원들도 주지 않았습니다. 그리스 연안에 자기 사람들을 노출시키고 싶지 않았던 거예요. 대신 페니키아[20] 상인들을 태웠습니다. 전세계를 다니며 무역을 하는 사람들이니 두려울 게 없다는 거죠. 우리가 이타케 섬에 내리면 그 배를 다시 아케스테스에게 가져와 줄 수도 있는 사람들이었고요. 그러나 인간의 운명을 손에 쥐고 있는 신들은 우리에게 또 다른 위험을 안겨줬습니다."

멘토의 조언

① 고통을 참을 줄 알고 쾌락을 과감히 버릴 줄 아는 마음가짐이 영광을 얻는다.

② 젊음은 깨지기 쉬운데도 젊었을 때는 그 사실을 모른 채, 그 무엇도 두려워하지 않고 신중하게 생각하지 않는다.

③ 덕을 위협하는 쾌락은 난파나 죽음보다 더 무서운 것이다.

④ 위험을 예상하고 두려워할 줄 알아야 한다. 이미 위험에 빠졌을 때는 그 위험에 담대해지는 것이 최선이다.

제2장

용기와 절제를 가진 자,
더욱 성장하리라

사람을 다스리는 위치에 갔을 때 절대 잊어서는
안 될 것이 있습니다. 당신 역시 약한 자였다는 사실,
그들처럼 굶주리고 가난했었다는 사실이요.

"티레[21]인들은 그들의 자존심 때문에 당시 이집트를 다스리는 왕이며 수많은 나라를 정복했던 세소스트리스에게 맞서고 있었어요. 바다 한가운데 위치한 거대한 도시 티레의 힘과 교역으로 얻은 부로 인해 티레인들의 자부심이 대단했죠. 그들은 세소스트리스에게 정복당하고 약속했던 조공을 바치지 않았어요. 대신 정복 축하연이 열린 가운데 그를 죽이려 했던 세소스트리스의 동생에게 가축을 상납했죠. 티레인들의 기를 죽여야겠다고 다짐한 세소스트리스 대왕은 그들의 해상무역을 적극 방해하기로 결심했어요. 그래서 페니키아인들을 찾아 바다 곳곳을 뒤졌던 겁니다. 그때 마침 우리가 탄 배는 시칠리아의 산이 보이지 않을 정도로 멀리 와 있었고, 결국 이집트 함대와 맞닥뜨리게 되었어요. 이미 항구며 육지는 구름 저 멀리로 아득히 사라지고 있었습니다. 거대한 도시가 둥둥 떠 있는 듯, 이집트인들의 배가 우리를 향해 다가오는 것이 보이더군요. 이집트인들을 알아본 페니키아 상인들이 도망을 가려고 했지만 때는 이미 늦었습니다. 그들의 돛은 우리 배의 돛보다 훨씬 강했고, 바람까지 그들을 위해 불어주었어요. 노를 젓는 인원도 그쪽이 우세였죠. 결국 그들은 우리 배까지 들어왔습니다. 우리는 그렇게 잡혀서 이집트로 끌려가게 되었어요.

우리는 페니키아 사람들이 아니라고 아무리 말해도 소용이 없었어요. 들은 척도 하지 않더군요. 그들은 우리가 페니키아인들의 암거래 대상인 노예라고 생각했어요. 그러니 대어를 낚았다는 생각에 들떠있었죠. 어느덧 바다색은 나일 강물과 합쳐져 하얗게 변했어요. 이집트 연안이 보이더군요. 바다인지 뭍인지 분간하기 어려울 정도였어요. 그렇게 우리는 파로스 섬까지 갔습니다. 노라는 도시 옆에 있는 섬이에요. 거기서 나일 강을 따라 멤피스에 도착하게 됩니다.

그렇게 잡혀갔으니 경치를 즐길 생각을 할 수 있나요? 하지만 수많은 운하가 물을 적신 낙원과도 같은 비옥한 이집트 땅을 보니 그 매력에 빠져들 수밖에 없었어요. 양쪽 기슭으로 보이는 부유한 도시며, 잘 자리잡은 시골집이며, 해마다 풍작인 밭이며, 동물들이 가득한 초원이 보였습니다. 그뿐인가요, 옥토에서 흘러넘치는 과일에 몸을 못 가누는 농부도 보이는가 하면 목동들의 부드러운 갈피리 선율이 곳곳에 울려 퍼지기도 했어요. 멘토가 말했습니다.

'현명한 왕을 모시는 이 민족은 얼마나 행복하겠습니까! 풍족하고 즐겁게 살며 그들의 행복을 보장해준 왕을 사랑하는 민족이니 얼마나 좋겠어요! 텔레마코스, 바로 이렇게 다스려야 합니다. 만약 아버지의 대를 이어 왕국을 물려받는 것이 신들의 뜻이라면 텔레마코스가 백성의 기쁨이 되셔야 합니다. 내 자식처럼 백성을 사랑하고 그들의 사랑을 받는 행복을 누리십시오. 그들이 항상 평화와 만족 속에 살도록 하세요. 또한 그런 큰 선물은 바로 선한 왕으로부터 온 것임을 잊지 않게 하십시오. 누구나 자신을 두려워하게 만들고 더 처참한 복종을 얻어내기 위해 사람들을 괴롭히는 왕은 인간 말종과도 다를 바가 없어요! 결국은 그가 원하는 대로 되겠죠, 사람들을 벌벌 떨게 할 테니까요. 하지만 그런 왕은 미움을 받습니다, 증오의 대상이 됩니다. 그런 왕은 사람들이 자신을 두려워하는 것보다 더 사람들을 두려워해야 할 것입니다.'

멘토의 말에 나는 이렇게 대답했습니다.

'아쉽게도 어떤 왕이 되어야 한다는 격언을 들을 때는 아닌 것 같습니다. 이제 더이상 우리가 돌아갈 이타케는 없어요. 내 조국도 내 어머니 페넬로페도 볼 수가 없습니다. 다시는 아들을 볼 기회가 없는데 율리시스가 금의환향을 한다고 한들 무슨 소용이 있겠습니까! 아버지로부터 올바른 정치를 배우기 위해 고개를 숙이는 기쁨을 누릴 수도 없습니다. 존경하는 멘토, 그냥 이대로 죽읍시다. 다른 방법이 없지 않습니까. 신들은 우리에게 어떤 동정심도 허락하지 않으니 이대로 죽읍시다.'

그리고 나는 깊은 탄식에 숨이 턱 막혀 더이상 말을 이을 수가 없었어요. 그러나 멘토는 달랐습니다. 그것이 어떤 불행이든 고통이 닥치기 전에 미리 예견을 하고 준비하는 멘토는 일단 일이 닥쳤을 때는 더이상 두려워하지 않았죠.

'그것이 어디 율리시스의 아들로서 할 말입니까? 시련이 왔다고 물러서다니요? 언젠가는 이타케로 다시 돌아가고 어머니를 볼 것입니다. 지금 텔레마코스가 겪고 있는 것보다 더한 시련에도 견디고 어떤 유혹에도 빠지지 않은 무적의 율리시스, 그 율리시스의 영광도 보게 될 것입니다. 폭풍에 휩쓸려 뭍으로부터 멀어진 율리시스가 지금 아들의 모습을 본다면 어떻겠습니까? 그 아들이 아버지의 인내도 용기도 흉내내지 못하고 있다는 걸 안다면 수치심에 견디지 못할 것입니다. 그 수치심은 그가 이미 오래 전부터 겪고 있는 불행과 고난보다 더 힘에 부치는 일일 것입니다.'

그러더니 멘토는 2만 2천 개나 되는 도시가 자리잡고 풍요와 기쁨이 흘러넘치는 이집트 땅으로 나의 관심을 돌렸습니다. 문명으로 이룩한 도시를 보도록 했죠. 부자보다 가난한 이들을 위해 정의가 실현되는 곳이었어요. 참교육을 받은 아이들은 순종의 의미를 깨닫고 일의 소중함을 알며 절제 있게 행동합니다. 그리고 글과 예술에 대한 사랑이 남달랐죠. 모든 종교 행사는 지나침이 없이 엄숙했고, 무사무욕이 실천되며, 명예를 따를 줄 알았고, 사람들은 신의를 지키고 신을 두려워했습니다. 부모는 아이들의 모범이 되는 그런 나라였습니다. 멘토는 모든 것이 질서 속에 이루어진 나라를 보며 탄복했습니다. 멘토가 항상 말했어요.

'현명한 왕의 슬기로운 정치 속에 사는 사람들은 얼마나 행복합니까! 또 수많은 사람들에게 행복을 주고, 그의 후덕함으로 가족까지 잘 건사할 수 있는 왕은 얼마나 더 행복하겠습니까! 두려움보다더 큰 힘을 갖게 되는 겁니다. 왜냐, 사랑을 받는 왕이니까요. 그에게 복종할 뿐 아니라 만인의 마음속에 있는 왕이 되는 겁니다. 그를무너뜨리려는 사람이 없을 뿐더러 오히려 그를 잃을까 봐 사람들이걱정할 것입니다. 그리고 그를 위해서라면 기꺼이 자신의 목숨까지내놓을 것입니다.'

나는 멘토의 말에 귀를 기울였습니다. 지혜롭고 소중한 친구인멘토의 이야기를 듣고 있자니 가슴 깊은 곳에서 용기가 솟아나는것을 느낄 수 있었어요. 비옥하고 웅장한 도시 멤피스에 도착하자그곳을 다스리는 자가 그러더군요, 나와 멘토는 테베까지 가서 세소스트리스 왕을 만나게 될 것이라고요. 티레인들에게 가뜩이나 반감을 가진 이 왕으로부터 직접 재판을 받을 것이라 했습니다. 그래서 우리는 나일 강을 따라 올라갔습니다. 드디어 그 왕이 산다는 거대한 도시 테베에 도착했습니다. 끝이 없는 것처럼 보이는 대도시였어요. 그리스의 번창한 도시보다 사람들이 더 많았으니까요. 길과 운하가 조직적으로 닦여 있고 깨끗이 보존되어 있는가 하면 편리한 공중목욕 시설도 완비된 곳이었습니다. 문화와 예술이 번창하고 공공안전이 실행되는 도시였죠. 광장마다 샘물이 흐르고 오벨리스크 장식이 멋졌어요. 대리석으로 올린 사원은 단순한 건축 양식을 따르고 있었지만 웅장해 보였습니다. 왕이 머무는 궁전은 그 하나만으로도 큰 도시에 버금가더군요. 대리석 기둥, 피라미드와 오벨리스크, 거대한 동상, 순금과 순은으로 만든 가구들까지!

우리를 끌고 간 사람들이 왕에게 일렀습니다. 페니키아인들이 타고 있던 배에서 우리를 잡아들였다고요. 왕은 매일 정해진 시간에 그에게 불만을 토로하는 사람들의 이야기를 들어주고, 또 조언이 필요한 사람들에게는 해결책을 제시하더군요. 그 누구의 말도 건성으로 듣는 일이 없었고 싫증을 내지도 않았습니다. 그는 백성을 제자식처럼 사랑하고 그들에게 좋은 일을 해줘야 진짜 왕이라고 믿는 분 같았습니다. 외국인들도 친절하게 맞아들이고 항상 그들을 만나려 했습니다. 멀리 사는 사람들이 사는 방식과 그들의 풍습에 늘 배울 것이 있다고 생각했으니까요.

왕의 외국에 대한 호기심 덕분에 우리는 그를 만날 수 있었습니다. 상아로 된 왕좌에 금홀을 들고 있었습니다. 나이가 많았으나 유쾌한 성격의 왕이었죠. 온화하면서도 위풍당당했고요. 인내와 지혜로 매일 사람들을 심판하는 왕이었습니다. 고충을 해결하고 정당한 판결을 내리는 일로 하루를 보내고 저녁이 되면 학자들의 말에 귀를 기울이거나 진실한 사람들과 이야기 나누기를 좋아했습니다. 왕은 그런 사람들을 잘 가려냈고 친하게 지냈어요. 그의 일생에서 굳이 나무랄 일이라고는 수많은 왕들을 제압하고 자랑스럽게 귀환한 것, 그리고 곧 말씀드리게 될 신하 한 명을 너무 신뢰한 것뿐입니다.

나를 보더니 어린 나이에 고생을 하는 것을 딱하게 여기는 듯했

습니다. 나의 조국이 어딘지, 내 이름은 무엇인지 묻더군요. 그의 입
에서 나오는 말 한마디 한마디가 어찌나 온화하던지 나와 멘토는
놀랄 수밖에 없었죠. 나는 왕에게 말했습니다.

'트로이 전쟁에 대해 들어보셨으리라 생각합니다. 10년을 싸우
고 결국 무너졌지만 그리스에 많은 피를 흘리게 했지요. 내 아버지
율리시스는 트로이를 무너뜨린 왕들 중 한 분입니다. 하지만 지금
은 조국인 이타케를 찾지 못하고 바다를 헤매고 있습니다. 나는 아
버지를 찾고 있습니다. 그리고 아버지가 겪은 만큼의 고생을 하고
있었습니다. 아버지를 찾게 해주십시오, 내 나라를 되찾게 해주십
시오. 그러면 신들의 보호로 당신의 자식들이 아버지를 잃는 일이
없을 것이요, 이리 좋은 아버지 밑에서 사는 기쁨을 누릴 수 있을 것
입니다.'

세소스트리스는 동정의 눈빛으로 나를 보았습니다. 하지만 내 말
이 진실인지 거짓인지 알아보려는 눈치였어요. 그러더니 우리를 어
느 장교에게 맡기기로 하더군요. 우리를 잡아온 사람들에게 가서
그리스인인지 페니키아인인지 알아보는 일을 맡은 사람이었습니
다. 그리고 왕이 말했습니다.

'이들이 페니키아인이라면 두 배로 큰 벌을 줄 것이다. 우리의 적
일 뿐만 아니라 비겁한 거짓말로 우리를 속이려 작정한 자들이기
때문이다. 그러나 반대로 그리스인이라는 것이 밝혀진다면 저들을
잘 보호하고 배를 하나 내주어 조국을 찾도록 해주겠다. 나는 그리
스를 좋아하기 때문이며, 이미 많은 이집트인들이 법률을 전한 곳

이기 때문이다. 나는 헤라클레스의 무용을 익히 알고 있으며 아킬레우스의 승리는 이곳까지 전해지기도 했다. 지금은 어려움을 겪고 있는 율리시스가 얼마나 현명한 왕인지도 잘 안다. 불행에 빠진 착한 사람을 구해내는 것이 내 기쁨이 될 것이다.'

하지만 우리 일을 해결하라고 맡긴 그 장교라는 사람은 세소스트리스가 진실되고 자애로운 것만큼이나 부패하고 계교를 부리는 자였습니다. 그의 이름은 메토피스라고 합니다. 우리에게 겁을 주려는 듯 취조를 하더군요. 하지만 나보다는 훨씬 더 현명하게 대처하는 멘토를 보더니 그에게 반감을 느끼고 경계심을 가졌습니다. 사악한 사람들은 선한 사람들 앞에서 화가 나는 법이니까요. 그는 나와 멘토를 갈라놓았습니다. 그 후 나는 멘토에게 어떤 일이 벌어졌는지 알 수가 없었죠.

멘토와 헤어지게 되자 나는 벼락을 맞은 기분이었습니다. 우리 둘을 갈라놓으면 서로 다른 말을 할 것이라고 메토피스는 믿었습니다. 특히 듣기 좋은 말로 나를 유혹하여 멘토라면 당연히 숨겼을 것을 내 입으로 말하게 하려는 심산이었습니다. 그는 진실을 원한 것이 아니었어요. 그저 우리가 페니키아인이라고 왕에게 말할 만한 구실을 찾으려고 했죠. 그래서 우릴 종으로 부리고 싶었던 거예요. 결국 그의 마음대로 되고 말았습니다. 우리가 결백하고 세소스트리스가 현명한 왕인 것이 무슨 소용입니까. 왕을 속일 핑계를 찾아내고야 말았으니까요. 왕이라는 위치가 어떤 위험에 노출되어 있는지요! 아무리 지혜로운 왕이라도 어쩔 수가 없었어요. 간사하고 교활하여 이득을 노리는 사람들에게 둘러싸여 있었으니까요. 정말 믿을 만한 사람들은 뒤로 물러나지, 나서서 아부를 떨지 않습니다. 솔직하고 선한 사람들은 알아서 자기를 찾아주길 기다립니다. 하지만 왕이나 왕자들은 그런 사람들을 찾을 줄을 몰라요. 반대로 해가 되는 사람들은 대담하고 남을 잘 속일 뿐만 아니라, 빌붙어 아첨하기 바쁘며, 환심을 살 줄 알고, 숨기는 데 일가견이 있으며, 다스리는 자의 기분에 맞춰주기 위해서라면 명예고 양심이고 신경 쓰지 않습니다. 이런 악독한 인간들의 계교에 노출된 왕은 얼마나 불행합니까! 사탕발림을 멀리하지 않는다면 그리고 과감히 진실을 말하는 자들에게 귀를 기울이지 않는다면 왕은 길을 잃을 수밖에 없습니다. 이게 바로 내가 처한 불행 속에서 고민하여 얻어낸 교훈이요, 멘토에게 들은 말입니다.

메토피스는 나를 그의 종들과 함께 오아시스 사막의 언덕으로 보내버리더군요. 거기서 다른 노예들과 함께 수많은 양 떼를 돌봐야 했습니다."

이때 텔레마코스의 말을 끊으며 칼립소가 물었다.

"세상에! 그래서 어떻게 했습니까? 시칠리아에서 종이 되느니 죽음을 택하겠다고 했던 당신은 어떻게 했습니까?"

텔레마코스가 칼립소의 질문에 대답했다.

"제 불행은 더욱더 커져만 갔습니다. 나에게는 더이상 죽느냐 노예로 사느냐 사이에서 선택을 할 수 있는 비참한 희망조차 없었습니다. 노예가 되어 내 운명의 가혹한 모든 순간들을 하나씩 견뎌갈 수밖에요. 더이상의 희망도 없었고 일을 할 때는 한 마디도 할 수가 없었습니다. 멘토는 에티오피아인들에게 팔려 그 나라로 간다고 하더군요.

나는 무시무시한 사막에 도착했습니다. 허허벌판에 뜨거운 모래만이 있는 곳이었어요. 산 정상은 만년설로 덮여 혹독한 겨울이 계속되는 곳이었습니다. 양 떼의 먹이라고는 가파른 산중턱의 바위 틈에 난 풀이 전부였어요. 계곡은 또 얼마나 깊은지 햇살만이 겨우 뚫고 들어갈 수 있었습니다. 볼 수 있는 사람이라고는 황량한 환경만큼이나 척박한 목동들뿐이었어요. 나는 매일 밤 내 운명을 탓했습니다. 아침이 되면 다시 양 떼를 몰았고요. 그렇게 하지 않으면 목동대장의 횡포를 피할 길이 없었거든요. 그는 자유를 얻기 위해 다른 노예들을 끊임없이 비난하는 자였습니다. 그렇게 해서 자신이 얼마나 충성스러운지, 주인을 위해 얼마나 노력하는지를 과시하려는 것이죠. 대장의 이름은 부티스였습니다.

한 번은 정말 죽을 뻔했습니다. 어느 날, 몸이 너무 아파 양 떼고 뭐고 다 잊고 동굴 옆에 누워 있었어요. 바로 제가 죽음을 맞을 동굴이었죠. 더이상 아픔을 견딜 수가 없었어요. 그때 산 전체가 흔들리더니 소나무며 떡갈나무가 정상에서 쓸려 내려오는 것처럼 보이는 거예요! 바람이 멈추더니 동굴에서 어마어마하게 큰 소리가 들렸습니다.

'현명한 왕 율리시스의 아들은 들어라. 너도 그와 같이 참고 견뎌 큰 사람이 되어야 한다. 늘 행복하기만 했던 왕자는 큰 사람이 될 수 없는 법. 편안함에 부패하고 자만에 취할 수밖에 없다. 너의 불행을 이겨내고 그 경험을 잊지만 않는다면 너는 행복할 것이다! 이타케를 다시 보게 될 것이며 너의 영광이 하늘에까지 퍼지리라. 사람을 다스리는 위치에 이르렀을 때 절대 잊어서는 안 될 것이 있다. 너 역시 약한 자였다는 사실, 그들처럼 굶주리고 가난했었다는 사실이다. 그들의 시름을 덜어주어라. 네 민족을 사랑하고 아첨을 증오하여라. 네 열정과 욕망을 이길 용기와 절제를 가진 만큼 너 또한 커지리라.'

이 신성한 말이 내 마음 깊은 곳에 와 닿았습니다. 내 안에 기쁨과 용기가 생겼습니다. 더이상 머리가 쭈뼛 서고 온몸의 피가 얼어버리는 공포도 느껴지지 않았습니다. 신들이 사람에게 말할 때 느껴지는 그런 두려움 말입니다. 나는 조용히 일어나 무릎을 꿇었습니다. 그리고 하늘을 향해 두 손을 벌려 미네르바를 찬양했습니다. 나에게 신성한 메시지를 전해준 것이 바로 미네르바라고 생각했기 때문입니다. 동시에 나는 완전 다른 사람이 되었죠. 내 영혼이 지혜로 감싸이는 것 같았어요. 열정을 절제하고 젊음의 혈기를 누를 수 있는 힘이 생기는 느낌이었습니다. 사막의 모든 목동들이 나를 좋아하게 되었어요. 나의 온화함과 인내, 그리고 모든 일에 있어 정당한 모습이 덕분에 여느 목동들을 힘으로 제압하고 처음에는 나를 괴롭히려 했던 부티스까지도 누그러뜨릴 수 있었어요.

나는 감옥 같은 생활과 외로움을 달래기 위해 책을 찾았습니다. 내 영혼을 살찌우고 지탱해줄 교양과 학식을 익힐 수 없으니 너무나 지겹고 고달팠거든요. 나는 속으로 생각했습니다.

'강렬한 욕망에 역겨워하고 순수한 삶이 주는 평온함을 즐기는 자는 얼마나 행복한가! 배움을 즐기며 학문으로 영혼을 무르익게 하는 자는 또 얼마나 행복한가! 운명이 그들을 버린 곳에서도 항상 균형을 유지해줄 무언가를 가지고 있으며, 책을 읽으며 여가를 보낼 줄 아는 이들은 어느 사람들을 욕망으로 몰고 가는 권태라는 것을 모른다. 글읽기를 즐기며 나처럼 글에서 멀어지지 않는 사람들은 얼마나 행복한가!'

이런 생각으로 머릿속이 가득하던 바로 그때, 나는 어두운 숲속으로 뛰어 들어갔습니다. 어느 노인이 책을 들고 있는 것이 보였거든요. 머리는 거의 없고, 넓은 이마에는 주름이 졌더군요. 허리까지 내려오는 하얀 수염에 키가 크고 위엄 있는 노인이었습니다. 하지만 건강한 피부색에 홍조를 띠고 있었죠. 형형한 눈빛과 부드러운 목소리를 가진 분이었습니다. 솔직하면서도 상냥하게 말을 했고요. 그렇게 존경할 만한 노인을 본 것은 처음이었습니다. 그의 이름은 테르모시리스, 아폴론 신전의 사제였습니다. 이집트의 왕들이 아폴론을 기리며 숲속에 만든 대리석 신전에서 일을 하고 있었죠. 그가 들고 있던 책은 신들을 경배하는 찬가집이었습니다.

그는 나를 상냥하게 대했고, 나 또한 그와 편하게 이야기를 나눌 수 있었습니다. 어찌나 지난 일에 대해 생생하게 말해주던지, 마치 두 눈으로 보고 있는 것 같았다니까요. 간결한 그의 이야기는 지겹지가 않았습니다. 그는 심오한 예지력으로 인간과 인간사의 미래를 보는 능력이 있었습니다. 아주 신중하면서도 유쾌하고 관대한 사람이었죠. 나이는 지긋했지만 그 어떤 젊은이보다 매력적인 인물이었습니다. 물론 그는 젊은 사람들을 좋아한다고 했어요. 어질고 유순한 젊은이들에 한해서요. 그는 조금씩 나에 대한 마음을 열었고 내슬픔을 달래기 위해 책을 선사해주었습니다. 그리고 나를 '아들아'하고 불렀어요. 나는 그에게 이런 말을 자주 했습니다.

'아버지, 멘토를 빼앗아간 신들이지만 나에 대해 가엾게 여기는 마음은 있었나 봅니다. 새로운 아버지를 보내서 또 다른 버팀목을 마련해주셨으니까요.'

오르페우스, 혹은 리노스[22]를 닮은 그는 신들로부터 영감을 받은 분이셨어요. 나에게 그가 쓴 시를 들려주었지요. 뮤즈의 사랑을 받은 시인들의 글도 알려줬습니다. 그가 눈부시게 하얀 로브를 입고 상아로 된 리라를 손에 들면 호랑이와 사자, 곰까지 가까이 와서 애교를 부리며 그의 발을 핥았어요. 사티로스[23]까지 숲에서 뛰쳐나와 그의 곁에서 춤을 추었지요. 나무들조차 감동을 받는 것 같았어요. 그의 연주에는 바위들마저 매혹되어 산 위에서 굴러 내려올 듯했으니까요. 그는 신들의 위대함, 영웅들의 덕행, 욕망보다는 영광을 중요시한 사람들의 지혜를 노래했어요.

그는 저에게 이런 말을 자주 했습니다. 다시 용기를 가지라고요. 신들은 율리시스도, 그 아들도 절대 포기하지 않을 거라고요. 그는 내게 아폴론을 본받아 목동들에게 시를 가르치도록 했어요. 그는 이렇게 말했습니다.

'맑은 하늘에도 벼락을 내리는 주피터에게 화가 난 아폴론은 그 벼락을 만드는 대장장이 키클로페스족에게 복수하기로 마음을 먹고 화살을 쏘았다. 그러자 에트나 산이 불소용돌이를 쏟아내었고, 망치를 두드려대는 엄청난 굉음이 들렸지. 땅의 깊은 굴까지, 바다의 심연까지 흔들리게 했단다. 더이상 키클로페스가 매만지지 않는 철과 청동은 녹슬기 시작했다. 그러자 화가 난 불카누스[24]가 가마에서 나왔단다. 다리를 절긴 했지만 올림푸스를 향해 힘차게 걸어갔지. 땀과 검은 먼지로 범벅이 되어 도착한 그는 신들에게 찾아갔다. 거기서 쓰디쓴 불평을 해댔지. 아폴론에게 화가 난 주피터는 그를 하늘에서 쫓아내어 땅으로 내려가게 했단다. 아폴론의 빈 전차는 홀로 경주를 계속하여 사람들에게 낮과 밤, 그리고 계절을 선사했단다. 빛을 잃은 아폴론은 목동이 되어 아드메토스[25] 왕의 양 떼를 돌봤지. 그가 피리를 들면 다른 목동들도 모두 샘가 느릅나무 밑에 모여 그의 연주를 들었단다. 그때까지 이 목동들은 야생의 삶을 살고 있었지. 양을 몰고, 털을 깎고, 젖을 짜서 치즈를 만드는 일밖에는 할 줄 아는 것이 없었어. 마을 전체가 황량한 사막과도 다를 바가 없었단다.

아폴론은 이 목동들에게 삶을 더 윤택하게 해줄 예술을 가르치게 된단다. 그는 봄이 되면 만개하는 꽃과 사방에 풍기는 그 향기, 그리고 발밑에서 느껴지는 푸르름을 노래했지. 시원한 미풍이 불고 이슬이 땅을 적시는 여름밤의 달콤함을 노래하기도 했어. 그의 노래 속에는 노동의 대가로 가을이 선사하는 황금빛 과일도 있었어. 신이 난 젊은이들이 모닥불 옆에서 춤을 추는 겨울의 휴식도 빠지지 않았지. 마지막으로 산을 뒤덮는 짙은 숲과 초원을 가르며 굽이굽이 흐르는 샘물이 모여드는 깊은 계곡을 노래했어. 소박한 자연이 주는 신비함을 즐길 줄 아는 이들에게는 시골에서의 삶이 얼마나 매력적인지 목동들에게 가르쳤지. 그렇게 해서 목동들은 피리를 불며 여느 왕보다 더 행복하게 살았단다. 그들의 오두막은 금은보화로 장식한 궁궐보다 더 큰 즐거움이 있었지. 목동들에게는 웃음과 행복과 행운이 늘 따랐단다. 매일매일이 축제였어. 그곳에는 새들의 지저귐, 무성한 나뭇잎 사이로 지나는 바람 소리, 바위틈으로 흐르는 맑은 물소리, 그리고 아폴론을 따라 뮤즈의 사랑을 받는 목동의 시가 들려왔지. 아폴론은 목동들에게 빨리 달리는 방법, 사슴에게 화살을 쏘는 방법도 가르쳤어. 이런 목동의 삶은 신들조차 부러워할 정도였다. 영광으로 가득한 삶보다 그들의 삶이 더 좋아 보였거든. 결국 신들은 아폴론을 다시 올림푸스로 불렀단다.

아들아, 이 이야기를 듣고 느끼는 바가 있어야 한다. 지금 너는 아폴론이 겪었던 일을 똑같이 겪고 있기 때문이다. 야생의 땅을 개척하고, 아폴론이 했던 것처럼 이 사막에 꽃을 피워라. 조화로운 삶의 기쁨을 목동들에게 가르치고 모난 마음을 진정시켜라. 도덕을 행하는 것이 얼마나 아름다운 일인지 알게 하고, 그 누구도 목동들에게서 앗아갈 수 없는 순박한 기쁨을 고독 속에서 느끼는 일이 얼마나 행복한지 알게 하여라. 그래서 언젠가는, 아들아, 왕들을 둘러싼 고민과 고통으로 인해 왕좌보다 목가적 삶이 더 행복했음을 잊지 말

아라.'

이 말을 하며 테르모시리스는 나에게 피리 하나를 주었습니다. 그 아름다운 소리가 사방팔방으로 울렸고, 또 그 메아리는 옆 동네 목동들에게까지 퍼졌습니다. 나의 목소리는 천상의 하모니가 되었습니다. 자연이 꾸며놓은 전원의 행복과 은혜를 노래했어요. 내가 '나'가 아닌 상태, 영감을 받은 상태였죠. 나는 목동들을 가르쳤습니다. 그럴 때마다 목동들은 내 주위로 몰려와 꼼짝도 하지 않고 집중을 했어요. 양 떼고 오두막이고 모두 잊고서요. 더이상 사막은 야생의 공간이 아닌 것 같았습니다. 모든 것이 즐겁고 평화로웠어요. 예의를 갖추게 된 목동들 덕분에 땅마저 온화해진 것 같았죠.

우리는 테르모시리스가 사제로 있었던 아폴론 신전에 가서 제사를 올리곤 했습니다. 목동들은 아폴론을 찬양하기 위해 월계수관을 쓰고 갔어요. 가끔은 꽃관을 쓰고 춤을 추며 가기도 했어요. 바구니에는 잔뜩 제물을 담고요. 제사가 끝나면 축하연을 벌였죠. 잔치 음식으로는 우리가 직접 짠 염소젖과 또 직접 따서 가져온 대추, 무화과, 포도 등이 있었어요. 잔디에 앉으면 그곳이 곧 연회장이 되었고요. 무성한 나뭇잎이 선사하는 그늘은 금으로 장식된 궁궐보다 더 좋았어요.

하지만 목동들에게 최고의 인기를 얻게 된 결정적인 일은 따로 있었어요. 어느 날, 굶주린 사자가 양 떼를 공격한 거예요. 끔찍한 학살이 시작된 거죠. 그때 나에게는 지팡이밖에 없었어요. 하지만 사자를 향해 당당히 걸어갔어요. 그러자 갈기를 세우며 이빨을 보이고 발톱을 드러내더군요. 눈은 피와 불꽃으로 가득해 보였고, 긴 꼬리로는 자신의 허리를 치는 거예요. 나는 그놈을 한번에 때려눕혔어요. 다행히 이집트 목동들의 전통에 따라 입었던 털옷 덕분에 상처를 입지도 않았어요. 놈은 세 번이나 다시 일어났고, 결국 나는 두 팔로 놈의 숨통을 조였어요. 나의 승리를 지켜봤던 목동들은 내가 그 사자의 가죽으로 옷을 해 입기를 원했죠.

사자와의 싸움에서 이긴 일이며 우리 목동들의 변화가 이집트 전체에 소문이 났고 세소스트리스의 귀에까지 들어간 모양이었어요. 페니키아인라고 생각하여 잡은 두 명의 포로 중 하나가 황무지였던 곳에 황금기를 가져온 장본인임을 안 것입니다. 나를 만나자고 했어요. 그 역시 시를 사랑했던 왕이거든요. 그리고 사람들에게 교훈을 주고 가르침을 주는 일에 감동을 받는 자였으니까요. 그는 내 얘기를 기꺼이 들어주었어요. 그리고 메토피스가 고약한 거짓말을 했다는 것도 알게 되었지요. 결국 그는 메토피스를 영영 세상에 나오지 못하도록 감옥에 가두고 말았습니다. 그리고 그가 부당하게 얻은 모든 재산을 다 빼앗았어요. 세소스트리스가 나에게 이렇게 말했습니다.

'남들보다 윗자리에 있는 자는 불행한 법입니다. 제 눈으로 진실을 못 볼 때가 많거든요. 왕에게까지 진실이 전해지지 않도록 술수를 쓰는 사람들에게 둘러싸이게 마련이죠. 이런 자들은 왕을 속이기에 바쁩니다. 겉으로는 헌신하는 척하지만 속으로는 욕심을 감추고 있어요. 왕을 존경하는 척, 좋아하는 척하지만 사실은 다릅니다.

왕이 그들에게 주는 상과 돈이 좋은 것입니다. 어떻게든 좋은 것을 얻으려고 왕에게 아첨을 하고 왕을 배신하지요.'

그리고 세소스트리스는 나를 진심으로 친구처럼 대해주었습니다. 나에게 배와 선원들을 제공해주겠다고 했어요. 다시 이타케로 돌아가 구혼자들에게서 어머니를 구하라고 했습니다. 이미 선대가 준비되어 있더군요. 이제 출발만 하면 되는 것이었습니다. 운명의 장난은 이렇게 대단한가, 라는 생각이 들었어요. 참혹한 불행에 처했던 사람들에게 갑자기 기회를 주고 다시 일어서게 했으니까요. 그 경험을 통해 이런 희망을 갖게 되었습니다. 길고 긴 고생 끝에 나의 아버지 율리시스도 다시 조국으로 돌아갈 수 있다는 희망을요. 나 자신에게도 희망을 품었어요. 에티오피아의 이름 모를 땅으로 끌려가긴 했지만 다시 멘토를 볼 수 있을지 모른다는 희망이었죠. 나는 항해를 조금 미루고 멘토의 소식을 알아보러 다녔습니다. 그러는 동안 고령이었던 세소스트리스가 급사를 하게 되었어요. 그리고 그의 죽음은 나를 다시 깊은 불행 속으로 몰고 갔어요.

그의 죽음에 슬퍼하는 이집트인들을 위로할 길이 없었습니다. 제일 좋은 친구, 그들의 보호자, 그들의 아버지를 잃었다고 생각했죠. 노인들은 하늘을 향해 두 팔을 벌리고 소리쳤습니다. '여태 이집트는 이렇게 좋은 왕을 모셔본 적이 없습니다. 앞으로도 이런 선왕은 또 만나지 못할 겁니다! 이런 왕을 사람들에게 보내주지 말거나, 보내줬다면 그의 목숨을 앗아가지 말았어야죠! 어떻게 위대한 세소스트리스를 잃고 살 수 있단 말입니까!' 젊은이들은 이렇게 말했어요. '이집트의 희망은 산산조각이 났습니다. 아버지 세대는 세소스트리스처럼 좋은 왕 밑에서 행복한 삶을 살았어요. 하지만 우리는 그의 마지막 생을 겨우 겪지 않았습니까.' 왕을 모시던 자들은 낮이고 밤이고 울기만 했습니다. 왕의 장례가 있던 40일 동안은 시골구석에 살던 사람들도 모두 몰려들었어요. 모두 세소스트리스의 시신을 보려고 했죠. 그의 마지막 모습을 기억하고 싶었던 거예요. 많은 사람들이 그와 함께 묻히길 원하기도 했어요.

왕을 잃은 슬픔을 가중시킨 장본인은 그의 아들 보코리스였어요. 그는 아버지처럼 이방인들에 대한 인간애도 없었고, 학문에 대한 호기심도 없었고, 도덕적인 사람들에 대한 존경은 물론이거니와 영광을 얻고자 하는 마음도 없었어요. 아버지가 워낙 위대한 왕이었기에 그는 한 나라를 통치할 자격이 없어 보였어요. 그는 늘 안락한 삶을 찾았고 오만하기 이를 데가 없었습니다. 그는 백성들이 자신을 위해서 산다고 생각했고, 자기는 뭔가 다르다고 생각했어요. 자신의 욕망을 채우는 데만 급급했고 아버지인 세소스트리스가 힘겹게 모아놓은 재산을 탕진하기 바빴죠. 사람들을 괴롭히고 가엾은 이들의 피를 뽑아먹는 자였어요. 그는 세소스트리스의 신임을 받았던 지혜로운 노인들의 조언은 거들떠보지도 않았고, 그저 자신에게 빌붙어 사탕발림이나 하는 젊은 사람들의 말에 귀를 기울였어요. 그는 왕이 아니라 괴물이었습니다. 이집트 전체가 슬픔에 흐느꼈어요. 다행히 이집트인들에게 사랑과 존경을 받았던 세소스트리스의 아들이라는 사실 하나로 그의 비겁하고 잔인한 행동들을 참았던 거죠. 하지만 그는 점점 몰락해가고 있었어요. 그렇게 자격이 없는 자는 왕좌에 오래 남을 수 없는 법이죠.

그는 이타케로 다시 돌아가려는 나의 희망도 꺾어버렸어요. 나는 펠루스 근처 해변의 탑 속에 갇히게 되었습니다. 교활하게도 메토피스는 감옥에서 빠져나와 새왕 옆에 딱 달라붙더군요. 그자가 나를 그 탑에 가둔 겁니다. 나 때문에 당한 일에 대한 설욕이라면서요. 나는 밤낮 할 것 없이 깊은 슬픔에 빠져 있었어요. 테르모시리스의 예언도, 그 동굴에서 들은 모든 이야기도 다 꿈만 같더군요. 다시금 쓰디쓴 고통의 구렁에 빠지고 말았어요. 갇혀 있던 탑 아래로 부딪치는 파도만 보았죠. 간혹 이런 상상도 했어요. 폭풍에 떠밀려온 배들이 내가 갇힌 탑 아래로 부딪혀 산산조각이 날 수도 있겠지. 하지만 그 배에 탄 사람들의 목숨을 걱정했던 것이 아닙니다, 그들의 운명이 부러웠을 따름이죠. 나는 이렇게 생각했어요. '그들은 곧 삶의 불행에서 해방될 수 있겠지? 운이 좋으면 다시 그들의 나라로 돌아갈 수도 있고. 하지만 나는? 풀려나는 것도 내 조국을 보는 것도 기대할 수가 없구나!'

이렇게 헛된 고민과 후회로 시간을 낭비하던 중 멀리 엄청난 돛대 숲이 보이는 것이 아니겠어요? 바다 위는 바람에 휘날리는 돛의 물결로 가득했어요. 노를 젓는 수많은 손길에 파도는 하얗게 부서졌죠. 여기저기서 사람들의 고함 소리가 들려왔어요. 해변에는 겁을 먹고 무기를 찾으러 가는 이집트인들이 보였습니다. 또 어떤 이들은 점점 다가오는 함대를 향해 가기도 했어요. 가만 보니 함대의 반은 페니키아 배였고, 나머지 반은 키프로스 배였어요. 그렇게 고생을 하고 불행에 맞닥뜨리다 보니 배는 쉽게 알아볼 수 있게 되더군요. 이집트인들은 단결이 되기는커녕 서로 파를 나누는 눈치였어요. 그래서 알았죠. 폭군 보코리스에 대항한 사람들이 시민전쟁을 일으켰다는 것을요. 저는 탑 위에서 처참한 전쟁의 현장을 목격했어요. 그들을 향해 다가온 외국 함대의 힘을 빌리기로 한 이집트인들은 보코리스 왕을 선두에 둔 또 다른 이집트인들을 공격했어요. 왕은 그를 따르는 사람들을 부추겨 자신이 그렇듯 온갖 폭력을 휘두르게 하더군요.

그는 마치 마르스[26] 신처럼 보였어요. 그의 주위는 온통 피바다였어요. 그가 탄 전차의 바퀴는 부글부글 끓는 검은 피로 짙게 물들어 있었죠. 여기저기 시신들이 널려 전차가 겨우 움직일 수 있었어요. 하지만 원기왕성하고 오만함을 풍기는 젊은 왕의 눈에는 두려움과 절망이 가득했어요. 입이 없는 멋진 말과도 같았죠. 그 어떤 계획도 없이 되는 대로 공격을 하는가 하면 머리를 쓰고 지혜롭게 대처하지도 못했어요. 실수를 만회하기는커녕 제대로 명령을 내릴 줄도 몰랐죠. 그를 위협하는 악을 예상할 줄도 몰랐고 그에게 도움이 될 사람들을 다스리는 법도 몰랐어요. 그가 우둔한 자여서 그런 것은 아닙니다. 그는 용감무쌍한 만큼이나 총명했어요. 하지만 그는 어려움을 겪어보지 못한 자였습니다. 그를 가르치는 사람들도 듣기 좋은 말만 해댔으니 타고난 실력을 발휘할 수 없었던 거예요.

그는 자신의 권력과 안락한 행복에 취해 있었어요. 모든 일이 자신의 뜻대로 된다고 생각했고, 조금이라도 문제에 부딪히면 분노를 삭이지 못했던 왕입니다. 그러니 더이상 이성적으로 생각하고 행동할 수 없었어요. 미친 것이나 다름없었죠. 분노에 끓는 자만심 때문에 잔인한 짐승으로 바뀌고 만 것입니다. 타고난 착한 품성이나 올바른 이성은 곧 그에게서 사라져버리고 말았어요. 충성스러운 신하라고 했던 인간들은 도망가기 바빴죠. 그는 자신의 욕망을 채워줄 수 있는 자들만 좋아했거든요. 정작 지켜야 할 것은 신경도 쓰지 않고 극단적인 행동을 취하곤 했어요. 그러니 엉망으로 행동하고 사람들에게 증오만 샀을 뿐이죠.

점점 그의 적이 불어났지만 어쨌든 오랫동안 대항했어요. 그러나 결국 그도 무너지고 말았습니다. 나는 그가 죽어가는 모습을 봤어요. 페니키아인의 창이 그의 가슴을 적중했습니다. 그는 전차에서 떨어졌지만 계속해서 달리는 말 때문에 질질 끌려갔어요. 말고삐를 잡을 수도 없으니 말들의 발길질을 당하며 그렇게 끌려갔어요. 키프로스 섬의 한 병사가 그의 머리를 잘랐습니다. 그리고 달리는 말 위에 머리를 얹어 승리병들에게 그 모습을 보여주었어요.

나는 피바다 속에서 본 그 머리를 평생 잊지 않을 겁니다. 감긴 눈, 창백하고 상처 난 얼굴, 계속해서 말을 이어갈 것만 같이 벌린 입술, 죽음도 지울 수 없었던 용맹하고 위협적인 그의 표정을 결코 잊을 수 없을 겁니다. 평생 그의 얼굴을 기억할 것입니다. 언젠가 나에게 한 나라를 통치할 수 있는 힘을 신들이 허락한다면 이 슬픈 사건을 교훈으로 삼을 것입니다. 한 나라의 왕은 이성적으로 생각하고 행동할 수 있어야만 나라를 다스릴 수 있고 권력 속에서 행복할 수 있다는 사실을 명심할 겁니다. 사람들을 행복하게 해줘야 하는 왕이 그들을 불행하게 할 수밖에 없다면 이보다 더 큰 불운이 또 있겠습니까?"

멘토의 조언

1 지도자는 국민의 기쁨이 되어야 한다. 내 자식처럼 국민을 사랑하고 그들이 항상 평화와 만족 속에 살도록 함으로써 그들의 사랑을 받는 행복을 누려야 한다.

2 사람을 다스리는 위치에 이르렀을 때 당신 역시 약한 자였다는 사실, 그들처럼 굶주리고 가난했었다는 사실을 절대 잊어서는 안 된다.

3 한 나라의 지도자는 이성적으로 생각하고 행동할 수 있어야만 나라를 다스릴 수 있고 권력 속에서 행복할 수 있다.

제3장

욕망을 버리는 자,
삶의 주인이 되리라

거짓말을 하는 자는 그게 누구든 훌륭한 사람이
될 수 없으며, 비밀을 지키지 못하는 자는
나라를 다스릴 자격이 없습니다.

너무도 신중하게 이야기를 전하는 텔레마코스를 보고 칼립소는 놀라지 않을 수 없었다. 어쩜 저리도 젊은 나이에 멘토를 따르지 않고 성급히 행동한 자신의 잘못에 대해 솔직하게 털어놓을 수 있는지, 칼립소는 그런 텔레마코스가 마음에 들었다. 자신의 잘못을 반성하고, 경솔했던 모습을 통해 더욱 현명하게 변하고 앞을 내다볼 줄 알며, 절제력까지 갖추게 된 젊은 왕자에게서 고귀함과 위엄을 느낄 수 있었다. 칼립소가 말했다.

"계속 말하세요. 어떻게 이집트를 빠져나왔는지, 잃었다고만 생각했던 지혜의 멘토를 어디서 찾았는지 알고 싶군요."

그러자 텔레마코스는 계속해서 이야기를 이어갔다.

"왕에게 충성을 다했던 파는 사실 제일 나약한 사람들이기도 했습니다. 왕이 죽자 그들의 적진에 선 이집트인들에게 굴복할 수밖에 없었죠. 결국 새왕을 뽑았고, 그의 이름은 테르무티스였습니다. 키프로스 사람들과 마찬가지로 페니키아인들 역시 새로 왕좌에 오른 이와 협정을 체결하고 모두 돌아가기로 했죠. 새왕은 페니키아 포로들을 모두 풀어주었습니다. 나 역시 그 포로에 속해 있었어요. 탑에서 풀려난 나는 다른 포로들과 함께 배에 올랐죠. 가슴 깊은 곳에서 희망이 솟아나는 것을 느낄 수 있었어요. 바람도 우리에게 이로운 방향으로 불어주었어요. 선원들은 열심히 노를 저었죠. 드넓은 바다가 배로 가득했어요. 뱃사람들은 기쁨의 함성을 내질렀습니다. 이집트 연안도 점점 멀어지고 있었죠. 그곳의 언덕이며 산맥도 점점 낮아지고 있었어요.

이제 우리 눈앞에 보이는 것은 바다와 하늘뿐이었어요. 떠오르는 태양은 바닷물에 반사되어 그 붉은 빛을 뿜어냈지요. 저 멀리로 보이는 이집트 산맥의 정상이 금빛으로 물들었어요. 짙푸른 색의 하늘은 우리에게 순항을 예고해주고 있었습니다. 나를 페니키아인이라 생각하고 배에 싣긴 했지만, 그 누구도 내가 누구인지 알아보는 사람은 없었어요. 선장인 나르발이 내 이름은 무엇이며 내 나라가 어디인지를 물었습니다.

'페니키아 어느 도시에서 왔습니까?'

그래서 나는 이렇게 대답했어요.

'나는 페니키아인이 아닙니다. 페니키아 배에 타고 있던 나를 이집트 사람들이 끌고 간 것이었어요. 페니키아인으로 오해를 받으면서 그렇게 오랜 시간을 이집트에 포로로 있었습니다. 페니키아인이라는 이유로 고통을 받았고, 또 페니키아인이라는 이유로 풀려났습니다.'

그러자 나르발이 묻더군요.

'그럼 어느 나라에서 온 사람입니까?'

그래서 대답했습니다.

'나는 그리스 이타케의 왕 율리시스의 아들 텔레마코스라고 합니다. 내 아버지는 트로이 전쟁에서 승리를 거둔 왕들 중 한 명으로 유명한 분입니다. 하지만 신들은 그가 다시는 조국을 보지 못하도록 했습니다. 그래서 나는 여러 곳을 다니며 아버지를 찾고 있습니다. 운명이 아버지를 괴롭혔듯이 나 역시 수많은 고통을 당해야 했습니다. 지금 당신은 다시 가족을 만나고 아버지를 찾은 후에나 한숨을 지을 수 있는 슬픈 영혼을 보고 계신 겁니다.'

나를 본 나르발이 놀라더군요. 그게 뭔지는 모르겠지만 나에게서 하늘이 준 선물 같은 걸 느낀 모양이었어요, 결코 아무에게서나 볼 수 없는 그런 모습이었나 봐요. 그는 솔직하고 아량이 풍부한 사람이었습니다. 내 슬픔에 진심으로 동감했어요. 그리고 나를 믿어주었어요. 위험으로부터 나를 구하라고 신들은 나르발에게 믿음을 불어넣어줬던 거예요. 나르발이 이렇게 말했습니다.

'텔레마코스, 나는 당신의 말을 모두 믿습니다. 어디 의심할 여지가 있겠습니까! 당신의 얼굴에 비치는 고통과 위엄을 보니 감히 당신에게 도전할 수가 없을 듯싶습니다. 나는 진심으로 신들을 믿고 모시고 있습니다. 그런 신들이 당신을 사랑하는 느낌을 받았습니다. 또한 신들은 내가 친자식처럼 당신을 사랑하길 바라는 것 같군요. 그러니 당신에게 좋은 충고를 하나 하겠습니다. 대신 그 보답으로 내가 하는 말을 비밀에 부치시길 바랍니다.'

그래서 나는 나르발에게 말했습니다.

'걱정하지 마십시오. 당신이 털어놓을 모든 이야기에 대해 입을 다무는 데는 어떤 문제도 없으니까요. 비록 젊은 나이이긴 하나 그 누구에게도 비밀을 누설하지 않고, 그 어떤 상황에서도 남의 비밀을 털어놓지 않는 데는 익숙합니다.'

'그렇게 젊은 나이에 어찌 비밀을 간직하는 법을 배우셨습니까? 어떻게 그런 능력을 키웠는지 알고 싶군요. 이것이야말로 현명한 행동의 기본이 되는 품성이 아니겠습니까? 그 기본이 갖춰지지 않으면 어떤 능력도 소용이 없죠.'

그러자 나는 대답했습니다.

'아버지 율리시스가 트로이로 떠날 때였습니다. 아버지는 무릎을 꿇고 나를 껴안았어요(이건 내가 들은 이야기입니다). 나에게 사랑을 담아 입을 맞추고는 이런 말을 했다고 합니다. 물론 당시에 내가 듣고 이해하지는 못했습니다.

—사랑하는 아들아! 언젠가 네가 만일 덕을 저버리고 스스로 망가진다면, 신들은 나에게 다시는 너를 못 보는 불행을 줄 것이다. 파르카의 가위[27]로 곧 생을 시작한 네 운명의 실을 잘라버릴 것이요, 농부는 막 꽃을 피운 어린 꽃을 낫으로 잘라버릴 것이요, 네 어미와 나

의 신하들이 보는 눈앞에서 적들이 너의 목숨을 가져갈 것이다.

아버지는 계속해서 말을 이었습니다.

-나의 친구들! 이토록 소중한 내 아들을 당신들에게 맡깁니다. 아이의 어린 시절을 잘 돌봐주세요. 그대들이 나를 사랑한다면 이 아이가 위험한 아첨을 멀리하도록 도와주세요. 더 곧게 자랄 수 있도록 아직 연하기만 한 어린 나무를 구부리듯, 이 아이에게 스스로 절제할 수 있는 능력을 가르치세요. 정의롭고 자비로우며, 솔직하고 비밀을 지킬 줄 아는 아이로 키우세요. 거짓말을 하는 자는 그게 누구든 훌륭한 사람이 될 수 없으며, 비밀을 지키지 못하는 자는 나라를 다스릴 자격이 없습니다.

이것이 내 아버지가 남긴 말입니다. 자라면서 수없이 들었기에 내 마음 깊은 곳에 완벽히 새겨진 말씀입니다. 그리고 내 자신에게도 자주 하는 말이기도 합니다. 아버지의 친구들은 내가 비밀을 지키는 데 익숙해지도록 했어요. 아직 어린 나이였지만 어머니에게 청혼을 하는 무모한 자들을 보며 그들이 느끼는 모든 슬픔과 고통을 나에게 털어놓았죠. 나를 이성적이고 믿을 수 있는 남자처럼 대해줬어요. 그분들은 비밀리에 나라의 큰일이나 어머니의 구혼자들을 물리칠 방법을 말해주었습니다. 사람들이 나를 믿어준다는 생각에 정말 기뻤습니다. 그렇게 해서 나는 어른이 되었구나 싶었죠. 단 한 번도 그들의 믿음을 저버린 적이 없었습니다. 비밀이 새어나갈 수 있는 말은 단 한 마디도 한 적이 없어요. 어머니의 구혼자들은 나에게서 비밀을 캐내려고 했어요. 어린 아이가 중요한 말을 듣거나 뭔가를 보았을 때는 그걸 숨기지 못한다는 걸 알고 나 또한 그럴 줄 알았던 거죠. 하지만 나는 거짓말을 하지도, 그렇다고 하지 말아야 할 말을 하지도 않고 그들의 질문에 대답할 수 있었어요.'

그러자 나르발이 말했습니다.

'페니키아인들이 얼마나 강한지 보셨지요? 수많은 함대를 보유한 페니키아는 이웃 나라에도 소문이 자자합니다. 헤라클레스 신전까지도 이어진다는 그들의 무역 덕분에 아주 부유한 민족이 되었죠, 아무리 부자인 나라도 페니키아는 따라갈 수 없으니까요. 대왕세소스트리스는 해전으로 우리를 당해낼 수가 없었어요. 그래서 동양 전체를 무너뜨린 그의 군대를 동원해 육전을 펼쳤습니다. 그렇게 하여 우리에게 조공을 바치도록 했어요. 하지만 부러울 것 없이 부유하고 힘이 있는 페니키아인들은 남에게 조공이나 바치는 구속을 견디지 못했죠. 그래서 무시하기로 한 것입니다.

그리고 세소스트리스의 죽음으로 페니키아에 대한 전쟁도 끝이 나고 만 것입니다. 우리가 그의 권력보다 그의 지혜를 더 무서워한 것은 사실입니다. 하지만 그 권력이 아들에게 넘어가자 더이상 우리는 두려울 것이 없었어요. 왜냐하면 그 아들은 세소스트리스만큼 현명하지도 지혜롭지도 못했으니까요. 그도 그런 것이, 이집트인들은 우리 페니키아 땅을 정복하기 위해 무기를 드는 대신 부도덕하고 비이성적인 자신들의 왕을 구해달라고 요청까지 했으니까요. 우리가 그들을 해방시켜준 것이죠. 자유롭고 부유하기까지 한 페니키아에 또 하나의 영광이 주어진 겁니다.

하지만 다른 나라 사람들을 구해주고 있는 동안에도 우리 페니키아인들은 구속받고 있었습니다. 우리의 왕인 피그말리온[28]의 악독한 손에 넘어가지 마십시오! 동생 디도[29]의 남편인 시카이오스[30]를 죽인 장본입니다. 겁에 질려 복수를 결심한 디도는 수많은 함대를 거느리고 티레를 떠났습니다. 자유와 도덕적 삶을 중요하다고 생각했던 대부분의 사람들이 디도를 따랐어요. 그녀는 아프리카 어느 연안에 아름다운 도시를 만들었는데 바로 카르타고입니다.

끝없이 돈 욕심을 부리는 피그말리온은 사람들에게 더욱더 파렴치하고 추악하게 굴었죠. 티레에서는 재산이 많은 것도 죄랍니다. 탐욕에 눈이 먼 피그말리온은 그 누구도 믿지 않았고, 사람들을 늘 의심하고, 잔인하게 대했어요. 부자들을 학대하고 가난한 이들을 두려워했죠. 티레에서 미덕을 지키는 것은 더 큰 죄예요. 선한 사람들이 있으면 그의 부당함과 비열함에 상처를 입을 것이라고 피그말리온은 생각했답니다. 결국은 선이 그를 책망할 것임을 알았던 거죠.

그는 점점 까다롭게 굴고 선이라면 치를 떨었어요. 별 것 아닌 일에도 화를 내고, 걱정을 하고, 괴로워했어요. 자신의 그림자조차 두려워했지요. 밤이고 낮이고 잠을 들 수가 없었어요. 신들은 그에게 벌을 주기 위해 감히 쓰지도 못하는 재산으로 그를 짓눌렀습니다. 행복해지기 위해 그가 찾았던 것 때문에 불행해진 신세가 되었죠. 무엇이든 주는 것에 인색했습니다. 잃을까 두려워하기도 했고요. 돈을 벌기 위해 스스로를 괴롭혔어요. 누구도 그를 볼 수가 없었습니다. 그는 홀로 궁전에서 괴롭게 지냈어요. 낙심하고 처참하게 혼자서 말이죠. 친구들조차 그에게 말을 걸지 않았습니다. 혹시 의심을 사게 될까 봐 걱정이 되었던 거죠. 궁전 주위로는 무장을 한 근위병이 항상 지키고 있었어요. 궁전 안에는 서른 개의 방이 서로 연결되어 있었는데, 모든 방문을 강철로 만들고 여섯 개의 빗장을 걸어놓았답니다. 그리고 그는 방에서 나오지를 않았어요. 물론 그 중 어느 방에서 자는지는 아무도 모릅니다. 같은 방에서 이틀 연속 잠을 청하지도 않는다고 하더군요. 누가 와서 목을 벨까 봐 무서웠던 겁니다. 자잘한 행복이 어떤 것인지 몰랐죠. 그보다 더 귀한 우정이 무엇인지도 몰랐고요.

그에게 기쁨을 찾아보라고 하면 자기와는 상관없는 일이며, 기쁨이 자기를 버렸다고 생각할 겁니다. 깊이 파인 두 눈은 맹렬하고 잔인한 불로 활활 타오르고 있었어요. 어디 한곳에 초점을 맞출 수도 없었고요. 작은 소리에도 민감했고, 작은 일에도 노심초사했습니다. 그는 창백하고 수척했으며, 주름진 얼굴 위로는 검은 두려움이 깔려 있었죠. 아무런 말이 없었고 한숨을 내쉬며 흐느끼기만 했어요. 오장육부를 찢는 듯한 고통과 후회를 감출 수가 없었죠. 아무리 맛있는 음식도 그에게는 혐오감만 느끼게 했어요.

그의 자식들은 희망이 되기는커녕 두려움의 근원이었습니다. 자식들이 가장 무서운 적이었거든요. 평생을 안심이라고는 해본 적이 없는 왕입니다. 그가 두려워하는 자들은 모조리 죽여 연명을 하는 왕이었어요. 정신이 나갔죠. 그래서 그가 유일하게 믿는 비열함 때문에 결국 자신도 파멸할 것임을 모르고 있어요. 아마 피그말리온

만큼 의심이 많은 신하한테 죽음을 당하게 될 것입니다. 나는 신들이 두렵습니다. 그러니 어떤 일을 당하든 그 신들이 나에게 준 왕을 배신하지 않고 따를 거예요. 내 손으로 왕을 죽이거나 그를 살해하려는 자들로부터 보호하지 못하느니 차라리 내가 죽는 편을 택하겠습니다. 하지만 텔레마코스 당신은 그를 조심하셔야 합니다. 그에게 율리시스의 아들이라는 말을 해서는 절대 안 됩니다. 당신을 감옥에 가둘 거예요. 언젠가 이타케로 다시 돌아간 율리시스에게 거액을 받고 팔아넘기려는 속셈이죠.'

티레에 도착한 나는 나르발의 조언을 따르기로 했습니다. 그가 나에게 한 얘기가 다 맞다고 생각했죠. 어떻게 인간이 피그말리온처럼 불쌍하고 초라할 수 있을까 하고 생각했어요. 너무도 끔찍하고 생경하기만 한 광경에 나는 스스로에게 말했습니다.

'자신의 행복만 찾았던 사람의 모습이 바로 저것이다. 돈과 절대권력으로 행복을 찾을 것이라고 생각했지. 결국 원하던 모든 것도 가질 수 있었어. 하지만 그 돈 때문에, 그 권력 때문에 사람이 저토록 초라하고 파렴치해지다니! 만일 그가 예전의 나처럼 목동으로 살았다면 내가 그랬듯 저 사람도 행복해졌을 텐데. 전원생활의 소박함을 즐겼을 텐데, 어떤 후회도 없이 마음껏 즐겼을 텐데. 그 어떤 무기도, 그 어떤 독약도 두렵지가 않았을 텐데. 사람들을 사랑하고, 또 그 사람들로부터 사랑을 받았을 텐데. 물론 부자가 되지는 않았겠지. 하지만 쓸 줄을 모르는데 돈이 무슨 소용인가, 모래보다 더 하찮은 것 아닌가. 대신 땅에서 얻은 과일로 부족함이 없었을 텐데. 자기가 원하는 것은 뭐든지 하는 것 같지만 웬걸! 피그말리온은 자신의 욕정이 원하는 일을 하는 거야. 그는 자신의 탐욕과 두려움, 그리고 수많은 의심에 이끌려 다니고 있어. 사람들의 주인인 것처럼 보이지. 하지만 정작 자신의 삶에 있어서 주인이 될 수 없는걸? 욕망이 많으면 많을수록 그가 따라야 할 것이 더 많아지니까 말이지!'

피그말리온을 보지도 않고 내린 결론이에요. 그를 볼 수가 없었거든요. 우리가 두려움에 숨을 죽여 볼 수 있는 것이라고는 밤이고 낮이고 보초병들로 둘러싸인 그의 높은 성벽뿐이었어요. 바로 그 안에서 피그말리온은 그가 모아놓은 금은보화와 함께 갇혀 지내고 있었어요. 감옥에 갇힌 사람처럼요. 나는 보이지 않는 왕 피그말리온과 세소스트리스 왕을 비교해봤습니다. 세소스트리스는 온화하고 다가가기 쉬운 왕이었어요. 상냥할 뿐만 아니라 외국인에게 호기심을 갖고 다가가는 왕이기도 했죠. 누구든지 사람들의 얘기에 귀를 기울이고, 자신에게 숨기는 진실까지 알아내는 왕이었어요. 나는 나르발에게 이렇게 말했습니다.

'세소스트리스는 그 무엇도 두려워하지 않았어요, 두려워할 것이 없었죠. 자식들 앞에 나서는 것처럼 백성들 앞에 스스럼없이 나섰어요. 하지만 피그말리온은 모든 것을 두려워하고, 두려워할 것도 많은 왕이에요. 근위병으로 둘러싸여 다가갈 수 없는 궁전처럼 보이나, 바로 그곳에서 피그말리온 왕은 슬픈 죽음을 맞을 거예요. 반대로 세소스트리스는 군중들 틈에서도 안전했죠. 가족들에게 둘러싸인 좋은 아버지와도 같았으니까요.'

피그말리온은 두 나라 간의 협정 때문에 티레인들을 구하러 왔던 키프로스 섬 사람들을 되돌려 보내라는 명령을 내렸습니다. 나르발은 이 기회를 이용해 나에게 자유를 찾아주려고 했어요. 그래서 키프로스인들 사이에 섞여 석방 심사를 받도록 했죠. 피그말리온은 작은 일에도 아주 까다로운 왕이었거든요. 안이하고 태만한 통치자들의 단점은 부패하고 교활한 충신들을 앞뒤 안 가리고 믿는다는 것이지요. 하지만 피그말리온은 전혀 달랐어요. 그는 오히려 정직한 사람들을 경계했습니다. 겉치레 없이 올곧은 사람들을 가려낼 줄을 몰랐어요. 하긴, 정직하고 선한 사람들을 본 적이 없었죠. 그런 사람들은 부패한 왕을 찾지 않기 때문이지요. 그는 왕좌에 오른 후 자신을 보필했던 사람들에게서 착한 척하는 겉모습 뒤에 숨겨진 엉큼하고 타락한 모습을 봤습니다. 그러니 누구를 봐도 뭔가 숨기고 있다고 의심을 한 거죠. 이 지구상에는 그 어떤 덕행도 없다고 믿었습니다. 그리고 사람들은 다 거기서 거기라고 생각했어요. 거짓되고 부패한 사람을 만나면 혹시 또 그런 사람이 있을까 싶어 걱정을 하거나 찾아보지 않았어요. 누구나 다 마찬가지라고 생각했으니까요. 그에게는 선한 사람들이 최고의 악당들보다 더 나빠 보였어요. 그들은 더 추악하고 더 속임수에 능하다고 믿었던 거예요.

다시 내 얘기로 돌아오자면, 나는 키프로스인들 사이에 숨어 피그말리온의 의심에서 벗어날 수 있었어요. 나르발은 혹시라도 내가 발각되진 않을까 늘 걱정을 했고요. 만일 그렇게 되면 그의 목숨이 성하지 않을 테니까요. 물론 내 목숨은 말할 것도 없었습니다. 내가 하루라도 빨리 섬을 떠나길 바랐어요. 하지만 바람 때문에 항해가 불가능했어요. 그래서 나는 계속해서 티레에 남아 있어야 했습니다.

나는 어디서나 유명한 페니키아인들의 풍습을 알아보는 데 남은 시간을 쓰기로 했습니다. 바다 위 섬에 만들어진 도시가 위치상으로 아주 좋다는 생각이 들었어요. 도시 옆 연안은 맛있는 과일이 넘치는 비옥한 곳이었어요. 수많은 도시와 마을이 모여 있었고, 기후도 온화하여 풍요로운 곳이었습니다. 산이 있어 남쪽에서 불어오는 뜨거운 바람을 막아주었거든요. 도시는 바다 쪽에서 불어오는 북풍으로 시원했습니다.

티레는 레바논 아래쪽에 위치하고 있었어요. 산 정상이 구름을 뚫고 올라 하늘까지 닿아 있는 나라죠. 만년설이 덮여 있고 바위 사이로 흐르는 계곡물에도 눈이 가득했어요. 그 얼음물이 급류처럼 떨어지는 곳이었습니다. 그 아래로는 오래된 서양삼나무 숲이 있었어요. 그 땅의 역사만큼 오래된 숲인 것 같았어요. 울창한 삼나무 가지는 구름에 닿을 듯 높이 솟아 있었죠. 숲 아래 산비탈은 풍성한 초원이었어요. 소가 울어대고, 양들이 메메거리며 자유로워 보였습니다. 어린 양들은 신선한 풀 위를 깡총깡총 뛰어다녔어요. 바로 거기에 굽이굽이 맑은 물이 흘러서 어딜 가든 물을 구할 수가 있었습니다. 그리고 초원 아래로 보이는 산 입구는 커다란 정원과도 같았어요. 봄과 가을이 공존하며 꽃과 과일을 제공해주었어요. 그곳에는 가뭄을 예고하고 쉽게 불을 내는 남쪽의 뜨거운 바람이 불지 않았어요. 그렇다고 북풍이 부는 것도 아니었죠. 그래서 그곳은 1년 내

내 풍요로운 정원이 유지되는 곳이었습니다.

그 연안을 지나야 바다 위에 우뚝 솟은 티레가 보입니다. 마치 바다 위에 떠있는 여왕섬 같았어요. 세계 곳곳에서 상인들이 몰려들었어요. 티레 시민 자체가 세계적으로 유명한 무역상들이죠. 이 도시 안으로 들어가 보면 여기가 어느 민족이 거주하는 곳인지 알 수가 없을 정도예요. 누군가의 도시라기보다는 세계 각 곳의 사람들이 함께 모여 살며 무역을 하는 중심부라는 느낌이 들죠. 이 도시에는 바다를 향해 두 팔을 벌린 것 같은 두 개의 큰 방파제가 있습니다. 그 안으로 큰 부두가 형성되어 있어요. 방파제가 있어 바람을 막아주기도 합니다. 부두는 배로 이루어진 큰 숲과도 같습니다. 배들이 얼마나 빼곡히 찼는지 바닷물을 보기가 어려울 정도예요.

도시에 사는 사람들 대다수가 상업에 종사하는 것 같았습니다. 꽤 부유한 사람들이었지만 돈을 더 벌기 위해 정말 열심히 일을 하더군요. 곳곳에서 그 유명한 이집트산 마가 보이고, 두 번을 염색하여 색깔이 고운 티레산 자줏빛 실이 보였습니다. 두 번을 염색한 실이라 세월이 지나도 그 색이 변하지 않는다고 하더군요. 아주 얇은 모로 만들어 금실이나 은실로 된 자수를 돋보이게 한답니다. 페니키아인들은 많은 사람들과 교류를 하는데, 하다못해 가데스 해협까지 그들의 무역이 이루어진다고 하더군요. 그들은 큰 대륙을 둘러싼 대양까지 나갔다고 합니다. 홍해를 따라 항해를 하며 아직 알려지지 않은 섬에도 들어간다고 합니다. 거기서 금도 찾고, 향료도 찾고, 다른 곳에서는 볼 수 없는 동물들도 사들인다고 하더군요.

정신없이 돌아가는 도시의 놀라운 광경에 푹 빠질 수밖에 없었어요. 티레에는 한가하게 다니며 광장에 가서 이런저런 소식을 묻거나, 항으로 들어오는 외국인들을 구경하는 사람들이 없었어요. 그리스에서는 쉽게 볼 수 있는데 말이죠. 남자들은 배에서 짐을 내리고, 물건을 옮기거나 팔고, 가게를 정리하고, 외국 무역상들에게 받을 돈을 계산하느라 바빴어요. 여자들은 실을 짜고, 자수를 놓거나 값비싼 옷감을 정리하느라 바빴죠. 나는 나르발에게 물었습니다.

'페니키아인들이 세계 무역의 주인이 되고, 다른 민족들에 비해 훨씬 부유하게 살 수 있는 이유가 뭔가요?'

그러자 나르발이 대답했습니다.

'보시다시피 티레는 항해에 유리한 위치적 조건을 갖고 있습니다. 항해술을 만들어낸 것도 바로 우리 민족이죠. 고대인들의 이야기를 믿는다면 바로 우리 티레인들이 가장 처음으로 파도를 정복했다고 볼 수 있습니다. 그리스에서 유명한 아르고나우타이[31]나 티피스[32]보다 훨씬 전의 일입니다. 바로 이들이 파도와 폭풍도 고사하고 바다로 나간 사람들이며, 심연까지 관측을 했고, 땅에서 멀리 떨어진 하늘을 관찰한 사람들입니다. 이집트와 바빌론의 과학에 따라서 말이죠. 그뿐인가요, 바다 때문에 멀어진 사람들을 다시 만나게 해주었죠.

티레인들은 부지런하고 인내심이 강하며, 열심히 일하고 깨끗하며, 검소하고 관리에 뛰어난 사람들입니다. 규율을 지키고 서로 융합할 줄 알죠. 그 누구보다 의연하고 솔직하며, 충직하고 신뢰를 주며,

외국인들과의 사교에도 능한 그런 민족입니다. 또 다른 이유를 찾을 필요가 있을까요? 바로 이것이 티레가 바다의 제국이 되었고, 그 항구 역시 세계 무역으로 꽃피는 이유겠죠. 하지만 만일 서로 질투를 하고 파를 가르기 시작한다면, 나태와 쾌락에 빠지기 시작한다면, 나라의 엘리트들이 일과 경제를 소홀히 하기 시작한다면, 더이상 기술이 중시되지 않는다면, 외국인들에게 경계심을 갖게 된다면, 조금이라도 자유무역의 본질이 손상된다면, 제조 일을 소홀히 하고 모든 상품을 완벽하게 만들기 위해 일을 진척시키지 않는다면, 아마 당신이 경탄해 마지않는 이 힘 있는 나라도 곧 무너지게 될 것입니다.'

나는 나르발에게 또 물었어요.

'언젠가 이타케를 이런 도시로 만들려면 어떻게 해야 할까요?'

나의 질문에 나르발이 대답했습니다.

'우리가 여기서 하는 것과 똑같이 하십시오. 외국인들을 쉽게, 그러나 잘 받아들이세요. 그들이 이타케 항구에서 안전, 편리, 그리고 자유를 얻게 하십시오. 인색해서는 안 되며 너무 오만해서도 안 됩니다. 많이 버는 방법은 너무 많이 벌려고 하지 않는 데 있습니다. 가끔은 잃을 줄도 알아야 합니다. 외국인들에게 사랑을 받으셔야 합니다. 그들의 고통을 함께 느끼십시오. 그대가 너무 높이 자리하고 있어 그들이 질투를 하게 해서는 안 됩니다.

상업 관련 법칙에 있어서도 한결같아야 할 것입니다. 또한 그 규칙은 단순하고 쉬운 것이어야 합니다. 그리고 사람들이 규칙을 잘 지키도록 하십시오. 부정행위는 엄격히 처벌하십시오. 상인들의 태만이나 사치 또한 제재를 가하십시오. 바로 이런 사람들이 망해가면서 상업도 망하게 되는 것이니까요. 특히 당신이 원하는 방향으로 돌린다는 생각으로 상권을 침해해서는 안 됩니다. 왕은 너무 깊이 관여해서는 안 됩니다. 오히려 방해가 될 수도 있다는 걸 명심하십시오.

벌어들인 것은 국민들에게 돌려주십시오. 힘들게 일한 사람들이 가져가야 합니다. 그렇지 않으면 일을 할 맛이 나지 않으니까요. 나라의 힘이 강해진 것만으로 왕은 충분합니다. 상업이라는 것은 샘물과도 같습니다. 억지로 물줄기를 바꾸려고 하면 썩게 마련입니다. 외국인들은 이익과 편리를 찾아 당신의 나라를 찾는다는 것을 기억하십시오. 무역을 어렵게 만들고 실리를 잃게 한다면 그들은 조금씩 자취를 감춰 다시는 당신의 나라를 찾지 않을 것입니다. 그런 당신의 실수를 기회로 잡아 다른 나라에서 그들을 부를 테니까요. 그래서 당신네 나라가 없어도 아무 불편함이 없도록 할 것입니다.

사실, 그대에게 솔직히 털어놓을 게 있습니다. 얼마 전부터 티레의 번영도 조금씩 빛을 잃기 시작했습니다. 피그말리온이 왕좌에 앉기 이전 티레가 어땠는지 안다면 정말 놀랄 겁니다. 지금은 조금씩 사라져가는 권세의 끝자락만 남아 있는 상황입니다. 어쩌다 티레가 그런 자의 손에 넘어간 것일까요! 대륙의 모든 민족들이 우리에게 조공을 바쳤었는데 말입니다! 피그말리온은 모든 것을 두려워합니다. 외국인도, 하물며 자신의 국민까지도 두려워합니다. 오랜 전통을 따라 멀리서 온 외국인들에게 우리 항구를 활짝 열어주고 그들에게 자유를 주기는커녕 배는 몇 척이 들어왔는지, 어느 나라에서 왔는지, 배에 타고 있는 사람들의 이름은 무엇인지, 그들은 어떤 무역을 하는지, 상품의 가치는 어느 정도인지, 얼마나 오래 우리 항에 남을지를 낱낱이 알고 싶어합니다.

아니, 그보다 더 심한 게 뭔지 아십니까? 그는 속임수를 써서 외국 상인들을 골탕 먹이고 그들의 상품을 뺏기까지 한답니다. 돈이 많다고 생각되는 상인들을 괴롭힙니다. 이런저런 평계를 대며 새로운 세금을 물게 하죠. 자신이 나서 장사를 하려고 합니다. 하지만 사람들은 그와 거래를 하는 것이 두렵기만 하죠. 그래서 이곳의 무역이 침체기를 맞게 된 것입니다. 외국 상인들은 한때 그들이 편하게 드나들던 티레를 조금씩 잊기 시작했습니다. 피그말리온이 바뀌지 않는 이상 티레의 영광과 힘은 훨씬 능력 있는 지도자가 다스리는 민족에게 돌아갈 것입니다.'

나는 어떻게 해서 티레인들이 바다에 강한 민족이 될 수 있었냐고 나르발에게 물었습니다. 하나의 왕국을 지배하는 데 도움이 될 만한 것은 다 알고 싶었기 때문입니다. 그러자 그가 대답했습니다.

'레바논의 숲에서 조선에 쓰이는 나무를 가져옵니다. 그리고 우리는 그 나무를 소중히 관리하죠. 그렇게 수입한 나무는 절대 공적인 일에만 쓰입니다. 또한 배를 만드는 데에도 티레에는 우수한 일꾼들이 많습니다.'

'그런 일꾼들은 어떻게 구하셨습니까?'

'바로 여기서 조금씩 배웠다고 할 수 있어요. 기술에 재능이 있는 사람들에게 제대로 사례를 하면, 그들이 했던 것보다 더 완벽하게 일을 해나갈 사람들이 생기는 법입니다. 똑똑하고 능력이 있는 자들은 보답을 확실하게 받을 수 있는 일에 종사하게 되니까요. 우리나라에서는 배를 만드는 기술이나 과학에 재능이 있는 사람들을 존중하고 후한 대접을 합니다. 측량기사를 높이 사고, 천문학자들을 존대하죠. 운항 실력이 뛰어난 이들에게는 충분한 상을 줍니다. 배 목수라고 무시하는 일도 없어요. 오히려 그 반대예요. 돈도 많이 받고, 작업 환경도 좋습니다.

노를 잘 젓는 사람들도 그들이 일한 만큼 대가를 받아요. 식사도 잘 대접하고, 아플 때는 잘 돌봐주기도 하죠. 배를 타고 떠난 동안은 그들의 아내와 아이들을 보살핍니다. 어쩌다 바다에서 죽음을 맞이한 경우에는 그 가족에게 피해보상을 해줍니다. 일정 시간 일을 한 사람들에게는 휴가를 주기도 하고요. 그러니 능력 있는 일꾼들은 얼마든지 있습니다. 아버지가 직업에 만족하니 그 아들도 똑같은 일을 하게 하는 거죠. 어린 아들에게도 노 젓는 법, 밧줄 당기는 법, 폭풍에 대비하는 법을 가르칩니다. 이게 사람들을 다루는 우리의 방법입니다. 어떤 구속도 없이 질서 속에서 보상받는 삶이죠. 권력으로 모든 것이 해결되지 않습니다. 아랫사람들이 무조건 복종한다고 되는 것도 아니죠. 민심을 얻어야 합니다. 그리고 우리가 그들을 필요로 하는 곳에서 그들도 이익을 찾을 수 있어야 합니다.'

나르발은 나를 데리고 가서 조선에 관련된 모든 일을 구경시켜주었습니다. 여러 가게를 돌아다니고 조선소도 둘러보았습니다. 나는 아주 세세한 것까지 물었고, 내가 배운 모든 것은 꼼꼼히 적어놓았습니다. 혹시라도 유용한 정보를 잊을까 걱정이 되었기 때문이죠. 나르발은 나를 진심으로 좋아했어요. 하지만 피그말리온이 어떤 자라는 것을 너무나 잘 알기에 내가 빨리 떠나기를 내심 바라고 있었죠. 밤이고 낮이고 도시 곳곳을 훑고 다니는 왕의 첩자들에게 내가 발각되지나 않을까 두려웠던 거예요. 하지만 항해를 할 수 없는 바람이 계속 불었어요. 그러던 어느 날, 나르발과 함께 항구를 돌아다니며 상인들을 만나고 있을 때였어요. 피그말리온의 병사 한 명이 우리 쪽으로 오더니 나르발에게 이런 말을 하더군요.

'나르발 님과 함께 이집트에서 들어온 함대의 한 선장이 왕에게 고했습니다. 나르발 님의 배에 키프로스인으로 가장한 외국인이 하나 있었다고요. 그를 당장 체포해서 어느 나라 사람인지 밝혀야 합니다. 왕에게 솔직히 대답하지 않으면 목숨이 날아갈 것입니다!'

나는 두 사람이 이야기를 나누는 동안 조금 떨어져 있었습니다. 새 배를 만들기 위해 티레인들이 보관하고 있던 재료의 정확한 양을 보고 싶었기 때문입니다. 그 배는 각 부분이 정확한 측정과 양으로 만들어져 완벽한 균형을 이루는 최고의 배라고 하더군요. 나는 그 양을 측정하고 있던 기술자에게 이런저런 질문을 하던 중이었습니다. 병사의 말에 놀라고 당황한 나르발이 대답했습니다.

'나도 그 키프로스 섬 출신의 외국인을 찾겠습니다.'

병사가 떠나자 나르발이 달려와 내가 처한 위험에 대해 말하기 시작했어요.

'내 생각이 맞았습니다, 텔레마코스! 이제 우리는 끝이에요. 낮이고 밤이고 의심만 하는 피그말리온이 드디어 알아냈나 봅니다. 당신이 키프로스 사람이 아니라는 것을 말이에요! 체포명령이 떨어졌습니다. 텔레마코스 당신을 왕의 손에 넘기지 않으면 나도 죽을 거예요. 이제 어떻게 하면 좋습니까? 제발 신들이 우리에게 이 위험에서 벗어날 수 있는 지혜를 주셔야 할 텐데요! 나와 함께 왕의 궁전으로 갑시다. 가서 당신은 키프로스 섬에서 왔다고 하십시오. 아마톤테 도시 출신으로 비너스 조각가의 아들이라고 하십시오. 당신의 아버지가 내 옛 친구였다고 하겠습니다. 그러면 왕도 더 알아볼 생각을 않고 당신을 풀어줄지 모릅니다. 이것 말고는 나와 당신의 목숨을 구할 방법이 없는 것 같습니다.'

나는 나르발에게 말했습니다.

'운명도 버린 이 불쌍한 영혼이 죽음을 맞게 그냥 두십시오. 나는 죽을 준비가 되어 있습니다, 나르발. 또한 이렇게 신세를 진 당신이 나의 불행에 동참하게 할 수는 없습니다. 거짓말로 나의 목숨을 구할 생각도 없습니다. 나는 키프로스인이 아닙니다. 나는 그리스인이라고 당당하게 말할 수밖에 없습니다. 신들이 나의 진심을 알아주겠죠. 힘이 있는 신들이 나의 목숨을 구해줄 것입니다. 물론 그들이 원한다면요. 나는 결코 거짓말을 해서 내 목숨을 구하지 않을 겁니다.'

그러자 나르발이 말했습니다.

'그 거짓말은 나쁜 거짓말이 아니지 않습니까. 아무리 신이라고 해도 거짓말을 한 우리를 벌하지는 않을 것입니다. 누군가를 해치는 거짓말이 아니고 결백한 두 사람의 목숨을 살리는 거짓말이지 않습니까. 피그말리온 왕이 저지를 수도 있는 잔인한 죄를 막아주는 거짓말입니다. 아무리 정직을 중요시한다고 해도, 또 아무리 종교에 누를 입히는 것을 두려워한다고 해도 이건 아니지 않습니까!'

그래서 나는 대답했죠.

'거짓말은 거짓말 자체로 나쁜 것입니다. 특히 신들의 이름을 걸고 말을 하는 자에게, 또 진실만을 추구하는 자에게는 걸맞지 않습니다. 진실을 왜곡하는 자는 신들 뿐만 아니라 자기 자신을 모욕하는 자입니다. 양심을 저버리는 행동을 했으니까요. 당신이나 나에게 걸맞지 않은 일을 하도록 종용하지 마십시오. 만약 신들이 우리를 가엾이 여긴다면 분명 우리를 구해줄 것입니다. 반대로 그들이 우리의 죽음을 원한다면, 당신과 나는 진실의 희생자가 되어 죽으면 됩니다. 그리고 진실을 왜곡하며 오래 사느니 차라리 죽음을 택한 우리 두 사람은 후세에 좋은 모범이 될 것입니다. 불행하기만 한 내 삶이 길게 느껴진 지 오랩니다. 하지만 나는 당신이 걱정입니다. 어느 불행한 외국인에 대한 당신의 우정이 이런 슬픈 결말을 가져오다니요!'

우리 두 사람은 그 후로도 한참을 다퉜습니다. 그러던 중에 한 남자가 헐떡거리며 뛰어오는 것이 보였어요. 왕의 병사이긴 했습니다만 왕이 아니라 아스타르베가 보내서 온 사람이었습니다. 아스타르베는 여신처럼 아름다웠어요. 외모만 출중할 뿐 아니라 내면까지 매력적인 여자였죠. 늘 쾌활하고 사람들의 환심을 쉽게 샀어요. 그래서 사람들을 잘 구슬리는 재주가 있었어요. 위선적인 매력이 넘치는 사람들이 그렇듯, 이 여자 역시 세이렌처럼 차갑고 비정한 마음씨를 갖고 있었습니다. 그리고 아주 교활했어요. 하지만 잘 치장한 겉모습으로 감정을 속이는 재주가 있었어요.

그녀는 아름다운 외모와 지성, 부드러운 목소리, 그리고 기가 막힌 리라 연주로 피그말리온을 사로잡았어요. 피그말리온은 아스타르베에 대한 사랑으로 눈이 멀어 아내인 토파 여왕을 버렸죠. 그는 아스타르베의 야심을 충족시키는 데만 열중했어요. 하지만 야비한 아스타르베는 왕에 대한 마음이 조금도 없었어요. 왕은 그녀를 열정적으로 사랑했지만 그녀는 왕에게 혐오감을 느끼고 무시했죠. 물론 이런 마음은 꼭꼭 숨기고 왕을 진심으로 사랑하는 척했지만요.

티레에는 말라숀이라 불리는 젊은 리디아인이 살고 있었어요. 외모가 뛰어났지만 조금은 물렁하고 여성스럽고 쾌락에만 빠져 사는 남자였죠. 어떻게 하면 고운 피부색을 유지할까, 어떡하면 어깨로 물결치듯 떨어지는 금발을 손상시키지 않을까만 생각했죠. 로브의 예쁜 주름을 늘 신경 쓰고, 그게 아니면 리라로 사랑노래나 부르는 자였어요. 그런 말라숀을 만난 아스타르베는 곧 미친 듯 사랑에 빠졌어요. 하지만 말라숀은 그녀를 무시했어요. 다른 여자가 있었기 때문이죠. 게다가 왕의 미움을 살까 봐 두렵기도 했어요. 상처를 받은 아스타르베는 복수를 결심했어요. 그리고 절망 끝에 생각했죠. 어쩌면 피그말리온이 체포령을 내린 그 외국인, 그러니까 나르발과 함께 티레로 들어왔다는 그 외국인이 말라숀인 것처럼 꾸밀 수 있겠구나 하고요. 그래서 아스타르베는 피그말리온을 속였어요. 왕에게 사실을 말할 가능성이 있는 사람들도 모두 제 손아귀에 넣었죠. 왕은 도덕적인 사람을 싫어했고, 어떤 사람이 선한 사람인지를 가려내지도 못했어요. 그러니 그 주위에는 자신의 이익만을 찾고, 위선적이며, 부당하고 위험한 왕의 명령을 받들 준비가 되어 있는 사람들로 가득했죠. 이 사람들은 아스타르베의 권력을 두려워했어요. 그래서 그녀를 도와 왕을 속이기로 했죠. 왕의 신뢰를 한몸에 받고 있는 이 여자에게 감히 대항할 수 없지 않겠어요? 세상 사람들 모두 말라숀은 크레타 섬 출신이라는 걸 알았지만 나르발과 함께 이집트에서 온 외국인으로 체포당하게 됩니다. 그래서 감옥에 갔어요.

아스타르베는 겁이 났어요. 혹시라도 나르발이 왕에게 진실을 말하여 그녀의 거짓말이 들통 날 수 있다고 생각했던 거예요. 그래서 병사 하나를 보내 이렇게 말하도록 했죠.

'당신이 데려온 외국인이 누구인지 왕에게 절대 말하지 말라고 하셨습니다. 아스타르베가 원하는 것은 당신의 침묵입니다. 당신이 그 약속을 지킨다면 왕 또한 당신을 좋게 보도록 만들 거라고 하셨습니다. 단, 키프로스인이라 속이며 이집트에서 데려온 그 젊은이를 하루 빨리 이 땅에서 내보내십시오. 더이상 이곳에 머무르면 안 됩니다.'

나르발은 우리 두 사람의 목숨을 구할 수 있게 되어 기뻤어요. 그래서 병사에게 침묵을 지키겠노라고 약속했죠. 임무를 수행한 병사도 아스타르베에게 보고를 하기 위해 자리를 떠났어요.

우리의 진정성에 보답해주신 신에게 감사했습니다. 선을 위해서는 목숨을 내놓을 줄 아는 이들을 보살펴주신 신들에게 영광을 돌렸습니다. 그리고 탐욕과 쾌락에 넘어간 피그말리온을 경멸의 시선으로 바라보았어요. 남들에게 속을까 봐 늘 두려움에 떠는 자는 속아도 싸다는 생각이 들었어요. 계속 그렇게 속고 사는 거죠. 그런 사람들은 착한 이를 경계하고 사악한 사람들에게 빠져들어요. 세상 돌아가는 일을 모르는 유일한 사람이 바로 그런 사람이죠. 피그말리온을 보세요. 온정이라고는 없는 사악한 여자의 장난감이 되었잖아요? 신들은 악한 자들의 거짓말을 통해 착한 사람들을 살렸어요. 거짓말을 하느니 차라리 죽음을 택한 선한 사람들을요.

결국 항해가 가능한 방향으로 바람이 불기 시작했어요. 이제 키프로스로 떠나도 될 때가 온 것이었죠. 나르발이 소리쳤습니다.

'드디어 하늘이 응답해주는군요! 신들은 당신을 구하기로 한 거예요! 이 무섭고 저주받은 땅을 얼른 떠나세요. 멀고 먼 나라로 당신을 따라갈 수 있는 사람들은 얼마나 행복할까요. 당신과 함께 살고 죽을 수 있는 자들은 얼마나 행복합니까. 하지만 나는 슬픈 운명 때문에 이 불행한 조국에 얽매일 수밖에 없어요. 나는 내 조국과 함께 고통을 받아야 합니다. 또 모르죠, 폐허 속에 함께 묻히게 될지도. 그러면 또 어떻습니까, 늘 진실만을 말하고 정의를 위해서 살면 되지 않겠습니까? 텔레마코스, 당신을 위해 기도하겠습니다. 당신을 움직이는 그 신들에게 바랍니다. 죽음이 닥치는 그 순간까지 세상에서 가장 소중한 선물이자 능력인 용기와 덕행이 늘 당신과 함께 하기를 기도하겠습니다. 이제 이타케로 돌아가십시오. 가서 페넬로페를 위로하고 악덕한 구혼자들에게서 구해내십시오. 언젠가는 꼭 율리시스를 만나길 바랍니다. 그리고 그런 순간이 왔을 때 율리시스가 아들인 당신에게서 자신의 용맹함과 지혜를 볼 수 있기를! 하지만 행복한 순간순간에도 이 불행한 나르발을 기억해주십시오. 나에 대한 마음을 저버리지 마십시오.'

나르발의 말을 들은 나는 아무 대답도 못하고 눈물만 흘렸습니다. 가슴이 꽉 막혀 아무런 말을 할 수가 없었어요. 우리는 침묵 속에서 서로 꼭 껴안았습니다. 그리고 나르발은 나를 데리고 배로 향했습니다. 배가 떠난 뒤에도 나르발은 항구에 계속 남아 있었죠. 우리는 그렇게 서로 바라보았습니다. 모습이 더이상 보이지 않을 때까지 하염없이 바라봤습니다."

멘토의 조언

① 돈과 절대 권력으로 행복을 찾을 수는 없다. 설사 원하던 모든 것을 가졌다 할지라도, 결국 그 돈과 권력 때문에 초라하고 파렴치해질 뿐이다.

② 많이 버는 방법은 너무 많이 벌려고 하지 않는 데 있다.

③ 벌어들인 돈은 힘들게 일한 사람들에게 돌려줘야 한다.

④ 상업은 샘물과도 같아 억지로 물줄기를 바꾸려고 하면 썩게 마련이다. 상권은 보장하되 부정행위는 엄격히 처벌하고, 상인들의 태만과 사치는 제재를 가해야 한다.

⑤ 권력으로 모든 것이 해결되지 않는다. 민심을 얻어야 하고 우리가 그들을 필요로 하는 곳에서 그들도 이익을 찾을 수 있어야 한다.

제4장

말을 아끼는 자,
이익을 얻으리라

삶만큼이나 이성을 존중해야 합니다. 이는 마치 거대한 빛의
대양과도 같아요. 우리의 영혼은 그 대양에서 나오고, 길을 잃지
않으려 그곳으로 다시 흘러들어가는 물길과도 같지요.

텔레마코스의 모험담에 흠뻑 빠져 꼼짝도 않고 있던 칼립소가 드디어 그의 말을 끊으며 휴식을 권했다.

"그리 고생을 했으니 이젠 달콤한 잠에 취할 시간입니다. 이곳에서는 그 무엇도 걱정할 필요가 없어요. 그 무엇도 당신을 괴롭히지 않을 테니까요. 그러니 행복에 몸을 맡기도록 하시죠. 여기서 평화를 맛보고, 신들이 당신에게 주는 모든 달란트를 한껏 느끼세요. 그리고 내일, 새벽이 다가와 동방으로 향하는 금빛 문을 살짝 열면, 그래서 쓰디쓴 어둠에서 나온 햇살이 펼쳐져 하늘의 별들을 쫓아버릴 때, 그때 다시 당신에게 닥친 괴로웠던 일들을 들어보기로 하죠. 당신의 아버지는 그대가 갖고 있는 그 지혜와 용기를 갖지 못했답니다. 아킬레우스도, 영웅 헥토르도, 지옥에서 돌아온 테제[33]도, 세상의 온갖 괴물들을 물리친 헤라클레스도 당신만큼 강인하고 올곧은 모습은 보이지 못했답니다. 깊고 편한 잠에 들어 당신에겐 이 밤이 짧았으면 좋겠군요. 하지만 저에게는 너무나 긴 밤이 될 것 같습니다. 당신을 다시 보고, 당신의 이야기를 듣고, 내가 이미 알고 있는 것을 다시 말하게 하고, 내가 아직 모르는 것을 당신에게 묻는 일이 이 밤 때문에 늦어지겠지요. 텔레마코스, 신들이 당신에게 다시 돌려준 멘토와 함께 동굴로 들어가세요. 그곳에는 당신의 휴식을 위한 모든 것이 준비되어 있답니다. 모르페우스[34]에게 빌어야겠어요. 당신의 무거운 눈꺼풀에 그의 달콤한 손길을 얹어주라고요. 피곤한 당신의 몸에 신성한 연기를 흐르게 해달라고요. 그리고 당신에게 가벼운 꿈을 선물하도록 하겠어요. 당신 주위를 날아다니며 즐겁고 행복한 이미지로 오감을 되살리고, 갑자기 잠에서 깰 수 있는 모든 문제로부터 당신을 해방시켜줄 그런 가벼운 꿈을요."

칼립소는 자신의 동굴과는 분리된 또 다른 동굴로 텔레마코스를 안내했다. 그 동굴은 칼립소의 거처만큼이나 투박하고 소박했지만 여전히 쾌적한 곳이었다. 구석에서는 냇물이 속삭이듯 흘러내리고 있었고, 그 소리에 저절로 잠이 들 것만 같았다. 님프들은 부드러운 풀을 모아 침대 두 개를 만들고, 그 위에 텔레마코스를 위해 사자 가죽을, 그리고 멘토를 위해 곰 가죽을 깔아놓았다.

잠이 들기 전 멘토가 텔레마코스에게 말했다.

"모험담을 들려주는 일에 푹 빠져 있더군요. 그대의 용기와 재치로 헤쳐나간 온갖 위험을 설명하면서 칼립소를 매료시키기도 했지요. 하지만 그럼 그럴수록 그녀의 가슴을 더 뛰게 한다는 것을 모릅니까? 그래서 그대를 쉽게 풀어주지 않을지도 모른다는 것을요? 이 섬에서 나가도록 할 것 같아요? 모험담으로 한껏 그녀를 사로잡아놓고 나갈 수 있겠어요? 부질없는 영광에 대한 흠모로 텔레마코스는 말을 아끼지 못했어요! 원래는 칼립소가 이야기를 하기로 되어 있었죠, 율리시스가 어떤 일을 겪었는지 말을 하기로 했었습니다. 하지만 그녀는 어떻게 했나요? 자기는 아무 말도 하지 않으면서 텔레마코스가 말을 하도록 했어요. 그녀가 알고 싶은 모든 것을 말하도록 한 거예요. 이게 바로 사람들을 쉽게 홀리고 열정이 가득한 여자들의 술수랍니다.

도대체 언제면 정신을 차리겠습니까, 텔레마코스! 허영심으로 말을 함부로 하지 않고, 굳이 말하지 않아도 된다면 당신에게 이익이 되는 일에 대해서는 함구할 줄 아는 날이 언제면 오겠습니까? 사람들은 그대의 현명함을 칭찬하지요, 지혜를 갖추고 있지 않아도 용서받을 수 있는 나이니까요. 하지만 저는 다릅니다, 그 무엇도 용서할 수 없다는 말입니다. 당신을 아는 유일한 사람이 바로 나요, 당신의 잘못을 꾸짖어줄 정도로 당신을 사랑하는 사람도 나니까요. 텔레마코스, 그대는 아버지의 현명함을 따라가려면 아직도 멀었습니다!"

멘토의 말을 들은 텔레마코스가 대답했다.

"뭐라고요? 그럼 내가 겪었던 불행에 대해 칼립소에게 말을 하지 말았어야 했단 말이에요?"

"아니지요. 당연히 칼립소에게는 말을 했어야 합니다. 단, 칼립소의 동정심을 자극할 만한 이야기만 했어야 했어요. 길을 잃기도 했었고, 시칠리아나 이집트에서는 잡혀 들어가기도 했다, 이정도면 충분했다는 말입니다. 나머지 이야기는 그녀의 가슴을 이미 태우고 있는 독을 더 퍼뜨리는 것이었어요."

멘토의 말을 들은 텔레마코스는 흥분하지 않고 차분히 물었다.

"그럼 이제 어떻게 해야 하나요?"

"그대의 나머지 모험담을 숨기기에는 늦은 감이 있습니다. 그녀가 아직 모르는 일에 대해 속고 넘어가기엔 너무 많은 것을 알고 있어요. 그대가 말을 아끼면 오히려 더 안달이 날 겁니다. 그러니 내일이 되면 그대를 위해 신들이 내려주신 행운에 대해 모두 말하세요. 그리고 이 다음에 겸손하게 말하는 방법, 그래서 사람들의 칭찬을 들을 수 있는 그런 방법을 배우도록 하시지요."

텔레마코스는 기쁜 마음으로 멘토의 조언에 귀를 기울였다. 그리고 두 사람은 잠이 들었다. 지상으로 포이보스[35]의 햇살이 막 비치기 시작했을 때, 숲속에서 님프를 찾는 칼립소의 목소리가 들려왔다. 이 소리에 멘토는 텔레마코스를 깨우며 말했다.

"이제 잠에서 깰 시간입니다. 가서 칼립소를 만납시다. 하지만 그녀의 사탕발림을 조심하십시오. 칼립소에게 마음을 열지 마세요. 그녀의 입에서 나오는 달콤한 말이나 칭찬에 독이 있다는 것을 명심하세요. 어제 일을 기억하시죠? 당신을 아버지 율리시스보다 더 높게 평가하지 않았습니까. 무적의 아킬레우스도, 그 유명한 테제도, 불멸의 헤라클레스까지도 당신보다 못하다 했습니다. 그 말이 얼마나 과장된 것인지 알겠습니까? 정녕 칼립소의 말을 믿습니까? 그녀 자신도 믿지 않는다는 것을 잊지 마십시오. 그대가 충분히 허약하다는 것을 알고, 당신의 행동에 걸맞지 않은 칭찬에 넘어갈 것을 알기 때문에 그런 달콤한 말들을 하는 겁니다."

이윽고 텔레마코스와 멘토는 칼립소가 기다리고 있는 곳으로 갔다. 두 사람을 본 칼립소는 미소를 지었다. 그녀의 가슴을 들끓게 하는 걱정과 불안은 행복해하는 겉모습 속으로 감춰버렸다. 칼립소는 두려웠다. 멘토에 이끌려 율리시스가 떠난 것처럼 텔레마코스도 떠날 것을 예감했기 때문이었다.

"텔레마코스, 어서 나의 이 호기심을 잠재워주시지요. 제가 밤새 무슨 생각을 했는지 아시나요? 바로 페니키아에서 떠난 당신이 키프로스 섬에서 또 다른 운명을 찾아가는 상상을 했지 뭡니까! 이제 당신의 여정을 말해주세요, 더이상 시간을 끌지 마시고요."

그들은 숲속 그늘, 제비꽃이 만발한 잔디 위에 앉았다. 칼립소는 온화하면서도 열정에 찬 눈빛으로 텔레마코스를 하염없이 지켜보았다. 그러나 한편으로는 그녀의 시선을 하나도 놓치지 않고 있는 멘토에게 불쾌한 마음이 가득했다. 님프들은 텔레마코스의 이야기를 더 잘 듣기 위해, 그리고 그를 더 자세히 보기 위해 반원을 그려 앉고 귀를 기울였다. 모든 이의 시선이 젊은 텔레마코스에게 향해 있었다. 그는 얼굴이 빨개지며 눈을 내리깔았다. 그리고 계속해서 모험담을 들려주었다.

"부드러운 바람에 돛이 휘날리고 페니키아 섬이 눈앞에서 멀어져 갔습니다. 나는 그때 키프로스인들과 함께 있었지만 그들의 풍속에 대해 전혀 모르고 있었어요. 그래서 입을 다물고 잠자코 있기로 했죠. 대신 사람들을 관찰하기로 했어요. 또한 조신하게 있으면서 그들의 신뢰를 사기로 했어요. 하지만 아무 말도 하지 않고 있으려니 스르륵 잠이 들더군요. 모든 감각이 하나가 되는가 싶더니 이내 정지해버렸어요. 그리고 평화롭고 깊은 잠에 빠져들었습니다.

꿈속에서 비너스를 본 것 같았어요. 두 마리의 비둘기가 이끄는 전차를 타고 구름을 가르며 오는 거예요. 대양의 파도 거품 속에서 나타났을 때는 눈부시게 찬란한 아름다움과 생생한 젊음이 그녀에게 가득했죠. 그뿐인가요, 온화하고 우아하기까지 했어요. 주피터의 눈도 멀게 하는 모습이었으니까요. 그러다 갑자기 내 가까이로 내려오더니 나를 보고 미소를 지으며 어깨 위로 손을 갖다 대더군요. 그러더니 내 이름을 부르며 이렇게 말했어요.

'젊은 그리스인이여, 너는 이제 내 왕국으로 들어오게 될 것이다. 내 발이 닿는 곳마다 웃음과 기쁨과 즐거움이 가득한 풍요로운 섬에 도착할 것이다. 그곳에서 내 제단에 향을 피우도록 하여라. 그러면 너를 환희로 가득 찬 강에서 헤엄치게 해주겠다. 마음을 열고 많은 것을 바라거라. 여신들 중에 가장 강한 여신, 너를 행복하게 해줄 그 여신 앞에 몸과 마음을 맡겨라.'

그때 어린 큐피드가 보였어요. 열심히 날갯짓을 하며 엄마 곁을 날아다녔지요. 큐피드의 얼굴은 귀엽고 활기찬, 천상 아이의 모습이었지만, 뭔가를 뚫을 듯한 그의 눈빛에서는 알 수 없는 두려움을 느꼈어요. 큐피드는 나를 보며 깔깔대고 웃었어요. 그의 웃음은 나를 놀리는 듯했고, 잔인하면서도 기분 나쁜 느낌이었어요. 그러더니 금으로 된 화살통에서 제일 날카로운 화살을 하나 꺼내더니 활에 끼우지 않겠어요? 화살로 나를 공격할 생각이었던 거예요. 바로 그때, 미네르바가 나타나 방패로 나를 보호해주었어요. 미네르바 여신에게서는 비너스의 얼굴이며 행동에서 보았던 무기력하면서도 침체된 분위기의 아름다움이 느껴지지 않았어요. 오히려 그 반대였죠. 단순하고 겸손하며 신경을 쓰지 않은 듯한 그런 아름다움이었어요. 미네르바는 근엄하고, 강하고, 고급스럽고, 힘이 느껴지며 웅장했어요. 큐피드의 화살은 미네르바의 방패를 뚫지 못하고 그만 땅에 떨어지고 말았어요. 화가 난 큐피드가 쓴 한숨을 짓더군요. 그렇게 진 것이 억울하고 창피했던 거예요. 그때 미네르바가 이렇게 소리쳤어요.

'이 겁 없는 어린 것, 어서 여기서 멀리 떠나거라! 너는 비겁한 영혼이나 이길 줄 안다. 지혜나 도덕, 영광보다는 너의 그 부끄러운 탐욕을 좋아하는 이들이나 이길 줄 안단 말이다!'

이 말을 들은 큐피드는 멀리 날아가버렸어요. 비너스도 올림푸스를 향해 올라가기 시작했죠. 금빛과 하늘빛으로 물든 구름 속으로 두 마리의 비둘기가 이끄는 전차가 멀어져가는 것이 보였어요. 그리고는 결국 사라져버렸죠. 그리고 정신을 차렸더니 미네르바는 이미 그 흔적조차 없었어요. 샹젤리제를 보는 듯 아름다운 정원으로 이끌려온 것 같았어요. 그곳에 가보니 멘토가 보이는 것 같았어요. 멘토는 나에게 이렇게 말했어요.

'이 흉악한 땅에서 얼른 떠나십시오. 이 썩은 낙원, 쾌락만이 숨 쉬는 이곳에서 당장 떠나세요! 용감하고 당당한 사람이라면 이런 곳에 머물면 안 됩니다. 이곳을 피해야 살 수 있습니다.'

나는 멘토를 붙들고 그의 품에 안기고 싶었어요. 하지만 이 두 발이 꼼짝도 않는 거예요! 게다가 무릎이 와르르 무너져버리더군요. 두 팔로는 멘토를 잡으려 했지만, 웬걸요, 잡힐 듯 사라져버리는 부질없는 그림자뿐이었어요. 그렇게 버둥대다 잠에서 깨었어요. 이 꿈은 하늘이 주신 경고 같다는 생각이 들더군요. 쾌락과 싸울 용기가 생기는 것 같았어요. 키프로스의 안락하나 무기력한 삶에 대항해 나 자신과 싸울 자신이 생긴 거예요. 하지만 멘토는 이미 스틱스 강을 건너 저세상으로 갔고, 이제는 아름다운 영혼들과 함께 행복하게 지내고 있을 걸 생각하니 가슴이 찢어질 듯 아팠습니다. 하염없이 눈물이 나더군요. 사람들이 왜 우느냐고 물었어요. 그래서 나는 이렇게 대답했습니다.

'조국을 다시 볼 희망조차 없이 떠돌아다니는 한 외국인에게 걸맞은 눈물입니다.'

나와 함께 배에 타고 있던 키프로스인들은 그야말로 향락에 취해 있었어요. 일을 싫어하는 선원들은 노를 잡은 채 잠이 들었고, 꽃왕관을 쓴 선장은 키를 잡지도 않았지요. 대신 그의 손에는 포도주 병이 들려 있었어요. 그것도 거의 다 마신 빈 병을요. 선장이며 선원들 모두 바쿠스의 열광에 취해 비너스와 큐피드를 찬양하는 노래를 불렀어요. 도덕적인 사람들은 극도로 증오할 만한 그런 노래였습니다. 그렇게 그들이 바다의 위험을 잊고 있을 때, 갑작스러운 폭풍이 몰아쳐 바다와 하늘이 검게 변했어요. 격노한 바람이 돛을 흔들었고 검은 파도가 배를 공격하는 바람에 힘없이 무너지기 시작했어요. 한껏 부풀어 오른 파도 위로 배가 뜨는가 싶더니 이윽고 가라앉아 바다의 깊은 심연으로 빨려 들어갈 것만 같았어요. 우리 옆으로 거대한 바위가 보였어요. 성난 파도가 부딪치며 무서운 소리를 내는 그런 바위였습니다.

그 경험을 하고 나니 멘토가 자주 하던 말이 이해가 되더군요. 게으르고 쾌락에 취하길 좋아하는 사람들은 위험이 닥쳤을 때 용기를 내지 못한다는 말이었어요. 겁이 난 키프로스인들은 여자들처럼 흐느끼기 시작했어요. 여기저기서 한심하게 소리를 질러대지 않나, 안락한 삶에 대한 후회를 하지 않나, 육지로 갈 수만 있다면 뭐든 하겠다며 신들에게 지키지도 못할 기도를 하지 않나! 그래서 나는 생각했습니다. 내 목숨을 구함과 동시에 저들의 목숨도 구해야겠다고요. 그래서 키를 잡았어요. 술주정뱅이 선장은 자신의 배가 위험에 처했다는 것조차 모를 정도로 취해 있었거든요. 나는 겁에 질린 선원들에게 용기를 불어넣었습니다. 돛을 내리고 열심히 노를 젓도록 했어요. 다행히 암초를 피해 나아갈 수 있었어요. 하마터면 모두 죽음으로 빠져들 수 있었던 위험을 겪은 거지요.

내가 목숨을 구해준 키프로스인들에게는 그 모험이 마치 꿈만 같왔나 봐요. 다들 놀라서 나를 쳐다보더군요. 결국 우리는 비너스를 위한 계절 봄이 되어 키프로스 섬에 도착했어요. 키프로스인들이 그러더군요, 봄은 비너스에게 딱 알맞은 계절이라고요. 자연을 깨우는 것도, 꽃처럼 아름다운 쾌락을 깨우는 것도 모두 비너스 여신이 하는 일이기 때문이지요.

섬에 도착하자 불어오는 부드러운 바람에 온몸이 나른해지는 기분이었어요. 몸은 축 처질지언정 기분은 어찌나 좋고 흥분이 되던지요. 워낙 비옥하고 살기 좋은 시골 마을이었는데 사람들은 경작을 하지 않는 모양이었어요. 하긴 일을 싫어하는 게으름뱅이들이었으니까요. 여기저기 헛된 치장을 한 여자들이 비너스를 찬양하며 신전으로 가는 모습이 보였어요. 그녀들의 얼굴에는 아름다움, 은총, 기쁨, 그리고 환희가 찬란하게 빛났어요. 하지만 그리 달가운 모습은 아니었어요. 그녀들에게서는 소박한 우아함이나 상냥하고 부끄러워하는 모습, 그러니까 가장 매력을 끌 만한 그런 아름다움이 없었으니까요. 무기력한 행동, 곱게 치장한 얼굴, 허영으로 가득 찬 장신구, 느린 발걸음, 남자들의 시선을 끌려는 눈빛, 치정에 사로잡힌 여자들끼리의 질투, 한마디로 말해 그녀들에게서 내가 본 것은 모두 가치 없는 저열함이었어요. 너무 잘보이려는 모습에 오히려 거부감이 느껴졌죠.

나는 사람들을 따라 비너스 신전으로 갔어요. 섬에는 여러 개의 비너스 신전이 있었어요. 시테르, 이달리, 파포스에서까지 비너스를 최고로 여겼으니까요. 내가 간 곳은 시테르의 신전이었습니다.

온통 대리석으로 되어 있더군요. 완벽한 회랑 구조였어요. 높고 두 꺼운 기둥으로 신전은 정말 웅장해보였어요. 기둥머리의 평방과 프 리즈 위로 보이는 박공의 각 면에는 비너스의 모험을 설명하는 조 각이 되어 있었어요. 신전 문 앞으로는 봉헌을 하기 위해 몰려든 사 람들이 끊이질 않았습니다. 신전에서는 절대 희생물의 목을 따는 일이 없지요. 다른 데서와 마찬가지로 암송아지나 황소의 기름을 태우지도 않았습니다. 더더욱 이 동물들의 피를 흘리게 하는 것은 금지되어 있었어요. 그저 동물을 봉헌하는 것이 끝이었습니다. 어 리고, 하얗고, 그 어떤 장애나 흠이 없는 동물만을 희생물로 바칠 수 있었어요. 금실 자수를 놓은 자줏빛 천으로 눈을 가리고, 동물의 뿔 에는 향기로운 꽃관을 씌우도록 되어 있었습니다. 우선 제단에 봉 헌을 하고 신전에서 멀리 떨어진 곳으로 데려가 목을 따고 고기를 만들어 잔치를 벌였습니다.

온갖 종류의 향주와 넥타보다 더 달콤한 술을 바치기도 했습니 다. 사제들은 하얀 로브에 술이 길게 늘어진 금빛 허리띠를 맺지요. 제단에는 밤이고 낮이고 동방에서도 가장 유명한 향을 피웠습니다. 그 연기가 마치 하늘로 올라가는 구름과도 같았어요. 신전 기둥은 꽃줄기 모양으로 장식을 해놓았고, 제물을 바치는 그릇은 온통 금 으로 되어 있었어요. 사제에게 제물을 바칠 수 있는 유일한 사람들 은 잘생기고 예쁘기로 유명한 젊은이들이었습니다. 그리고 그들만 이 유일하게 제단에 향을 피울 수도 있었어요. 하지만 신전이 그토 록 장엄하고 아름다운들 무슨 소용이 있겠습니까, 퇴폐하고 시건방진 사람들이 모인 터라 수치스러운 곳이 되어버리는 걸요.

처음에는 내가 보는 모든 것이 두렵게만 느껴졌어요. 하지만 나도 모르게 거기에 익숙해지기 시작하더군요. 방탕한 삶이 더이상 무섭지 않았어요. 모든 것이 나로 하여금 무질서 속으로 빠져들게 했어요. 처음에는 순진한 나를 보고 사람들이 놀려댔어요. 그 뻔뻔한 사람들에게는 수줍음을 타고 조심스러운 내가 우스워 보였던 거죠. 그들은 나의 젊은 열정을 일깨우고, 나를 함정에 빠져들게 했으며, 쾌락에 물들게 했어요. 매일 조금씩 나약해져가는 나를 느낄 수가 있었어요. 제가 받은 엄격하고 훌륭했던 교육도 더이상 효과를 발휘하지 못했지요. 나의 모든 결심과 계획이 무너지고 있었어요. 여기저기서 나를 유혹하는 악에 대항할 힘마저 잃어버렸어요.

하다못해 도덕을 중요시 여기며 용맹하게 싸우는 것조차 창피한 일로 느껴졌어요. 깊고 빠른 물살에 휩쓸려가는 것과도 같았어요. 처음에는 물을 가르다 결국 휩쓸려가는 사람과도 같았어요. 물이 너무 가파르고, 땅으로 올라가 쉴 수 없다면 물에 빠진 그 사람은 점점 힘을 잃게 되죠. 힘도 없어지고, 너무 무리를 한 몸은 점점 굳어지고요. 그래서 강물 따라 흘러가게 되는 겁니다. 그렇게 내 눈으로 검은 그림자가 드리우기 시작했어요. 심장 박동도 조금씩 느려졌고요. 더이상 이성을 찾을 수도 없었고, 아버지의 업적과 용기도 생각해낼 수 없었어요. 샹젤리제에 내려온 멘토를 본 것 같았던 꿈은 결국 모든 것을 포기하게 만들었어요. 그렇게 나는 천천히 나른함에 빠져들었어요. 내 피를 따라 흐르며 뼛속까지 파고드는 기분 좋은 독에 빠져들고 말았어요. 하지만 나는 마지막으로 깊은 숨을 내쉬었습니다. 그리고 쓰디쓴 눈물을 흘렸어요. 너무 화가 나 분노한 사자처럼 울부짖기 시작했죠.

'젊음은 고되고 슬프기만 하구나. 인간을 마음대로 움직이는 신들이여, 왜 하필 이런 시기를 겪게 하시는 겁니까! 광란과 뜨거운 열기가 가득한 젊음을 왜 꼭 거쳐야 합니까! 차라리 머리가 하얗게 새고, 몸은 굽어 죽을 날에 가깝다면 얼마나 좋겠습니까! 할아버지 라에르테스처럼 말입니다! 죽음은 내가 겪고 있는 수치스러운 나약함보다 훨씬 더 좋은 것이 아니겠습니까!'

이 말을 내뱉자마자 고통이 점점 사그라지는 것 같았어요. 그리고 쾌락에 몰두했던 내 마음이 수치심을 느끼기 시작했어요. 그렇게 나는 깊은 회한에 빠져들었지요. 사냥꾼의 화살에 맞아 상처를 입은 사슴처럼 괴로워하며 숲속을 방황했어요. 고통을 이겨내려 넓은 숲을 뛰어다녔지요. 하지만 몸속 깊이 박힌 화살은 떠날 줄을 몰랐어요. 죽음으로 몰고 가는 화살을 몸에 꽂은 채 그렇게 나는 내 자신을 잊기 위해 하염없이 달렸어요. 하지만 마음의 상처는 쉽게 치유되지 않았어요. 바로 그때, 저 멀리 숲속 그늘에서 멘토의 모습이 보였어요. 그의 얼굴은 매우 창백하고, 슬픔에 잠겼으며, 너무나 근엄해 보였어요. 그의 얼굴에서는 어떤 기쁨의 조각도 찾아볼 수 없었죠. 나는 곧바로 소리쳤습니다.

'멘토, 정말 멘토가 맞습니까? 나의 유일한 희망인 그 멘토가 맞습니까? 내가 또 환상을 보고 있는 것은 아닙니까? 혹시 내가 너무

나약해져 당신의 그림자를 보고 있는 것은 아닙니까? 신들에게서 진정한 행복을 선사받고 영원한 평화 속에 잠들지 않았습니까? 그래서 행복한 영혼들과 아름다운 날들을 보냈던 것이 아닌가요? 멘토, 말을 해보세요! 아직 살아 있는 겁니까? 아직도 나에게 멘토를 곁에 둘 만한 행복이 남아 있는 겁니까? 아니면 당신은 내 친구 멘토의 그림자란 말입니까?'

나는 소리를 지르며 그에게로 달려갔습니다. 뭔가에 홀린 것처럼 숨이 막힐 정도로 뛰었습니다. 그는 한 발짝도 움직이지 않고 느긋하게 나를 기다렸어요. 상상이나 하시겠습니까? 내 두 팔로 멘토를 만졌을 때의 그 기쁨이란!

'아니, 내가 지금 본 것은 헛된 그림자가 아닙니다! 내가 잡고 있는 이 사람, 정말 멘토가 맞군요!'

그렇게 나는 소리 소리를 질렀지요. 그의 얼굴에 내 눈물을 펑펑 쏟아놓았습니다. 난 아무 말도 못하고 그의 품에 안겨만 있었어요. 그는 동정심이 가득한 눈빛으로 나를 슬프게 쳐다보았어요. 결국 입을 뗀 나는 멘토에게 말했어요.

'도대체 어디에 있다가 온 겁니까? 멘토가 없는 동안 내가 어떤 위험을 겪었는지 압니까? 이제 멘토 없이 뭘 할 수 있겠습니까?'

하지만 멘토는 나의 질문에 대답하지 않았습니다. 대신 엄한 목소리로 이렇게 말했어요.

'도망가세요, 어서 도망가세요! 이곳은 독으로 가득한 땅입니다. 우리가 숨 쉬는 공기마저 독을 품고 있어요. 이미 전염된 사람들의 입에서 나오는 말도 모두 독액으로 가득 차 있습니다. 판도라의 상자에서 나온 몹쓸 것 중에서도 가장 무서운 것이 바로 비열하고 비겁한 쾌락이에요. 그런 쾌락이 모두의 마음을 무기력하게 하고 있습니다. 그래서 이 땅에는 그 어떤 덕망도 존재하지 않습니다. 어서 떠나세요! 무얼 망설이고 있는 겁니까? 뒤도 돌아보지 말고 떠나세요. 이 혐오스러운 땅에 대한 기억도 모두 지워버리세요!'

멘토의 말이 끝나자마자 내 눈 위에 쌓였던 짙은 구름이 사라지는 것을 느꼈어요. 환한 빛이 보였고 기분이 좋아졌어요. 그리고 강한 용기가 마음속에서 솟아나는 느낌이었어요. 내 오감이 중독되었던 나른하고 광기어린 그런 기쁨이 아닌 또 다른 기쁨이랄까요. 하나는 취기와 불안에다가 성난 열정과 극한 후회까지 함께하는 기쁨이고, 또 하나는 축복받은 천상의 행복, 이성의 기쁨입니다. 그런 기쁨은 늘 순수하고 한결같죠. 결코 고갈되지 않는 기쁨이에요. 그 안으로 들어가면 들어갈수록 행복해지고, 영혼을 살아 움직이게 하죠. 그래서 나는 기쁨의 눈물을 흘렸습니다. 그렇게 우는 것만큼 마음을 진정시켜 주는 것이 또 있을까 싶었어요. 나는 이렇게 말했습니다.

'덕성이 가득한 사람은 행복합니다! 어찌 미덕을 그냥 지나칠 수 있겠습니까! 어찌 행복하지 않을 수 있겠습니까!'

그러자 멘토가 말했어요.

'이제 그대를 두고 떠날 시간입니다. 지금 가야 해요. 여기에 머무를 수가 없습니다.'

나는 멘토에게 물었죠.

'어디로 가십니까? 나도 멘토를 쫓아갈 겁니다! 나를 피해갈 생각은 하지 마십시오. 그러려면 차라리 나를 밟고 가세요!'

나는 멘토를 꽉 끌어안고 놔주지 않았어요.

'나를 잡고 싶겠지만 다 소용없는 일입니다. 메토피스가 나를 에티오피아인인지 아랍인인지에게 팔아넘겼어요. 장사를 하느라 다마스며 시리아에 갔던 사람들이지요. 그들은 그리스의 문화와 과학을 배우기 위해 그곳 출신을 찾고 있던 하사엘에게 큰돈을 주고 나를 팔아먹을 생각을 하고 있었어요. 그래서 하사엘은 거금을 주고 나를 사들였습니다. 나는 그에게 그리스의 문화를 가르쳤지요. 그러다 보니 호기심이 더 커진 하사엘은 미노스[36]의 법을 공부하기 위해 크레타 섬으로 가고 싶어했어요. 그리로 가던 중 바람을 잘못 만나 키프로스에 떨어지게 된 것입니다. 바람이 좋아지길 기다리는 동안 신전에 봉헌을 하러 온 것입니다. 이제 운명의 시간이에요. 다시 항해를 할 수 있게 되었으니까요. 벌써 돛이 펄럭이기 시작합니다. 부디 건강하십시오, 텔레마코스. 신을 두려워하는 종은 주인에게 복종해야 하는 법입니다. 더이상 나는 내가 아닙니다. 신들이 그렇게 결정을 했어요. 만일 예전의 나였다면 내가 어떤 선택을 할지 신들도 잘 알 겁니다. 바로 그대만을 위해 살아갔겠죠. 이제 정말 작별의 시간입니다. 율리시스의 업적과 페넬로페의 눈물을 결코 잊지 마십시오. 정의로운 신들이 있다는 걸 절대 잊지 마십시오. 신이시여, 무고한 사람들을 보호하는 신이시여, 왜 이 땅에 텔레마코스를

두고 떠나야 한단 말입니까!'

'안 됩니다, 안 돼요! 나를 여기에 두고 떠나시다니요! 멘토가 멀어져가는 걸 보니 차라리 죽음을 택하겠습니다. 당신의 주인이라는 시리아 사람은 그토록 냉정하단 말입니까? 그 사람은 어린 시절에 호랑이 젖을 빨았답니까? 정녕 내 손에서 당신을 빼앗아가겠답니까? 나를 죽이든지, 내가 당신을 따라가도록 허락해야 할 것입니다! 멘토, 나에게 이 땅에서 도망가라고 하지 않았습니까? 당신을 따라가면 안 되는 겁니까? 하사엘에게는 내가 말하겠습니다. 내 젊음과 내 눈물을 보고 마음이 동할지도 모르지 않습니까. 하사엘 역시 지혜와 현명함을 좋아하고 그걸 찾아 멀리까지 간 사람이 아닙니까? 그런 사람이 비열하고 냉정하다니요, 그럴 리가 없습니다. 내 그의 발밑에 엎드려 무릎에 입이라도 맞추겠습니다. 당신을 따라가도 된다는 허락이 떨어지지 않는 이상 그를 가만 두지 않을 겁니다. 멘토, 나 역시 그의 종이 되겠습니다. 나를 온전히 그에게 바치겠습니다. 만일 나를 거부한다면 할 수 없지요, 내 목숨을 끊을 수밖에!'

마침 그때 하사엘이 멘토를 불렀습니다. 나는 얼른 그에게 가서 넙죽 절을 하였습니다. 얼굴도 모르는 자가 머리를 조아리니 놀랄 수밖에요. 그가 나에게 물었습니다.

'그대는 무엇을 원하십니까?'

'삶, 삶을 원합니다! 내가 당신의 종인 멘토를 따라가는 걸 원치 않는다면, 나는 더이상 살 수 없기 때문입니다. 나는 아시아 전체에 유명한 트로이를 함락한 그리스 왕 율리시스의 아들입니다. 내 태생을 자랑하려는 것이 아닙니다. 그저 나에게 닥친 불행을 보고 마음이 동했으면 하는 마음에 드리는 말씀입니다. 바다 곳곳을 다니며 아버지를 찾고 있습니다. 나에게는 아버지나 다름없는 멘토와 함께요. 그런데 이게 무슨 운명의 장난이란 말입니까! 하늘은 그런 멘토조차 나에게서 빼앗아 갔습니다. 당신이 정녕 정의를 사랑하고, 미노스의 법을 배우기 위해 크레타 섬으로 가는 것이 사실이라면, 내 한숨과 눈물 앞에서 비정하게 굴지 마십시오. 그것이 마지막 탈출구나 되는 양 당신 앞에서 머리를 조아리고 종이 되겠다는 왕의 아들을 보십시오! 시칠리아에서는 노예로 사느니 죽음을 택하려고 했던 나입니다. 하지만 그런 나의 첫 번째 불행은 그 후에 닥쳐온 괴로움에 비하면 별것도 아니었습니다. 이젠 오히려 당신의 종이 되지 못할까 두렵습니다. 신이시여, 나의 이 불행을 좀 보십시오! 하사엘이여, 당신이 그토록 존경하는 미노스를 생각하십시오. 플루톤에서 당신과 나를 심판하게 될 미노스를 기억하십시오.'

온화하고 인간적인 모습의 하사엘은 나에게 손을 내밀었어요. 그리고 나를 일으켜 세우며 이렇게 말했습니다.

'나는 율리시스의 지혜와 용맹함을 익히 알고 있습니다. 그가 어떤 영광을 가져왔는지 멘토에게 들었어요. 그뿐만이 아닙니다. 이미 그의 업적은 동양 전체에 널리 퍼졌답니다. 율리시스의 아들이여, 나를 따르십시오. 생부를 찾기 전까지는 내가 당신의 아버지가 되어드리겠소. 당신 아버지의 업적, 그가 겪은 고생이며 당신의 불행에 내 마음이 흔들리지 않았다 해도, 멘토에 대한 나의 우정만으로 그대를 거두기에 충분합니다. 내 비록 멘토를 종으로 샀다고는 하나, 그는 나의 친한 친구와 다름이 없습니다. 내가 쓴 돈으로 여태 껏 가져보지 못한 훌륭하고 소중한 친구를 얻은 셈이지요. 나는 멘 토에게서 진정한 지혜를 배웠습니다. 올바른 생각과 행동에 대한 나의 열정 역시 다 멘토 덕에 얻은 것입니다. 지금 이 시각부터 멘토 는 자유의 몸입니다. 그대 또한 마찬가지고요. 내가 두 사람에게 원 하는 것은 진실된 마음뿐입니다.'

그 순간 나는 인간이 겪을 수 있는 가장 쓴 고통에서 헤어나 가장 희망찬 기쁨으로 가득했습니다. 무시무시한 위험에서 벗어나온 것 같았지요. 드디어 조국을 향해 한 발 다가선 느낌이었습니다. 내 나 라로 돌아갈 수 있는 구원을 받은 것 같았어요. 오직 정의와 현명함 에 대한 사랑만으로 나를 지키고 아껴준 멘토의 곁에 있을 수 있다 는 위로를 받았습니다. 멘토를 다시 찾은 나는 잃었던 내 자신도 다 시 찾았고, 다시는 그를 잃지 않을 것이었습니다.

하사엘이 해변으로 발걸음을 옮겼습니다. 멘토와 나도 그의 뒤를 따랐어요. 드디어 우리는 배에 올랐습니다. 선원들이 평화로운 바 다 위로 노를 저었어요. 부드러운 미풍이 불어와 돛을 휘날리고, 우 리 배는 탈 없이 앞으로 나아갔습니다. 이윽고 키프로스 섬이 더이 상 보이지 않게 되었어요. 하사엘은 내 기분이 어떤지 정말 궁금했 던 모양인지 키프로스 섬의 풍습에 대한 나의 의견을 묻더군요. 나 는 진솔하게 털어놓았어요, 내 젊음의 혈기가 어떤 위험에 빠졌었 는지를요. 그리고 그 안에서 얼마나 고통받고 싸워야 했는지를요.

쾌락에 대한 내 증오를 귀담아 듣던 그가 이렇게 말했어요.

'비너스 여신이여! 나는 당신과 당신의 아들이 갖고 있는 힘을 잘 알고 있습니다. 제단에 가서 향도 피웠지요. 하지만 당신의 섬 사람들이 취해 있는 그 쾌락은 극도로 증오합니다. 제물을 바치고 잔치를 벌이는 섬 사람들의 무기력함을 나는 증오합니다!'

그러고 나더니 하사엘과 멘토는 하늘과 땅, 그리고 변함없이 지속되는 빛을 만들어낸 첫 번째 능력자에 대한 이야기를 나눴어요. 태양이 우리를 비추듯 모든 이의 영혼을 비추는 천상의 진실에 대한 이야기를 했어요. 하사엘이 말했습니다.

'이 순수한 빛을 보지 못한 자는 장님으로 태어난 것이나 마찬가지예요. 평생을 짙은 어둠 속에 사는 것이죠. 일년에 몇 달이나 해를 못 보고 사는 사람들처럼요. 자신이 지혜로운 줄 알지만 결코 그렇지 않습니다. 모든 걸 본다고 믿지만 아무 것도 보지 못하고 있지요. 그 무엇도 제대로 보지 못하고 죽는 목숨들입니다. 그뿐입니까. 오히려 어둠과 가짜 빛, 그리고 하릴없는 그림자를 통해 진짜라고 믿는 유령을 보는 것이나 마찬가지예요. 오감을 만족시키는 쾌락, 상상의 매혹에 빠져 있는 모든 사람들은 그렇게 살다 가는 거예요. 영원한 이성을 따르고, 그것을 사랑하고, 늘 추구하는 사람들만이 진정한 인간입니다. 바로 이성을 통해 바른 생각을 하게 되고, 또 잘못된 생각을 할 때면 우리를 일깨워주니까요. 삶만큼이나 이성을 존중해야 합니다. 이는 마치 거대한 빛의 대양과도 같아요. 우리의 영혼은 그 대양에서 나오고, 길을 잃지 않으려 그곳으로 다시 흘러 들

어가는 물길과도 같지요.'

두 사람의 대화에서 나오는 깊은 뜻을 다는 이해하지 못했지만, 그래도 순수하고 정화된 뭔가가 느껴지는 것 같았어요. 그 말에 내 마음도 따뜻해졌어요. 두 사람의 대화는 진리로 빛나는 것 같았죠. 하사엘과 멘토는 신들의 기원, 여러 영웅들, 시인들, 황금기, 홍수, 인간의 첫 번째 역사, 죽은 영혼들이 빠져드는 망각의 강, 신을 모독한 자들이 타르타로스[37]의 검은 나락으로 빠져 영원히 받게 될 천벌, 샹젤리제에서 정의로운 영혼들이 마음껏 즐기는 행복한 삶에 대한 이야기를 나눴어요.

하사엘과 멘토가 대화에 빠져 있을 때, 황금빛과 하늘빛으로 물든 돌고래들이 보였어요. 그렇게 헤엄치며 노는 통에 거품 가득한 바닷물이 치솟기도 했어요. 돌고래가 사라지자 이번에는 반인반어 트리톤[38]이 몰려와 나팔을 불었어요. 그들은 눈보다 더 하얀 바닷말이 끄는 암피트리테의 전차 주위로 몰려들었어요. 파도를 가르며 전차가 지나간 자리에는 길고 넓은 홈이 파였어요. 말의 눈은 활활 타오르며 입에서는 계속해서 연기를 뿜어대었어요. 여신의 전차는 멋진 나팔 모양으로 상아보다 더 찬란한 하얀 빛이었고, 바퀴는 금으로 되어 있었지요. 잔잔한 물 위로 떠다니는 것만 같았어요. 꽃관을 쓴 님프들이 전차 뒤로 헤엄을 치며 따라갔지요. 어깨 위로 흐드러진 님프의 머릿결은 바람을 따라 휘날렸어요. 여신의 한 손에는 파도를 관장하는 금홀이 들려 있었고, 또 한 손으로는 어린 신 팔레몬을 무릎 위에 앉혀 젖을 주고 있었어요. 그녀의 얼굴은 온화하면서도 장엄해 검은 폭풍이나 불온한 바람은 곧 잠재울 것만 같았어요. 트리톤들이 금빛 고삐를 들더니 말을 끌더군요. 전차 위로는 자줏빛 베일이 나풀거렸어요. 미풍이 바람을 일으켜줘 베일이 풍성하게 부풀어 올랐어요. 허공으로 뭔가에 쫓기듯 근심스러운 모습을 한 아이올로스[39]가 보였어요. 주름지고 슬픈 얼굴에, 두껍고 축 처진 눈썹, 어두운 눈빛, 그리고 무서운 목소리의 아이올로스였어요. 그는 조용히 북풍을 몰아가며 구름을 몰아냈어요. 거대한 고래며 온갖 바다괴물들이 깊은 바다동굴에서 빠져나와 물을 뿜어대며 해면 위로 올라왔어요. 모두 다 이 바다의 여신을 보려고 온 것이었죠."

멘토의 조언

1 함부로 말하지 말라. 항상 겸손하게 말하고, 굳이 말하지 않아도 되는 일에 대해서는 함구하라.

2 오감을 만족시키는 쾌락, 상상의 매혹에 빠져 있는 사람들은 무엇도 제대로 볼 수 없다. 올바른 이성을 따르고, 그것을 사랑하고 늘 추구하고 삶만큼이나 이성을 존중해야 한다.

제5장

자신을 버린 자,
모든 이의 사랑을 받으리라

왕은 자신의 모든 시간이며, 정성, 사랑을 백성을 위해
써야 합니다. 공리를 위해 자기 자신을 버릴 때야
비로소 왕국을 거느릴 자격이 있는 겁니다.

"그렇게 멋진 광경 후에는 저 멀리로 크레타 산이 보이기 시작했어요. 물론 하늘과 구름, 바다가 온통 섞여 제대로 구분하기는 어려웠어요. 이윽고 산맥 위로 우뚝 솟은 이다봉이 보였지요. 마치 숲속에서 그를 따르는 어린 사슴 사이에서 뿔을 드러낸 늙은 노루와도 같았어요. 슬슬 섬의 연안이 드러나기 시작했는데, 꼭 원형경기장을 보는 듯했어요. 키프로스 섬은 버려진 채 경작도 안 하는 땅이었는데 크레타 섬은 사람들이 분주하게 일한 덕분에 오곡과일이 풍성한 곳이더군요. 섬 곳곳에 잘 지어진 마을과 도시가 보였어요. 어딜 봐도 잘 경작된 밭이었고, 쟁기가 지나다니지 않은 곳이 없어 보였답니다. 그곳에는 가시덤불이나 잡초 따위는 없는 것 같았어요. 계곡에는 냇물을 따라 풍성한 초원에서 풀을 뜯는 황소들로 그득했고요. 산등성이로는 양 떼가 지나가고 있었어요. 광활하게 펼쳐진 밭에는 황금빛 이삭으로 가득했고, 산은 온통 이미 붉어지기 시작한 포도나무로 화려했어요. 인간의 시름을 덜어줄 바쿠스의 달콤한 선물이 풍성한 수확을 예고해주고 있었지요. 멘토는 이미 크레타 섬에 와봤다고 했어요. 그래서 섬에 대한 설명을 해주었어요.

'외국인들에게 사랑을 받는 이 섬에는 백 개가 넘는 도시가 있습니다. 아주 많은 사람들이 살고 있음에도 불구하고 그 누구도 굶어 죽는 이가 없어요. 땅을 열심히 가는 사람들에게 늘 풍작이 약속되기 때문이지요. 비옥한 땅은 결코 동이 나지 않는답니다. 땅에는 사람이 많을수록(물론 그 사람들이 아주 부지런한 사람들이어야 하겠지만요) 풍년이 오는 법이에요. 이곳 사람들은 서로 질투할 필요가 없습니다. 온화한 자연의 어머니인 땅이 일을 한만큼 그 자식들에게 먹을 것을 나눠주기 때문이에요. 인간들은 욕심을 부리고 인색하게 굴기 때문에 불행한 거예요. 사람들은 모든 것을 갖기 원하죠. 필요도 없는데 더 많은 걸 바람으로써 괴로워지는 거랍니다. 단순한 삶을 택하고, 정말 필요한 것에만 만족한다면 어딜 가나 넘쳐흐를 것입니다. 어딜 가도 기쁘고, 어딜 가도 평화롭고, 어딜 가도 조화롭게 살 수 있어요.

왕 중의 왕, 가장 현명하고 가장 훌륭한 미노스가 깨달은 것이 바로 이 점이에요. 이곳에서 여러분이 보게 될 제일 멋지고 부러운 것은 그 왕이 세워놓은 법의 열매일 겁니다. 왕은 아이들에게 교육을 시키길 바랐지요. 그래서 그 아이들은 모두 건강하고 튼튼합니다.

우선 아이들은 소박하고, 간소하며, 또 열심히 사는 삶에 익숙해지는 법을 배웁니다. 쾌락은 인간의 몸과 마음을 약하게 한다는 것이죠. 영광스러운 일을 행하고, 도덕적인 삶을 사는 것 외에는 그 어떤 쾌락도 인정하지 않습니다. 이곳에서는 전쟁에서의 죽음도 아랑곳하지 않는 용기만 가르치는 게 아니라, 수치스러운 향락이나 쓸데없는 부를 무시할 줄 아는 용기도 가르칩니다. 다른 나라에서는 받아들여지는 세 개의 악행이 이곳에서는 엄벌을 받기도 하지요. 그것은 바로 배은망덕한 행동, 엉큼한 행동, 그리고 인색함입니다.

사치나 나약함은 크레타 섬에는 존재하지 않기 때문에 굳이 벌을 내릴 필요도 없습니다. 이곳 사람들은 누구나 다 열심히 일하고, 일을 해서 크게 재산을 불리겠다는 생각도 하지 않습니다. 모두 절제되고 안정된 삶 안에서 일한 만큼 돈을 번다고 생각하죠. 그래서 진정한 평화를 느끼고 필요한 만큼만 누리는 풍족한 삶을 사는 것입니다. 화려한 가구며 옷, 먹을 것이 가득한 잔치, 황금으로 장식된 궁전 등은 이곳에서 상상도 못합니다. 사람들은 얇은 모로 짠 색색의 옷을 입지요, 자수 등의 장식은 없습니다. 먹는 음식도 소박하고, 술도 많이 마시지 않습니다. 맛있는 빵이 주식이고, 거기에 나무에서 딴 과일과 키우는 동물에서 짜낸 우유가 전부입니다. 가끔 고기를 먹기도 하나 이것에 환장하거나 하진 않습니다. 이들은 좋은 소를 잘 키워 풍작을 위해 쓰기를 원하지요. 집들은 한결같이 깨끗하고, 소박하며, 언제나 웃음이 끊이질 않습니다. 꾸미거나 장식을 하지도 않아요. 멋진 건축물이 왜 없겠습니까만 이는 오로지 신전을 위한 것입니다. 사람들이 어찌 신들과 비슷한 집에서 살 수 있냐는 거지요. 크레타 사람들의 재산은 건강한 몸, 힘, 용기, 평화, 가족 간의 유대, 모든 이의 자유, 필요한 만큼 누리는 풍요로움, 사치에 대한 거부, 노동의 가치, 게으름에 대한 증오, 도덕적인 삶에 대한 갈구, 법에 대한 복종, 정의로운 신에 대한 두려움입니다.'

나는 멘토에게 왕이 가지는 권한에 대해 물었습니다. 그랬더니 이렇게 대답했어요.

'백성들의 모든 것을 관장할 수가 있어요. 하지만 그런 왕을 제어하는 법이 있답니다. 선을 실행하는 데 있어서는 완전한 권력을 행사할 수 있지만, 조금이라도 그 행동이 어긋난다면 당장에라도 잡혀갈 수 있어요. 왕은 법을 통해 백성들을 맡게 됩니다. 그 어떤 것보다 소중하게 다뤄야 할 사람들이지요. 물론 그들의 좋은 아버지가 되어야 한다는 조건 하에서 가능한 것이고요. 법은 지혜와 절제를 갖춘 단 한 사람만이 많은 이들의 행복을 위해 일하도록 하고 있어요. 많은 사람들이 비겁하고 비참하게 종노릇을 하며 단 한 사람의 오만과 안일함을 채워주길 원하는 것이 아니고요. 왕은 그의 백성들보다 더 많은 것을 가져도 안 됩니다. 물론 꼭 그럴 수밖에 없을 때, 힘든 일에서 조금은 위안을 얻어야 할 때, 아니면 법을 존중하고 지키는 모습을 백성들에게 알려야 할 때만 제외하고는 말이죠. 왕은 그 누구보다 검소하고, 어떤 안락함도 거부하며, 특히 다른 이들에 비해 사치나 허영을 부려서도 안 됩니다. 그 누구보다 더 많은 부와 행복을 누려서도 안 되죠. 하지만 다른 이들보다 더 큰 지혜, 더 큰 덕성, 그리고 더 큰 영광을 가져야 합니다. 밖으로는 군사를 이끌며 나라를 지킬 줄 알아야 하고, 안으로는 백성들이 더 행복하고 평화롭고 착하게 살 수 있도록 그들을 잘 심판할 줄 알아야 하죠. 신들은 왕 개인을 위해 그를 왕위에 올린 것이 아닙니다. 백성들의 아버지가 되라고 왕위에 앉힌 거예요. 왕은 자신의 모든 시간이며, 정성, 사랑을 백성을 위해 써야 합니다. 공리를 위해 자기 자신을 버릴 때에야 비로소 왕국을 거느릴 자격이 있는 겁니다. 미노스는 자신의 말에 따라 왕국을 다스릴 줄 아는 자손만이 왕이 될 것을 바랐습니다. 그렇지 않으면 아무리 자신의 자손이라도 왕위에 오를 자격이 없다는 거죠. 그는 가족보다 백성을 더 사랑했어요. 그렇게 현명한 왕을 두었기에 오늘날 이렇게 강하고 행복한 나라 크레타가 생긴 겁니다. 그리고 절제력이 있었기에 국력을 더 키우고자 백성들을 부려먹는 정복자들의 자만심, 즉 그런 실수를 범하지 않을 수 있었던 거예요. 그리고 정의로운 그는 이제 죽은 이들을 심판하는 자리에 오를 수 있었던 거죠.'

멘토의 말을 들으며 우리는 섬에 다가갔습니다. 다이달로스[40]의 작품인 유명한 미로가 눈에 들어오더군요. 이집트에서 봤던 거대한 미로와 비슷했습니다. 이 특이한 건축물을 구경하고 있는데, 갑자기 해변으로 사람들이 몰려드는 것이 아니겠어요? 수많은 사람들이 떼를 지어 달려가는 거예요. 이렇게 서두르며 도대체 어딜 가느냐고 물었죠. 그랬더니 나우시크라테스라는 크레타인이 대답을 했어요.

'데우칼리온의 아들 이도메네우스는 여느 그리스의 왕들처럼 트로이를 정복하러 떠났었지요. 그곳을 함락하고 다시 크레타 섬으로 돌아오던 중에 갑자기 폭풍이 불어온 겁니다. 배의 선장도, 항해에 익숙해진 선원들도 모두 함몰을 피할 수 없다고 생각했어요. 모두의 눈앞에 죽음이 다가온 겁니다. 그들을 삼키려 검은 입을 벌린 심연이 보였던 거예요. 그러자 각자는 자신의 불행에 울기 시작했습니다. 하다못해 죽은 후에는 스틱스 강을 건너 휴식을 취할 수 있다는 생각도 하지 못했어요. 이도메네우스는 하늘을 향해 넵투누스를 불렀습니다.

—강인하신 신이시여! 파도의 제국을 끌고 가는 신이시여, 이 불행한 자의 이야기를 들어주십시오. 이 매서운 바람에도 불구하고 다시 크레타만 볼 수 있다면 가장 먼저 만나게 될 이의 목을 베어 신에게 바치겠습니다!

마침 이도메네우스의 아들은 아버지를 한시라도 빨리 보겠다는 마음에 바닷가에 나와 있었어요. 그게 어떤 위험을 무릅쓰는 일인지 이 가여운 왕자는 몰랐던 거죠. 폭풍에서 살아나온 왕은 그토록 원하던 고향에 올 수 있었어요. 그래서 기도를 들어준 넵투누스에게 감사했죠. 하지만 불행한 일이 생길 거라는 예감에 신중하지 못했던 자신의 약속을 후회하기 시작했어요. 가장 먼저 가족을 볼 거라는 예감, 누구보다 소중한 사람을 제일 먼저 볼 거라는 예감이 들어 조심스럽게 대처하기로 결심을 합니다. 하지만 동정심이라고는 찾아볼 수 없는 여신, 인간들의 잘못, 특히 거만한 왕들의 잘못을 벌하는 이 무서운 여신 네메시스[41]가 보이지 않는 손으로 왕을 밀어냈어요. 그렇게 계획과는 달리 뭍에 도착한 왕은 고개를 들었지요. 가장 먼저 눈에 들어온 사람은 자신의 아들이었어요. 겁에 질린 왕은 뒷걸음을 쳤죠. 혹시라도 아들보다 덜 중요한 사람이 보이지는 않나 헛되이 찾아보기에 바빴어요.

아들은 아버지의 품에 안겼어요. 하지만 반갑게 맞아주지 않는 아버지를 보고 놀랄 수밖에 없었죠. 아들을 보고는 눈물을 흘릴 줄 알았던 거예요.

-아버지! 왜 그리 슬퍼하십니까? 오랫동안 자리를 비우셨는데 다시 고향에 온 것이 싫으십니까? 아버지를 다시 본 아들이 기뻐하는 것이 싫으십니까?

왕은 극한 고통에 짓눌려 아무 말도 할 수 없었습니다. 그렇게 한참을 있다가 깊은 한숨을 몰아쉬고는 이렇게 말했습니다.

-내가 무슨 약속을 한 겁니까, 넵투누스! 배의 함몰을 막아주는 값이 이토록 크다니요! 다시 거센 파도와 암초를 주십시오. 그래서 이 슬픈 삶을 마감하게 해주십시오. 내 아들은 살려주세요! 비열한 신이시여, 여기 내 피가 있습니다. 아들을 살릴 내 피를!

이도메네우스는 이 말을 뱉으며 차고 있던 칼을 꺼내들었습니다. 자신의 배를 스스로 찌르기로 결심한 거죠. 하지만 왕의 주위에 있던 사람들이 그를 말렸습니다. 이때 신들의 의중을 통역하는 임무를 맡았던 소프로니무스가 왕에게 말했습니다. 아들의 죽음 외에 넵투누스를 만족시킬 것은 그 무엇도 없다고요. 소프로니무스는 말했어요.

　-넵투누스에게 왕께서 하신 약속은 너무 경솔했습니다. 신들은 우리가 냉정하고 비열한 힘 때문에 그들을 두려워하고 존경하는 것을 원치 않습니다. 이미 저지른 왕의 경솔한 약속에 자연의 법칙까지 거부하는 잘못을 더하지는 마십시오. 눈보다 흰 황소 백 마리를 넵투누스에게 바치십시오. 꽃으로 장식한 그의 제단에서 소의 피를 흘리십시오. 넵투누스를 위해 가장 향기로운 향을 피우십시오.

　이도메네우스는 고개를 숙이고 아무 말도 없이 소프로니무스의 말을 들었습니다. 그의 눈에는 분노가 불타올랐죠. 창백하고 일그러졌던 얼굴은 울그락푸르락하고, 그의 사지는 덜덜 떨리기 시작했습니다. 그때 왕자가 이도메네우스에게 말했어요.

　-아버지, 제가 여기 있습니다. 신의 분노를 잠재우기 위해 죽을 각오가 되어 있습니다. 아버지를 향한 그의 화를 더 돋우지는 마십시오. 저는 행복하게 죽겠습니다. 아버지를 살릴 수 있는 죽음이니까요. 아버지, 저를 찌르십시오. 죽음 앞에서 벌벌 떨며 아버지의 이름에 먹칠하는 아들이 되고 싶지는 않습니다!

　바로 그때, 이미 제정신이 아닌 이도메네우스는 격노한 나머지 그를 지켜보고 있던 모든 이를 놀라게 했지요. 바로 아들의 심장에 칼을 찔러 넣은 겁니다. 그리고 아직 아들의 뜨거운 피가 흥건한 그 칼로 자신을 찌르려 했습니다. 그러나 그를 둘러싸고 있던 이들에게 제지를 당합니다. 아들은 그만 자신이 흘린 피 위로 쓰러지고 말았습니다. 그의 눈에는 죽음의 그림자가 드리우기 시작했지요. 게

습츠레 눈을 떠 빛을 찾았지만 역부족이었어요. 초원의 백합 한 송이가 쟁기에 뿌리가 잘린 채 축 늘어지는 모습이었습니다. 그러나 아직도 그 백합은 눈이 부실 정도로 하얗게 빛나고 있었어요. 하지만 더이상 살 수는 없었지요. 그렇게 그의 숨이 끊어진 겁니다. 여린 꽃과 같던 이도메네우스의 아들은 젊은 나이에 생을 마감합니다. 그리고 그의 아버지는 극도의 괴로움을 견디다 지쳐 더이상 아무것도 느낄 수가 없게 되었어요. 자신이 지금 어디에 있는지, 무엇을 하는지, 무엇을 해야 하는지도 몰랐지요. 그렇게 비틀비틀 마을로 걸어가며 아들을 찾았어요.

아들에 대한 연민과 아버지의 야만스런 행동에 대한 증오를 느낀 사람들은 정의로운 신들에게 빌었어요. 저 왕을 당장 복수의 여신에게 바쳐달라고요. 분노에 가득 찬 사람들이 무기를 들기 시작했어요. 막대기와 돌을 쥔 백성들의 마음에 불화의 여신은 죽음의 독을 불어넣었어요. 지혜로운 백성 크레타인들은 그들이 그렇게 소중하게 여기던 이성을 잃게 됩니다. 미노스의 손자인 이도메네우스를 더이상 알아보지 못하게 된 거죠. 이를 본 이도메네우스의 친구들은 그를 다시 배로 데려가기로 했어요. 그 이상의 묘책을 찾을 수 없었기 때문이에요. 그렇게 그들은 다시 배를 타고, 파도를 따라 멀리 멀리 떠나게 됩니다. 다시 정신을 차린 이도메네우스는 자식의 피를 뿌려 더이상 살 수 없는 그 모진 땅에서 자신을 구해준 친구들에게 감사의 마음을 전하죠. 그들은 바람을 타고 헤스페리아를 향해 갔습니다. 살렌타인 근처의 새로운 왕국을 찾아 떠났어요.

이제 나라를 다스릴 왕이 없어진 크레타 사람들은 신성한 법에 따라 왕국을 이끌어갈 새로운 왕을 뽑기로 했습니다. 왕을 선택하기 위해 사람들은 이런 결정을 내렸어요. 백여 개의 도시에서 중책을 맡은 사람들이 이곳에 모입니다. 이미 제사도 올렸어요. 이웃 나라의 똑똑하고 현명한 사람들도 모셔왔습니다. 나라를 다스릴 자격이 있는 사람들의 지혜를 시험해보기 위해서요. 그리고 누구나 참여할 수 있는 경기도 마련해놓았어요. 왕이 되겠다는 사람들이 그 경기에서 싸워야 하는 겁니다. 영혼과 신체가 건강하여 모든 이를 무찌르는 자만이 왕국을 다스릴 수 있다는 생각 때문입니다. 몸은 건장하고 올곧으며, 영혼은 지혜와 이성으로 가득한 왕을 원하는 거죠. 이 경기에는 외국인도 참여할 수 있습니다.'

　나우시크라테스는 또 이렇게 말했어요.

　'그대들도 회의에 참석하시지요. 경쟁자들과 싸우십시오. 만일 그대들 중 한 명에게 왕권을 주는 것이 신들의 뜻이라면 그렇게 될 것입니다.'

　우리는 나우시크라테스의 뒤를 따랐습니다. 물론 경쟁에서 이기겠다는 마음은 전혀 없었어요. 그저 여간해서는 보기 힘든 구경거리가 생겨 궁금했을 뿐이에요. 우리는 짙은 숲으로 둘러싸인 원형의 초원에 도착했습니다. 가운데에는 투기장이 준비되어 있었어요. 푸른 잔디로 덮인 원형경기장에는 수많은 사람들이 이미 자리를 잡고 있었죠. 우리가 도착하자 사람들은 모두 정중히 맞아주었어요. 크레타 사람들이야말로 아주 예의가 바르고 손님들을 극진히 대접하는 민족이라고 할 수 있지요. 우리들에게 자리를 마련해주더니 경기에 참여하라고 하더군요. 멘토는 지긋한 나이 때문에 거절했어요. 하사엘은 몸이 좋지 않다며 마다했고요. 하지만 나는 젊고 건강해서 쉽게 거절을 할 수가 없었어요. 그래도 선뜻 나서기 전에 멘토의 의견을 들어보고자 그를 쳐다봤어요. 그랬더니 멘토 역시 내가 싸움에 나가길 바라는 거예요. 결국 나도 이 싸움에 참여하기로 했습니다. 나는 옷을 벗고 부드러우면서도 반짝반짝 빛이 나는 기름을 온몸에 발랐어요. 그리고 다른 경쟁자들 속으로 들어갔습니다. 사람들이 여기저기서 소리쳤어요. '율리시스의 아들이 나타났다! 이 싸움에서 이길 것이다!' 제법 많은 사람들이 나를 알아보더군요. 어린 시절 이타케에서 나를 본 사람들이었어요.

제일 처음 시작된 것은 격투였어요. 서른다섯 쯤 된 로디아인이 모든 경쟁자를 차례로 물리쳤어요. 아직 젊음의 혈기가 가득한 사람이었죠. 팔 근육이 살아 있었어요. 조금만 움직여도 모든 근육이 드러나더군요. 게다가 유연성도 있고 강한 남자였어요. 하지만 굳이 나와 싸워 이기고 싶지는 않았던 모양이에요. 너무 어린 나를 보고 마음이 약해졌는지 뒤로 물러나려 하더군요. 하지만 나는 당당히 그의 앞에 섰습니다. 그래서 우리 두 사람은 서로의 몸을 움켜쥐었어요. 숨이 막힐 정도로 꽉 잡았어요. 어깨를 서로 맞대고, 두 다리는 서로 엉켜 있었어요. 온갖 신경이 곤두서고 뱀이 기어가듯 팔도 맞잡았어요. 그와 나는 서로를 들어올리려 온갖 애를 썼죠. 그가 갑자기 나를 오른쪽으로 밀어내더니 이번에는 왼쪽으로 쓰러뜨리려 했지요. 그렇게 나를 시험하는 동안, 나는 있는 힘껏 그를 밀어버렸어요. 그 힘에 그는 풀썩 쓰러졌어요. 나는 격투장에 쓰러진 그의 위로 올라갔어요. 그는 몇 번이고 전세를 바꾸려 했지만 나는 그리 호락호락 넘어가지 않았어요. 내 밑으로 그를 잡고 꼼짝도 못하게 했지요. 사람들이 소리쳤어요. '율리시스의 아들이 이겼다!' 싸움이 끝나자 나는 당황한 로디아인을 일으켜주었어요.

그 다음 경기는 납을 박은 가죽끈을 주먹에 감고 싸우는 것이었어요. 맨몸으로 한 격투보다 훨씬 어려웠죠. 사모스의 갑부 아들 하나가 이 경기에서는 단연 일등이었죠. 그를 이길 자는 아무도 없었어요. 유일한 희망이라고는 저 하나였죠. 그는 먼저 내 머리를 공격하더니 이윽고 배를 쳤어요. 나는 피를 토했고 눈앞이 흐려지는 것 같았어요. 비틀거리는 나를 또 한 번 누르더군요. 더이상 숨을 쉴 수가 없었어요. 그때 멘토의 목소리가 들려왔고, 나는 다시 힘을 낼 수 있었어요.

'율리시스의 아들 텔레마코스! 그렇게 질 생각입니까?'

화가 난 나에게 힘이 솟아나는 것을 느꼈어요. 조금 전까지만 해도 피할 수 없었던 그의 공격을 잘도 피할 수 있었지요. 마침 그가 공격의 손을 뻗쳤는데 그만 허탕을 치고 만 거예요. 그렇게 균형을 잃은 틈을 이용해 이번에는 내가 공격을 했죠. 더 힘차게 가죽끈으로 내리치려는데 이미 그는 뒷걸음질을 치고 있더군요. 균형을 잃고 교묘하게 피해가려 했지만 오히려 나에게는 그를 꺾을 수 있는 기회가 되었어요. 그를 바닥에 눕혀 싸움에서 이겼고, 그러자마자 다시 그에게 손을 내밀었어요. 일으켜주려고 그랬던 거죠. 하지만 그는 혼자서 자리를 털고 일어났어요. 온몸은 먼지와 피로 가득했죠. 정말 수치스러워하더군요. 하지만 재도전은 하지 않았어요.

싸움이 끝나자마자 이번에는 또 전차 경주가 기다리고 있었어요. 추첨을 통해 무작위로 전차를 나눠주었지요. 제가 받은 전차는 바퀴도 가볍고 말들도 신통치 않았어요. 하지만 경주는 시작되었고, 먼지 구름이 하늘을 가득 덮었어요. 처음에는 다른 전차들이 앞서가도록 그냥 두었어요. 크란토르라 불리는 스파르타 사람이 일등으로 달렸어요. 그리고 폴리클레트라는 크레타 사람이 그 뒤를 바짝 따랐죠. 친척인 이도메네우스에 이어 왕위에 오르려던 히포마쿠스는 땀으로 펄펄 끓어오르는 말을 다스리던 고삐를 놓쳐버렸어요. 그래서 말갈기에 매달려 경주를 계속했어요. 그의 전차 바퀴는 어찌나 빠르게 달리던지 허공을 가르는 독수리의 날개처럼 아무런 동요도 없어 보이더군요. 내 말들도 조금씩 속력을 내기 시작했어요. 어느새 경주 처음에는 열을 내고 달리던 전차들이 내 뒤로 뒤처지는 게 보였어요. 이도메네우스의 친척인 히포마쿠스는 더 빨리 달리려는 욕심에 채찍질을 멈추지 않았어요.

결국 제일 힘이 셌던 말이 경주 중 쓰러졌고, 더이상 일등으로 들어올 가능성은 희박해졌어요. 반면 폴리클레트는 너무 말을 향해 몸을 숙이고 있었어요. 그래서 전차가 흔들리자 바로 떨어지면서 고삐도 놓치고 말았어요. 거기서 떨어져 죽지 않은 것만도 다행이었지요. 내 전차가 점점 가까이 다가가자 분개한 크란토르는 더욱

더 속력을 냈어요. 경주에서 이기면 대단한 제물을 바치겠다고 기도를 하지 않나, 말에게 더 빨리 달리라고 화를 내지 않나! 내가 앞서갈까 너무나 두려웠던 모양이에요. 제대로 다룬 내 말들은 그의 말들보다 더 힘이 남아 얼마든지 역전이 가능했기 때문이죠. 크란토르에게 남은 건 내 길을 막는 방법밖에 없었어요. 그래서 경계선으로 뛰어들어 사고를 내는 위험을 감수한 거예요. 그는 난리통에 바퀴 하나를 잃어버렸어요. 그때 내 머릿속에는 오직 방향을 틀어 사고가 난 곳을 피해야겠다는 생각뿐이었죠. 결국 나는 그 경주에서 이겼습니다. 사람들이 또 소리쳤어요.

'율리시스의 아들이 이겼다! 바로 저 사람이 우리를 다스릴 것이다. 이것이 신들의 결정이다!'

하지만 크레타인들 중 가장 현명하고 유명한 사람들이 또 다시 우리를 데리고 어디론가 갔어요. 세속에 빠진 사람들에게서는 멀리 떨어진 고대의 신성한 숲이었어요. 그곳에 가니 백성들을 심판하고 법을 지키도록 미노스가 선택한 노학자들이 모여 있더군요. 경기에서 이긴 자들만이 그곳으로 갈 수 있었어요. 그 외에는 누구에게도 허락되지 않는 자리였죠. 학자들은 미노스가 모아놓은 법전을 펼쳤어요. 이 노학자들 가까이에 가니 존경심과 더불어 알 수 없는 부끄러움이 느껴지더군요. 이들은 모두 나이가 지긋해 절로 존경심을 불러일으켰어요. 하지만 나이가 들었다고 총기가 사라진 것은 아니었죠. 그들은 등급별로 앉아 꼼짝도 않고 자리를 지켰어요. 대부분은 머리가 하얗게 셌더군요. 개중에는 아예 머리카락이 하나도 남아 있지 않은 사람들도 있었어요. 그들의 존엄한 얼굴은 평온한 지혜로 빛나는 것 같았어요.

이들은 서둘러 말을 꺼내지 않더군요. 꼭 해야 할 말이 있어야 입을 열었어요. 서로 다른 의견을 말할 때도 자신의 생각을 절제 있게 표현해 마치 모두가 하나의 의견을 갖고 있는 것처럼 보였어요. 살면서 겪은 수많은 경험과 늘 일을 하던 습관 덕분에 모든 일을 크고 넓게 보는 시야를 가진 사람들이었어요. 하지만 그들의 이성과 지혜를 완벽하게 해주는 것은 삶의 경험만이 아니었어요. 바로 격분하는 열정이나 젊음의 변덕으로부터 벗어난 평안하고 안정된 정신이었던 거예요. 그들은 이성과 지혜로만 생각하고 움직였어요. 절제되고 도덕적인 삶이 그들에게 가져다 준 열매는 바로 자신의 기분을 다스릴 줄 아는 법을 배우는 거였죠. 자신의 기분에 치우치지 않고 오로지 이성에만 귀를 기울이는 고급스러운 기쁨을 누릴 줄 알았어요, 그것도 별 어려움이 없이요. 그들을 보니 부럽고 존경스러웠어요. 내 삶이 빨리 흘러가 어느 날 갑자기 저 노학자들의 나이가 되었으면 했어요. 온화함과 식견과는 거리가 먼 혈기왕성한 젊음이 참 어리석고 불행하게 느껴졌어요.

노학자들 중 한 명이 미노스 법전을 열었어요. 원래는 온갖 향을 함께 넣어 금상자에 보관하던 큰 법전이었죠. 그러자 다른 노학자들이 경건하게 그 법전에 입을 맞췄어요. 좋은 법을 내려주신 신 다음으로 인간에게 신성한 것은, 그들을 선하고 지혜롭고 행복하게 해주는 법 이외에는 그 무엇도 되어서는 안 되기 때문이에요. 두 손에 법을 쥐고 백성을 다스리는 이들은 그들 자신 또한 법에 의해 다스려지는 사람들이에요. 인간이 아니라 법이 다스려야 한다는 거죠. 이게 바로 현명한 노학자들의 말이었습니다. 그리고 회의를 진행하던 학자가 세 가지 질문을 던졌어요. 그 답은 미노스의 격언에 따르는 것이었어요.

첫 번째 질문은 인간 중 가장 자유로운 이는 누구인가였어요. 어떤 이는 백성들에게 절대 권력을 행사하고 모든 적들을 이겨내는 왕이라고 대답했어요. 어떤 이들은 돈이 많아 모든 것을 가질 수 있는 사람이 자유롭다고 했죠. 또 어떤 이들은 결혼을 하지 않고 평생이 나라 저 나라로 떠돌아 다녀 그 어떤 법에도 종속되지 않는 이가 제일 자유롭다고 했어요. 누군가는 또 이렇게 말했죠. 숲속에서 사냥을 하며 살고 어떤 문명에도 속하지 않는 야만인이 자유롭다고요. 또 어떤 이는 이제 막 풀려난 노예가 자유롭다고 했어요. 여태껏 힘든 종 생활에서 풀려나 자유를 만끽할 수 있으니까요. 그리고 마지막 의견은 이런 거였어요. 바로 죽음을 앞둔 사람들이 자유롭다는 것이었죠. 죽음은 모든 것으로부터 해방시켜주고, 그 누구도 죽어가는 사람 앞에서는 힘이 없으니까요. 드디어 내가 말할 차례가 왔어요. 나는 별 어려움 없이 술술 대답할 수 있었어요. 멘토가 자주 했던 얘기를 잊지 않고 있었거든요. 나는 이렇게 말했어요.

'인간 중 가장 자유로운 인간은 종으로 살면서도 자유로울 수 있는 사람입니다. 어떤 나라에서든, 어떤 조건에서든 자유로운 겁니다. 하지만 신은 두려워해야죠. 그가 유일하게 두려워하는 것은 신

뿐입니다. 다시 말해, 진정 행복한 사람은 그 어떤 두려움이나 욕망에서 벗어나 신과 이성에만 복종하는 사람입니다.'

노학자들은 서로의 얼굴을 쳐다보며 놀라더군요. 내가 한 말은 정확히 미노스가 남겨놓은 말이었기 때문이에요. 다음으로 두 번째 질문이 이어졌어요. 인간 중 가장 불행한 인간은 누구이냐? 이게 그 질문입니다. 각자는 자신의 생각을 풀어놓았어요.

'돈도 없고, 건강하지도 못하며, 그 어떤 존경도 받지 못하는 사람입니다!'

또 어떤 이는 이러더군요, '친구가 없는 사람입니다!' 누구는 또 이렇게 말했어요. 건방지고 자신의 이름에 먹칠을 하는 자식을 낳은 사람이 불행하다고요. 레스보스 섬의 현자 하나가 이렇게 말하더군요.

'인간들 중 가장 불행한 인간은 자신이 불행하다고 믿는 사람입니다. 불행이란 물질적인 것에서 온다기보다는 자신의 불행을 증가시키기만 하는 초조함에서 오는 거니까요.'

그의 말이 끝나자 사람들이 술렁대기 시작했어요. 모두 박수를 쳤고, 레스보스의 현자가 이번 질문에 제대로 답을 했다고 생각했죠. 하지만 나에게도 의견을 물었어요. 그래서 나는 멘토가 늘 했던 말을 떠올리며 이렇게 대답했어요.

'인간들 중 가장 불행한 인간은 백성들을 비참하게 살도록 하면서 자신은 행복하다고 믿는 왕입니다. 그는 두 배로 불행할 수밖에 없는 사람이에요. 우선 자신의 불행을 제대로 보지 못하기 때문에 불행합니다. 자신이 불행한 걸 모르니 고칠 수도 없죠. 오히려 불행해질까 봐 두려움에 떱니다. 그가 알아야 할 진실은 그에게까지 전해지지 않지요. 중간에 아첨이나 하는 사람들이 다 막아버리니까요. 그래서 이 왕은 자신이 무엇을 해야 할지, 어떤 의무를 수행해야 할지도 모릅니다. 좋은 일을 하는 기쁨을 느껴보지 못한 사람이죠. 도덕적이고 이성적으로 행동하는 것이 얼마나 좋은 일인지 꿈에도 모르는 사람입니다. 그래서 이 왕은 불행합니다. 하긴, 불행할 만하기도 하죠. 그의 불행은 나날이 계속되어갑니다. 점점 위험에 처하게 되는 거예요. 그리고 신들은 그에게 내릴 영원한 형벌을 준비하게 됩니다.'

사람들은 내가 레스보스 현자를 이겼다고 했습니다. 노학자들이 그랬어요. 미노스가 한 말의 의미를 제대로 전했다고요. 세 번째 질문은 선택을 하는 질문이었어요. 많은 전쟁에서 이기는 무적의 왕을 택할 것인가, 아니면 전쟁에는 경험이 없지만 백성들을 평화롭게 잘 다스리는 왕을 택할 것인가. 대부분의 참가자들은 전쟁에서 이기는 무적의 왕을 택했어요. 그들이 말했죠.

'전쟁이 터졌을 때 자기 나라를 구할 줄 모른다면 평화 속에서 백성들을 거느리는 왕이 무슨 소용이겠습니까? 적들이 쳐들어와서 그 백성들을 모두 종으로 삼을 텐데요!'

또 어떤 이들은 그 반대라고 했어요. 평화주의 왕이 더 낫다는 거였죠. 전쟁을 싫어하니 무슨 수를 써서라도 피할 거라고 했어요. 그러자 사람들이 말했죠. 정복왕은 자신의 영광뿐만 아니라 백성들의 영광을 위해서 싸우는 거라고요. 자신의 백성이 다른 나라의 주인이 되도록 해준다고 했어요. 평화주의 왕처럼 수치스럽게 자신의 백성을 남의 종이 되게 만드는 게 아니고요. 사람들이 나의 의견을 물었습니다. 나는 이렇게 대답했어요.

'평화롭게만 백성을 다스린다거나 전쟁 속에서만 백성을 다스리는 왕, 그러니까 두 가지 상황에서 두루 백성을 다스릴 수 없는 왕은 반쪽짜리 왕입니다. 물론 전쟁밖에 모르는 왕과 현명한 왕, 그래서 직접적으로 전쟁을 겪어보진 못했지만 필요한 경우 장군들의 말에 귀를 기울이며 군사를 거느릴 수 있는 왕을 비교한다면 나는 당연히 두 번째 왕을 택할 것입니다. 전쟁에 빠진 왕은 어떻게든 전쟁을 일으키려고 하죠. 정복지를 늘리고 자신의 영광을 위해 백성들을 괴롭힐 것입니다. 그런 왕 아래 산다는 것이 행복하지 않은데 다른 나라를 정복한다한들 무슨 소용이 있겠습니까? 오랜 전쟁은 무질서를 낳는 법입니다. 전쟁에서 이기는 자들 또한 오랫동안 혼란 속에서 살아야 합니다.

트로이를 함락하는 데 그리스가 희생해야 했던 모든 것을 생각해보십시오. 전쟁이 일어난 10년 동안 그리스에는 왕이 없었습니다. 전쟁 때문에 모든 게 불탔을 때, 법과 농업, 예술과 기술은 쇠약해져만 갔습니다. 아무리 덕망 높은 왕자들이라 할지라도 전쟁을 겪어야 하는 상황에서는 나쁜 일에 손을 댈 수밖에 없습니다. 이를테면 방종을 허락한다든지 나쁜 사람들을 돕게 되는 일이 바로 그것입니다. 평화롭게 살 때는 엄중한 처벌을 받을 사악한 인간들이 전쟁 중에는 필요할 때가 있어요. 그리고 전시의 혼란 속에서 그들의 뻔뻔스러움이 오히려 도움이 될 때도 있고요. 정복왕을 둔 백성들은 그왕의 야망 때문에 고통을 겪을 수밖에 없는 법입니다. 영광에 취한 정복왕은 식민지 나라의 백성들만큼이나 자신의 백성들을 괴롭힐 수밖에 없어요.

평화를 위해 노력하지 않는 왕은 그의 백성들에게 제대로 잘 끝난 전쟁이 주는 교훈과 열매를 맛보게 할 수가 없죠. 이웃으로부터 자신의 땅은 지키려고 하면서 그 이웃의 땅은 빼앗으려고 하는 사람과 비슷해요. 하지만 그렇게 빼앗은 땅이 있어도 제대로 밭갈이를 못하고 씨를 뿌리지 않아 거둘 것이 없는 그런 사람과 같다는 겁니다. 이런 사람은 파괴를 위해 태어난 사람이에요. 세상을 폐허로 만들고 뒤집어 엎기 위해 태어난 사람이죠. 결코 지혜와 이성으로 한 나라를 행복하게 다스리려고 태어난 이가 아니라는 말입니다.

이번에는 평화주의 왕에 대해 얘기해볼까 합니다. 그런 왕은 다른 나라를 정복할 생각을 하지 않아요. 다른 나라를 정복하려는 욕망에 자신의 백성들을 힘들게 하려고 태어난 사람이 아니라는 말입니다. 그런 정복은 정의롭지도 않은 일이죠. 하지만 그 왕이 정녕 평화 속에서 나라를 다스릴 줄 안다면 적으로부터 백성을 보호하는 데 필요한 모든 능력을 갖고 있을 거예요. 어떻게 그것이 가능한지 제가 지금부터 설명을 드리죠.

평화를 사랑하는 왕은 정의롭고 올바른 생각을 갖고 있습니다. 절제할 줄 알고 이웃 나라에 대해서도 정정당당하게 대합니다. 이

옷 나라의 평화를 깨뜨릴 만한 그 어떤 짓도 하지 않지요. 그는 동맹을 맺은 나라에 대해 충실합니다. 그러니 그와 동맹을 맺은 이들은 그를 좋아할 수밖에 없어요. 그를 두려워하지도 않을 뿐더러 전적으로 신뢰합니다. 만일 불미스러운 행동을 하고 건방지거나 야망에 넘치는 이웃 왕이 있다고 해봅시다. 평화주의 왕에 대해 어떤 질투도 하지 않는 동맹 국가의 왕들은 이 못된 왕을 두려워할 것입니다. 그러니 이들 모두 힘을 합쳐 평화주의 왕을 돕게 되어 있어요. 혹시라도 못된 이웃 왕에게 고통을 당할지도 모르니까요. 정직하고 신의에 넘치며 중용을 지킬 줄 아는 평화주의 왕은 주변국을 중재할 수 있습니다. 어떤 왕이 다른 동맹국 왕에 대해 거만하고 모나게 군다면, 평화주의 왕은 나머지 동맹국의 왕들에게 아버지가 되고 후원자가 되어줄 수 있습니다. 이것이 바로 평화를 사랑하는 왕이 대외적으로 가질 수 있는 위치입니다.

  나라 안에서는 어떨까요? 대외보다 더 강력한 힘을 가진답니다. 평화롭게 나라를 다스릴 줄 아는 왕이니 당연히 이는 정의로운 법에 따라 백성을 다스린다는 말이 아니겠습니까? 그런 왕은 사치와 게으름뿐 아니라 쾌락을 추구하는 모든 것을 엄중히 처벌합니다. 대신 삶에 정말 중요한 예술과 기술을 발전시키죠. 특히 백성들이 농업에 충실히 종사할 수 있게 할 겁니다. 그런 왕의 백성들은 부지런합니다. 사람들 삶이 복잡하지도 않고 소박합니다. 열심히 땅을 일구니 쉽게 먹을 것을 얻을 수 있습니다. 그러니 백성의 수는 날로 불어나지 않겠습니까? 이런 나라의 백성들은 모두가 건강하고 튼튼하며, 어떤 일에든 강하고, 쾌락에 쉽게 빠져들지 않으며, 현명하고 지혜로울 뿐만 아니라 달콤하고 안락한 삶의 유혹에 빠지지도 않고, 죽음을 두려워하지 않으며, 자유를 잃느니 차라리 죽음을 택할 줄도 알며, 오직 이성으로만 통치하는 지혜로운 왕 아래서 행복하게 삽니다.

이웃의 정복왕이 이 나라를 침략한다고 가정해봅시다. 아마 이 백성들은 진을 치는 데 서툴고, 전투 대형을 만들거나 도시를 포위하는 데 필요한 무기를 잘 다루지 못할 수 있습니다. 하지만 이들은 수적으로 일단 우세합니다. 게다가 천성이 용감하고 여간해서는 지치지도 않습니다. 가난에 시달려도 꿈쩍하지 않을 뿐만 아니라 싸움에서도 끝까지 살아남을 정도로 기세가 등등합니다. 그리고 그 어떤 사악함도 이겨낼 수 없는 덕망을 지닌 사람들입니다.

이런 백성들의 왕은 직접 군사를 지휘하는 데 익숙하지 않을 수도 있습니다. 하지만 이 왕은 그것이 가능한 사람들을 시켜 전쟁을 치러낼 수 있는 능력이 있습니다. 왕으로서의 권력에 어떤 손상도 입지 않으면서 말입니다. 게다가 동맹국으로부터 도움을 받을 수도 있지요. 백성들은 폭력적이고 정의롭지 못한 왕의 밑에서 지배를 당하느니 차라리 죽음을 택길 원할 겁니다. 신들조차 평화주의 왕을 위해 싸울 것이고요. 보셨습니까, 아무리 큰 어려움이 닥쳐도 평화주의 왕에게는 늘 그것을 해결한 방법이 있다는 것을요?

이제 제 결론을 말씀드릴까 합니다. 전쟁을 모르는 평화주의 왕은 완벽한 왕이 아닙니다. 그에게 주어진 임무 중 하나를 제대로 수

행할 수 없기 때문입니다. 그 임무라 함은 바로 적들을 이겨내는 것이죠. 하지만 저는 이렇게 말하고 싶습니다. 아무리 완벽하지 못한 왕이라 해도 평화를 모르고 전쟁만 아는 정복자 왕보다는 백 배 낫다고요.'

언뜻 보니 그곳에 있던 사람들 대부분이 내 의견에 동의하지 않는 것 같았습니다. 많은 사람들이 눈에 확 띄는 눈부신 성공에 빠져 있었기 때문입니다. 이를테면 전쟁의 승리나 정복 같은 것 말이죠. 단순하고 온화하지만 단단한 것, 즉 평화나 질서 잡힌 문명보다는 겉으로 드러나는 것을 선호했습니다. 하지만 노학자들의 생각은 달랐어요. 나의 대답이 미노스가 했던 말과 똑같다고 했습니다. 노학자들 중 한 사람이 이렇게 말했습니다.

'크레타 섬 사람이라면 누구나 알고 있는 아폴론의 신탁이 드디어 이루어졌습니다! 미노스 왕은 과연 언제까지 그가 만든 법에 따라 후세가 왕위를 이어갈지 궁금했기 때문에 신을 찾아갔었죠. 신은 미노스 왕에게 대답했습니다.

―너의 법에 따라 섬을 다스리기 위해 한 외국인이 들어왔을 때, 너의 후세는 더이상 왕위를 이을 수 없을 것이다!

그 말에 우리는 모두 두려워했습니다. 혹시라도 이름 모를 외국인이 우리 크레타를 침공할지 모르는 일이니까요. 하지만 이젠 신탁의 진정한 뜻을 알게 되었습니다. 이도메네우스의 불행, 그리고 미노스의 법을 누구보다 잘 이해한 텔레마코스의 지혜를 통해서 드디어 그 뜻을 알게 되었습니다. 무얼 망설입니까? 어서 운명이 우리

에게 정해준 새로운 왕에게 왕관을 씌워야 하지 않겠습니까!'

노학자들이 모두 일어나 신성한 숲 밖으로 나갔습니다. 그 중 한 학자는 내 손을 잡고 결정을 기다리고 있는 백성들에게 선포했지요, 내가 결국 경기에서 이겼다고요. 그의 말이 끝나자마자 엄청난 함성이 들려왔습니다. 기쁨에 찬 환호가 여기저기서 들려왔습니다. 바다고 산이고 할 것 없이 쩌렁쩌렁 울려퍼졌습니다.

'미노스를 빼닮은 율리시스의 아들이 크레타를 다스릴 것이다!'

나는 잠시 기다렸다가 손을 들었습니다. 사람들에게 말을 하고 싶었기 때문입니다. 그런데 이때 멘토가 내 귀에 속삭이더군요.

'조국을 잊으신 겁니까? 한 나라를 통치하겠다는 야망 때문에 마지막 희망인 아들을 기다리고 있는 페넬로페를 잊으신 겁니까? 율리시스는 또 어떻고요? 신들이 당신에게 돌려주기로 한 아버지 율리시스마저 잊은 겁니까?'

웅성이던 군중이 조용해졌습니다. 드디어 나는 입을 열 수 있었어요.

'현명한 크레타인들은 들으십시오. 나는 그대들을 다스릴 자격이 없습니다. 신탁에 따르면 한 외국인이 이 섬에 들어왔을 때 미노스의 후세가 왕위를 내놓을 거라고 했습니다. 하지만 그 외국인이 왕위를 차지해 크레타를 다스릴 것이라고는 하지 않았어요. 신탁이 말하는 그 외국인이 나라고 믿고 싶습니다. 정말 예언대로 되었으니까요. 이 섬에 들어왔고, 미노스 법의 진정한 뜻을 알았습니다. 신탁에 대한 나의 설명을 통해 그대들이 택하게 될 새로운 왕이 미노스의 법과 함께 이 나라를 통치할 수 있게 되었으면 좋겠습니다. 나는 내 조국을 선택하려고 합니다. 크레타보다 가난하고, 백 여 개가 넘는 도시가 위치한 크레타에 비해 작기만 한 섬 이타케가 더 좋습니다. 이 아름다운 나라의 풍요함과 영광이 아닌 작은 나의 조국 이타케를 택하겠습니다. 나는 운명이 정해놓은 대로 결정했을 뿐이니 내 선택을 이해해주십시오. 내가 경기에 참여한 이유는 이 나라를 통치하려는 욕심 때문이 아니었습니다. 그대들의 마음을 열어 인정을 받고 싶었기 때문입니다. 그래서 내 조국으로 돌아갈 수 있는 도움을 받기 위해서였습니다. 이 세상의 모든 백성들을 다스리는 것보다 내 아버지 율리시스에게 효도하고, 내 어머니 페넬로페를 위로하는 것이 더 좋습니다. 크레타인들이여! 이제 내 가슴 깊이 간직한 진실을 아셨을 겁니다. 이젠 그대들을 떠날 시간입니다. 하지만 죽을 때까지 당신들을 기억하고 고마워할 것입니다. 마지막 숨이 멈추는 그날까지, 텔레마코스는 크레타인들을 사랑할 것이며 내 나라의 영광을 보듯 크레타의 번영을 지켜볼 것입니다.'

내 말이 끝나자 귀가 먹먹할 정도로 함성이 터져 나왔습니다. 마치 거센 파도가 암초에 부딪치는 소리와도 같았습니다. 사람들이 말했습니다.

'혹시 우리 눈앞에 있는 저 사람은 인간의 얼굴을 한 신이 아닙니까?'

어떤 사람들은 그러더군요, 어딘가에서 나를 본 적이 있다고요. 또 어떤 이들은 소리쳤습니다.

'저 사람이 이 나라를 통치하도록 해야 합니다!'

나는 다시 말을 이을 수밖에 없었어요. 군중이 갑자기 조용해졌지요. 혹시나 처음에는 거부했지만 이제는 왕위를 받아들이지 않을까 했던 거예요. 나는 사람들에게 이렇게 말했습니다.

'나는 지금 내 생각을 말하고 있습니다. 그러니 그대로 인정해주시기 바랍니다. 그대들은 그 어느 나라의 백성들보다 똑똑하고 현명합니다. 하지만 한 가지 조심해야 할 것이 있습니다. 내가 보기엔 그대들이 그 점을 잊으신 듯합니다. 크레타는 법을 잘 연구하고 판단하는 사람이 아니라 정의롭게 그 법을 잘 지키고 따를 수 있는 사람을 선택해야 합니다. 나는 아직 젊습니다. 따라서 경험도 부족하고, 여기저기 유혹도 많습니다. 나는 절제와 복종을 배우며 나 자신을 키워야 할 단계에 있습니다. 바로 지금이 아니라 언젠가 한 나라를 다스리기 위해서입니다. 육체적인 싸움과 정신적인 싸움에서 다른 이들을 모두 이긴 사람을 찾지 마십시오. 자기 자신을 이길 줄 아는 그런 사람을 찾으셔야 합니다. 글로 쓰인 법을 마음에 새긴 사람을 찾으십시오. 그래서 삶 자체가 법의 실천인 그런 사람을 선택해야 합니다. 말이 아닌 행동으로 보여주는 사람을 뽑으셔야 합니다.'

노학자들은 내 말에 감동을 받은 것 같았습니다. 군중의 박수는 점점 커져만 갔지요. 이를 본 노학자들이 나에게 말했습니다.

'그대가 우리와 함께 있으면서 크레타를 다스리는 것이 신들의 뜻이 아니라면, 적어도 법을 실천할 좋은 왕을 뽑는 데 도움을 주십시오. 중용을 실천하며 나라를 다스릴 줄 아는 누군가를 알고 있습

니까?'

그래서 나는 이렇게 대답했습니다.

'그대들이 나를 좋게 평가할 수 있었던 것은 모두 한 사람의 덕입니다. 나는 그에게 모든 것을 배웠습니다. 내가 현명하고 지혜로운 것이 아니라 바로 이 사람이 그런 것입니다. 나에게 주어진 질문에 대한 답은 모두 이 분에게서 배운 거랍니다.'

나는 멘토의 손을 잡고 들어올렸습니다. 그러자 군중의 시선이 모두 멘토에게 향했죠. 멘토의 보호와 도움을 받았던 어린 시절에 대해 이야기를 했습니다. 그리고 멘토 덕분에 피해갈 수 있었던 갖가지 위험에 대해서도 얘기했어요. 물론 그의 말을 듣지 않아 내가 겪어야 했던 불행에 대해서도 말했어요. 처음에는 그 누구도 멘토에게 신경을 쓰지 않았습니다. 옷차림은 소박하기 그지없었고, 몸가짐은 매우 겸손했으며, 거의 아무 말도 하지 않았고, 조금은 냉정하면서도 신중한 태도 때문이었어요. 하지만 멘토를 자세히 살펴보면 그의 얼굴에서 뭔가 알 수 없는 진중함과 고결함이 느껴지죠. 형형한 눈빛과 작은 몸짓 하나에도 스며있는 원기를 볼 수 있어요. 사람들이 그에게 질문을 던졌고, 그는 곧 모든 이로부터 존경을 받게 되었어요. 결국 그를 왕으로 세우자는 결정을 내렸죠.

멘토는 별다른 동요도 없이 정중히 거절했습니다. 온화한 삶이 주는 행복이 한 왕국의 화려함보다 좋다고 했죠. 정말 하고 싶은 좋은 일을 하지 못하고, 아첨꾼들에게 밀려 원하지도 않는 나쁜 일을 하는 왕은 불행하다고 했습니다. 흔히 무엇에 종속되어 사는 삶이 비참하다고 하는데 왕국 역시 다를 바가 없다고 했어요. 변장을 한 종과도 다름없다는 거예요. 멘토는 계속해서 이렇게 말했습니다.

'왕이 되면 사람들의 복종을 이끌어낼 수 있는 모든 것에 의존할 수밖에 없어요. 바로 그것에 구속되는 것이죠. 그러니 그 어떤 결정도 내리지 않고 누구를 지휘할 필요도 없는 사람은 얼마나 행복합니까! 조국으로부터 권력을 빌고 공리를 위해 자유를 버려야 한다면, 그것은 오직 내 조국을 위한 것이어야 합니다.'

또 한 번 놀란 크레타인들은 멘토에게 도대체 어떤 사람을 선택하면 되느냐고 물었어요. 그러자 멘토가 대답했습니다.

'당신들을 다스릴 사람이니 그 누구보다 그대들을 잘 아는 사람이어야 하겠지요. 그리고 그대들을 통치한다는 사실을 두려워할 줄 아는 사람이어야 합니다. 오직 왕국을 차지한다는 생각에 빠져있는 사람은 자격이 없습니다. 백성에 대해 모른다면 그런 왕이 무슨 일을 해내겠습니까? 그런 왕은 오직 자신만을 위해 왕국을 차지하려 할 겁니다. 그대들을 진정으로 사랑하여 왕위를 받아들일 사람을 고르셔야 합니다.'

크레타인들은 그들의 왕국을 거부하는 우리 두 사람을 이해하지 못했어요. 누구나 다 탐내는 곳이었으니까요. 그래서 묻더군요. 도대체 우리를 이곳으로 데려온 사람이 누구냐고요. 항구로부터 경기가 열리는 원형경기장까지 우리를 안내해 준 나우시크라테스가 하사엘을 가리켰어요. 멘토와 나는 하사엘을 통해 크레타에 온 것이니까요. 원래 멘토는 하사엘의 종이었는데 그의 총명함과 지혜에 감동한 하사엘이 멘토를 조언자며 친구로 삼았다는 얘기를 했어요. 이제 자유의 몸이 된 그 종이 바로 왕위를 거부한 멘토라는 사실, 지혜에 대한 사랑으로 가득한 하사엘은 미노스의 법을 배우기 위해 시리아의 다마스에서 왔다는 사실도 모두 얘기했어요. 그 말을 들은 크레타인들은 또 한 번 놀라지 않을 수 없었지요. 노학자들이 하사엘에게 말했습니다.

'어차피 멘토와 같은 생각을 할 것이 뻔하므로 우리 왕국을 다스려달라는 부탁은 하지 않겠습니다. 한 백성을 이끌고 안내해줄 일을 맡기에 당신은 인간을 대수롭지 않게 여기는 경향이 있지 않습니까. 백성을 통치하는 어려움을 겪어야 화려함이 오는 법이요, 그 화려함을 위해 어려운 나랏일도 견뎌내야 하는 것을, 그러기에 당신은 부나 명예, 화려함과는 너무 거리가 먼 것 같습니다.'

그러자 하사엘이 이렇게 대답했습니다.

'내가 인간을 대수롭지 않게 여긴다는 생각은 말아주십시오. 그럴 리가요, 절대 그럴 리가 없습니다. 선한 사람들로 만들기 위해, 또 그들의 행복을 위해 일하는 것이 얼마나 중요하고 값진 일인지 잘 알고 있습니다. 하지만 그런 일에 더해진 화려함은 부질없는 것이지요. 부질없는 것을 바라는 이들에게나 중요하게 비치는 화려함입니다. 인생은 짧습니다. 그리고 부귀영화나 권세는 열정을 만족시키기보다는 오히려 더 들끓게 합니다. 제가 이렇게 멀리까지 온 이유는 그런 부질없는 부귀영화를 극복하기 위해서입니다. 그걸 얻으려고 온 것이 아니고요. 이제 작별을 고해야 할 때인 것 같군요.

나는 평온하고 구석진 곳에서의 삶으로 돌아갈 생각밖에 없습니다. 오로지 이성만이 내 마음을 차지하고, 나이가 드는 슬픔 속에서도 좀더 나은 세상이 기다리고 있다는 희망으로 위로받을 수 있는 그런 삶으로 돌아가고 싶습니다. 내가 원하는 것이 있다면, 그것은 왕이 되는 것이 아닙니다. 여기 보고 계신 두 사람과 영영 헤어지지 않는 것입니다.'

크레타 사람들은 멘토에게 소리쳤습니다.

'당신은 인간들 중 가장 현명하고 지혜로운 사람입니다. 그러니 말해주십시오. 도대체 누가 우리의 왕이 되면 좋겠습니까? 누구를 선택해야 할지 말해주지 않는다면 그대는 이 섬에서 나가지 못할 것입니다!'

그러자 멘토가 대답했습니다.

'군중 속에서 경기를 구경하는 동안 한 사람이 제 눈에 띄더군요. 어느 순간에도 흥분하지 않고 차분하게 지켜보던 어느 원기왕성한 노인입니다. 그가 누구인지 물었지요. 아리스토데모스라고 하더군요. 그의 두 아들이 경기에 참여하고 있다고 했습니다. 하지만 그는 별로 좋아하는 눈치가 아니었어요. 우선 첫째 아들이 왕국을 다스리는 위험에 처하는 것을 원치 않았기 때문이에요. 그리고 둘째 아들이 나라를 통치하는 걸 보고만 있기엔 자신의 조국을 너무 사랑했기 때문이었지요. 그걸 보고 깨달았어요. 이 사람은 두 아들 중 한 아들에게 더 마음을 주는구나, 하지만 그건 이성적인 사랑이구나 하고요. 나머지 한 아들은 그의 방탕한 행동 때문에 결코 곱지만은 않은 시선으로 지켜보고 있는 거였어요. 그 노인에 대한 나의 궁금증은 점점 커져만 갔답니다. 그래서 그가 어떤 삶을 살았는지 물었죠. 그러자 누군가가 이렇게 말하더군요.

－오랫동안 군생활을 했어요. 그래서 온몸이 상처투성이예요. 하지만 그는 늘 정의롭게 행동했습니다. 사탕발림을 극도로 싫어했고요. 그러니 이도메네우스와는 안 맞을 수밖에 없죠. 결국 이도메네우스는 그를 데리고 트로이 전쟁에 나가지 않았어요. 이 왕은 현명한 조언을 해 뜻을 따를 수밖에 없게 만드는 그런 사람을 두려워했거든요. 왕은 아리스토데모스가 사람들의 인정을 받고 존경을 받을까 봐 질투까지 했어요. 결국 아리스토데모스는 이곳에 버려져 가난하게 살았어요. 오로지 돈만 아는 비겁하고 못 배워먹은 사람들에게 무시당하면서요.

하지만 그는 가난해도 행복하게 살았답니다. 사람들의 시선에서 멀리 떨어진 곳에 살며 홀로 밭을 일궜어요. 아들 중 하나가 그를 도와 함께 일했죠. 두 부자는 서로를 믿고 사랑하며 행복하게 살았어요. 열심히 일하고 검소하게 지내니 소박한 삶에 꼭 필요한 것은 늘 넘쳤죠. 그는 자신과 아들이 사는 데 필요한 것을 제외하고는 모두 이웃에 사는 가난하고 병든 사람들에게 나눠주었어요. 그리고 젊은 이들에게는 일을 시켰어요. 그들을 격려하고 가르쳤던 거예요. 이웃에 싸움이 나면 그가 나서서 중재했고, 그래서 사람들은 그를 아버지처럼 모셨어요. 하지만 그에게도 불행한 일은 있었답니다. 바로 아버지의 말은 절대 듣지 않는 또 다른 아들을 뒀다는 거예요. 그 아들의 타락한 삶을 고치려 얼마나 노력했는지 몰라요. 하지만 아들은 잘못된 야망과 눈에 보이는 쾌락에서 빠져나오지 못했어요. 그래서 결국 아비는 그 아들을 내쫓고 말았어요.

바로 이것이 노인에 대해 내가 들은 말입니다. 이 말이 진실인지 아닌지 그대들이 더 잘 알 것입니다. 만일 이 이야기가 진실이라면 왜 경기를 해서 왕을 가려냅니까? 여러분을 누구보다 잘 알고, 전쟁이 어떤 건지도 잘 아는 사람이 바로 여기에 있는걸요? 화살이나 방패 앞에서만 용감한 게 아니라 극도의 가난 앞에서도 용감할 줄 알고, 아첨이나 해서 불리는 재산을 증오할 줄 알며, 일을 사랑하고, 한 민족에게 농업이 주는 중요함을 누구보다 잘 이해하고 있으며, 사치를 싫어하는 사람이 여기 있는걸요? 뿐입니까, 이 노인은 자식이라고 해서 무조건 감싸고 돌지도 않았습니다. 심성이 올곧은 아들은 사랑했고, 쾌락에 빠진 아들은 벌할 줄도 알았습니다. 한마디로 모든 백성의 아버지가 바로 여기 있습니다. 이 노인이야말로 그대들의 왕이 될 자격이 있습니다. 정녕 미노스의 법에 따라 그대들을 다스릴 왕을 원한다면 바로 저 노인을 뽑으십시오.'

멘토의 말이 떨어지자 군중이 소리쳤습니다.

'맞습니다! 아리스토데모스는 당신이 말한 그대로입니다! 바로 그가 왕이 될 자격이 있습니다!'

그러자 노학자들이 아리스토데모스를 불렀습니다. 그는 맨 끝쪽 군중 속에 섞여 있었지요. 별 다른 동요도 없어보였습니다. 그가 크레타의 왕이 되었다고 사람들이 말했죠. 그러자 아리스토데모스가 말했습니다.

'단, 세 가지 조건이 있습니다. 첫째, 만일 나의 정치로 백성들이 지금보다 더 행복해지지 않는다면, 그리고 백성들이 법에 대항한다면, 나는 2년 뒤에 그 자리를 떠나겠습니다. 둘째, 나는 계속해서 단순하고 소박한 삶을 살 것입니다. 셋째, 내가 죽은 후에 내 자식들에게는 그 어떤 특권도 주어져서는 안 될 것입니다. 여느 백성과 마찬가지로 그들의 능력에 따라서만 인정받아야 합니다.'

아리스토데모스의 말이 끝나자 군중 속에서는 기쁨이 환호성이 터져 나왔습니다. 법전을 지키는 노학자 대표가 아리스토데모스의 머리에 관을 씌웠죠. 주피터를 비롯한 주요 신들에게 제사를 지냈습니다. 그리고 아리스토데모스는 우리에게 선물을 주었어요. 왕이라 후한 마음에 주는 그런 선물이 아니라, 정말 단순하지만 고급스럽고 의미가 있는 그런 선물이었죠. 하사엘에게는 미노스가 직접 쓴 법전을 선물했어요. 사투르누스[42]부터 시작해 황금기까지, 크레타의 역사가 담긴 책도 주었지요. 크레타에는 풍성하나 시리아에는 알려지지 않은 온갖 과일로 배를 가득 채우기도 했어요. 그리고 항해에 필요한 모든 것도 준비해주었지요.

떠날 생각에 마음이 바빴던 우리들을 위해 노를 잘 젓기로 유명한 선원들과 무장을 한 군인들로 배를 채웠습니다. 여벌의 옷도 마련해주었지요. 그런데 이타케로 가는 데 적합한 바람이 하사엘에게는 문제가 되었죠. 그래서 하사엘은 크레타에 남아 더 기다릴 수밖에 없었어요. 우리는 그렇게 헤어지게 되었습니다. 그는 다시는 볼 수 없을 친구를 떠나보내듯 우리를 안으며 말했습니다.

'신들은 정의롭고 공평합니다. 그들도 의리 속에 피어난 우리들의 우정을 보겠지요. 그래서 언젠가는 우리를 다시 만나도록 도와줄 겁니다. 죽은 후 영겁의 평화를 누릴 수 있다는 바로 그곳에서 우리의 영혼은 재회할 것입니다. 그리고는 다시 헤어지지 않겠죠. 이 한 몸을 태운 재만이라도 그대들과 함께하면 얼마나 좋겠습니까!'

결국 하사엘은 이 말을 남긴 채 눈물을 흘렸어요. 숨까지 막혀 제대로 말을 이을 수가 없었거든요. 멘토와 나도 눈물을 참을 수 없었습니다. 그렇게 우리는 떠날 차비가 되어 있는 배에까지 왔어요. 아리스토데모스가 말했어요.

'나를 왕으로 만든 것은 당신들입니다. 나를 어떤 위험에 처하게 했는지 늘 기억해주십시오. 그리고 신들에게 빌어주세요. 나에게 지혜를 달라고요. 항상 중용을 지키며 여느 사람들을 능가할 수 있도록 기도해주세요. 나는 그대들이 고향으로 무사히 돌아갈 수 있도록 빌겠습니다. 고향에 남은 그대의 적들이 그 무례함 때문에 벌받기를 기도하겠어요. 그래서 페넬로페, 율리시스와 함께 평화롭게 살 수 있도록 바랍니다. 텔레마코스, 나는 그대에게 튼튼한 선원과 무장한 군인으로 가득 찬 배를 선사합니다. 당신 어머니를 차지하겠다는 비겁한 구혼자들을 물리칠 수 있을 거예요. 그리고 현명한 멘토, 그대에게는 부족한 것이 하나도 없군요. 그러니 그대를 위해 해줄 기도도, 준비할 선물도 없습니다. 자, 이제 떠나십시오. 가서 행복하게 사십시오. 그리고 나를 기억해주십시오. 언젠가 이타케에

게 크레타의 도움이 필요하다면, 그때는 우리를 불러주십시오.'

그리고 아리스토데모스는 우리를 품에 안았습니다. 우리는 눈물을 참을 수가 없었어요. 바람에 돛이 펄럭이고, 이제 이타케로 돌아갈 일만 남았죠. 웅장한 이다봉은 낮은 언덕처럼 멀어져갔어요. 더이상 크레타의 연안도 보이지 않게 되었죠. 어머니가 계신 이타케가 우리 눈앞에 한층 더 가까워진 것처럼 보였어요. 바로 그때, 검은 태풍이 시작되었어요. 하늘이 어두워지고 파도가 거세졌어요. 환하던 낮이 짙은 어둠에 싸이고, 우리의 목숨이 위태로워졌답니다. 바로 넵투누스가 물살을 거세게 만든 것이었어요!

신전까지 가서도 여신의 힘을 대수롭지 않게 여기자 화가 난 비너스가 넵투누스를 찾아간 것이었죠. 가서 고통스러워하며 호소를 한 거예요. 비너스의 아름다운 눈에는 눈물이 그렁그렁했다고 하더군요. 신들의 일까지 꿰뚫어볼 줄 아는 멘토가 말해줬어요. 비너스는 넵투누스에게 이렇게 하소연을 했대요.

'저 무례한 인간들이 내 손에서 쉽게 벗어날 수는 없지 않습니까? 다른 신들도 나의 능력을 잘 알고 있습니다. 그런데 저들은 내 섬에서 일어나는 일을 극도로 비하했어요! 모든 일에 지혜를 운운하며 자만할 뿐만 아니라, 사랑을 미친 열정으로 매도했어요. 내가 당신의 왕국 출신이라는 걸 잊으신 건 아니죠? 내 힘으로 어찌할 수 없는 저들을 심연에 묻어버리세요. 뭘 망설이시는 겁니까?'

비너스의 말이 끝나기가 무섭게 넵투누스는 하늘까지 치솟는 엄청난 파도를 일으켰지요. 그걸 본 비너스는 우리의 목숨이 거기서 끝나는 줄 알고 웃음을 지었다고 하더군요. 폭풍의 힘에 놀란 선장은 이제 어쩔 수 없다고, 우리 배가 암초에 부딪히는 것은 시간문제라고 했어요. 결국 몰아친 바람에 돛대가 부러졌어요. 얼마 후 암초에 부딪혀 배 밑쪽이 갈라졌고요. 물이 차기 시작한 우리 배는 조금씩 가라앉았어요. 선원들 모두 하늘을 향해 처절하게 소리를 질러댔지요. 나는 멘토를 껴안으며 말했습니다.

'이제 죽음이 다가온 것 같습니다. 하지만 당당하게 받아들여야겠죠? 오늘 이렇게 불러들이려고 여태껏 신들은 온갖 위험으로부터 우리를 구해줬나 봅니다. 죽을 일만 남았네요. 이제 내려놓고 떠나도록 합시다. 멘토와 함께 저승길을 갈 수 있다는 것이 나에게는 큰 위안입니다. 폭풍에서 살아남으려고 안간힘을 쓸 필요도 없을 것 같아요.'

그러자 멘토가 대답했습니다.

'진정한 용기는 늘 해결책을 찾기 마련입니다. 편안하게 죽음을 받아들이기에는 아직 준비가 안 된 것 같군요. 죽음을 두려워해서는 안 됩니다. 어떻게든 모면하기 위해 힘을 써야지요. 노 젓는 이들이 앉았던 의자를 쓰도록 합시다. 나약하고 두려움에 떠는 이들은 살아나갈 궁리는 하지 않고 지난 삶을 후회하지요. 하지만 우리는 어떻게든 이 위험에서 벗어나기 위해 발버둥을 쳐야 합니다.'

멘토는 도끼를 들더니 바람에 부서져 배 옆쪽으로 바다에 빠진 돛을 잘라내었습니다. 그러고는 성난 파도가 출렁이는 바다 위로 던졌어요. 그는 나의 이름을 부르며 자기 뒤를 따르라고 했지요. 뿌리 깊은 나무가 잎은 잃을지언정 어떤 폭풍에도 꿈쩍하지 않듯, 멘토는 침착하고 용기 있게 움직였어요. 마치 바람과 바다를 직접 다스리는 것 같았다니까요! 나는 멘토를 따랐습니다. 그가 용기를 북돋아주는데 그 누군들 멘토의 말을 따르지 않았겠어요?

우리는 바다 위에 둥둥 뜬 돛대를 타고 앞으로 나아갔습니다. 우리에겐 그 돛대가 얼마나 큰 도움이 되었는지 몰라요. 그 위에 올라타 앉을 수가 있었거든요. 만일 계속해서 노를 젓듯 물을 가르며 움직여야 했다면 아마 힘에 부쳤을지 몰라요. 하지만 거센 파도에 돛이 뒤집혀 물에 빠지기도 했지요. 그러면 쓰디쓴 바닷물을 들이마셔야 했어요. 입이며 코며 귓속까지 물로 가득 찼죠. 다시 돛대 위로 올라가려고 얼마나 애를 썼는지 모릅니다. 가끔 태산처럼 높은 파도가 우리 위로 몰려들기도 했어요. 그때마다 유일한 희망인 돛을 놓칠까 바투 붙들어 잡았지요. 그렇게 사투를 벌이는 동안에도 멘토의 얼굴은 지금 이 잔디 위에 편안히 앉아 있는 것과 다를 바가 없었어요. 멘토가 이렇게 말하더군요.

'텔레마코스, 그대의 목숨이 이 바람과 파도에 쓸려 끊어질 거라고 생각합니까? 신들의 결정도 없이 그대가 바다에 빠져 죽을 거라고 생각해요? 아닙니다. 모든 것은 신의 결정에 달려 있어요. 그러니 바다가 아닌 신을 두려워해야 합니다. 바다 깊은 곳에 떨어진다 해도 주피터의 손이 그대를 구해줄 것입니다. 올림푸스에 올라 별을 발밑에 두고 큰 영광을 누린다 해도 주피터가 원하면 이 바다 깊은 곳으로 당신을 빠뜨려버릴 수가 있어요. 아니면 타르타로스의

검은 나락으로 그대를 던져버릴지도 모르는 일입니다.'

멘토의 말에 얼마나 감동을 받았던지요! 그리고 그의 말이 조금은 위로가 되었어요. 하지만 뭐라고 대답할 수가 없었어요. 그럴 정신이 아니었으니까요. 파도와 바람 때문에 우리는 서로의 얼굴을 볼 수도 없었어요. 추위에 떨며 반죽음이 된 채 밤을 보냈지요. 이 바람에 쓸려 어디로 가는지도 알 수 없었어요. 드디어 바람이 조금씩 잦아들기 시작했어요. 아직 출렁이는 바다는 하도 오랫동안 흥분을 해 이제는 더이상 그럴 기운조차 없이 씩씩거리는 사람과도 같았어요. 여전히 바다는 거칠었어요. 밭고랑이 파이듯 파도가 갈렸지요.

하지만 새벽이 되니 해가 그 모습을 드러냈어요. 날이 좋아지려는 신호였죠. 동쪽은 붉게 물들었고, 오랫동안 볼 수 없었던 별들이 보이더니 이내 사라져버렸어요. 저 멀리로 육지가 보였죠. 다행히 바람에 이끌려 그곳까지 떠내려갔어요. 마음속에서 희망이 되살아나는 게 느껴졌어요. 하지만 함께 배에 타고 있던 선원은 아무도 보이지 않았죠. 용기를 잃은 선원들은 모두 배와 함께 가라앉은 것 같았어요. 거의 육지에 다다랐을 때, 그만 바람에 밀려 암초 모서리에 부딪힐 뻔하지 않았겠어요? 큰 사고가 날 뻔했죠. 하지만 우리가 기를 쓰고 움직인 덕분에 돛대 끝자락만 바위에 부딪혔어요. 멘토는 유능한 선장이 키를 움직이듯 그렇게 돛대를 조종했답니다. 결국 끔찍한 사고를 면한 멘토와 나는 잔잔한 해변에 이르렀고, 그곳으로부터 헤엄쳐서 뭍에 다다를 수가 있었어요. 바로 그때 이 섬

의 주인 여신께서 우릴 본 겁니다. 그리고 우리를 흔쾌히 맞아주었
지요."

멘토의 조언

1 사람들은 필요 이상으로 많은 걸 바람으로써 괴로워진다. 단순한 삶을 택하고, 정말 필요한 것에만 만족한다면 항상 만족할 수 있다.

2 지도자는 검소하고 안락함을 거부하며, 다른 이들에 비해 사치나 허영을 부려서는 안 된다. 그 누구보다 더 많은 부와 행복을 누려서도 안 된다. 대신 다른 이들보다 더 큰 지혜, 더 큰 덕성, 더 큰 영광을 가져야 한다. 군사를 이끌며 나라를 지킬 줄 알아야 하고, 국민들이 더 행복하고 평화롭고 착하게 살 수 있도록 그들을 잘 다스릴 줄 알아야 한다.

3 인간 중 가장 자유로운 인간은 종으로 살면서도 자유로울 수 있는 사람이다. 진정 행복한 사람은 그 어떤 두려움이나 욕망에서 벗어나 신과 이성에만 복종하는 사람이다.

4 인간들 중 가장 불행한 사람은 국민을 비참하게 살도록 하면서 자신은 행복하다고 믿는 지도자다.

제6장

열정의 무서움을 아는 자,
지혜를 얻으리라

불멸의 삶을 얻은들 무슨 소용입니까? 아무런 덕망도 영예도
없는 그런 삶을 어디에 쓰실 겁니까? 불행한 말로가 예상되는
그런 삶은 결코 행복하지만은 않을 것입니다.

텔레마코스의 말이 끝나자 그를 향해 시선을 고정하고 있던 님프들이 서로를 쳐다보며 물었다.

"도대체 이 사람들은 누구야? 어찌해서 신들의 사랑을 이렇게 한 몸에 받는 걸까? 이렇게 놀라운 모험이야기를 들어본 적이 있어? 율리시스의 아들은 어쩜 저렇게 말도 잘할까? 지혜로운 데다 존경스럽기까지 하단 말이야! 게다가 저렇게 잘생기다니! 부드럽긴 또 얼마나 부드럽다고! 그뿐이야? 겸손하기까지 하잖아. 저렇게 고귀할 수 있다니! 인간의 아들이라는 걸 알지 못했다면, 아마 우리는 저 사람을 바쿠스라고 믿었을 거야. 아니, 아니, 아폴론이라고 생각했을지도 몰라. 그리고 멘토라는 사람의 정체는 뭘까? 소박하지만 어두워 보이고 별로 화려하지도 않잖아? 그런데 가까이서 보면 인간들을 뛰어넘는 뭔가가 있어 보여."

이 말을 들은 칼립소는 은근 당황하는 눈치였다. 길을 잃은 그녀의 시선은 멘토에서 텔레마코스로, 또 텔레마코스에서 멘토로 정신없이 옮겨질 뿐이었다. 칼립소는 텔레마코스가 다시 한번 모험이야기를 해주길 바랐다. 그러나 그의 말을 끊은 것은 그녀 자신이었다. 그러더니 갑자기 자리를 박차고 일어나 텔레마코스를 데리고 도금양나무 숲으로 들어갔다. 혹시 멘토가 인간의 모습을 한 신이 아닌지 알아보기 위해서였다. 하지만 텔레마코스는 그 질문에 대해 아무런 대답도 할 수 없었다. 아직은 너무 어린 텔레마코스에게는 멘토의 모습 속에 숨어 있는 미네르바가 보이지 않았던 것이다. 사실 미네르바도 자신의 진짜 의도를 텔레마코스에게 말하기를 꺼렸다.

여신은 텔레마코스가 어려운 시험에 들기를 바랐다. 하지만 미네르바가 자신과 함께 한다는 걸 안다면 텔레마코스는 든든한 지원자를 얻은 기분이 될 것이었다. 그렇다면 아무리 어려운 일을 당한다 하더라도 두려워하지 않고 쉽게 넘겨버릴지 모를 일이었다. 텔레마코스는 미네르바를 보고도 멘토라고 굳게 믿고 있었다. 그러니 아무리 칼립소가 수를 써봐도 진실을 알아낼 수 없는 노릇이었다.

그러는 동안 멘토를 둘러싸고 앉아 있던 님프들은 그에게 이런저런 질문을 쏟아부었다. 한 님프는 에티오피아로의 여행이 어땠는지 물었다. 또 어떤 님프는 다마스에서 어떤 경험을 했는지 물었다. 또 다른 님프는 트로이 전쟁에 나가기 전 율리시스를 알고 있었냐고 물었다. 그때마다 멘토는 친절하게 모든 질문에 대답해주었다. 깔끔하면서도 우아함이 묻어난 언술이었음은 말할 나위가 없다.

　그러나 칼립소는 님프들이 멘토와 오랜 시간을 보내는 것을 허락하지 않았다. 다시 돌아온 칼립소는 님프들이 텔레마코스를 위해 노래를 부르며 꽃을 따는 동안 조금 떨어진 곳으로 멘토만 따로 데리고 갔다. 그가 직접 진실을 말하도록 하기 위해서였다. 무겁기만 한 눈꺼풀을 하고 온몸이 피곤한 누군가에게 잠의 기운이 달콤하기 그지없듯, 칼립소는 온갖 칭찬과 달콤한 말로 멘토의 기분을 붕 뜨게 만들려 했다.

　하지만 그런 노력을 계속 거부하는 알 수 없는 힘이 느껴졌다. 칼립소의 매력마저 대수롭게 여기지 않는 그런 힘이었다. 뾰족한 정상을 구름에 숨긴 가파른 바위처럼, 그 어떤 매서운 바람에도 끄떡않는 거대한 암초처럼, 멘토는 자신의 의지를 굽히지 않으면서도 칼립소의 다그침을 별 거부 없이 받아들였다. 마치 칼립소의 모든 질문에 대답을 하여 그녀가 알고 싶은 진실을 밝힐 것만 같았다. 그러다가도 칼립소가 이젠 됐구나 하며 마음을 놓으려 하면 멘토는 또 꿈쩍도 하지 않아 여신의 희망을 물거품으로 만들곤 했다. 알 것 같다가도 도무지 모르겠는 상황이었다. 칼립소의 질문에 대한 멘토의 짧은 대답은 그녀를 다시 궁금증의 구렁 속으로 몰고 가기만 할 뿐이었다.

　칼립소는 텔레마코스에게 칭찬세례를 퍼붓는 것으로 하루를 보냈다. 진실을 알아낼 희망이 없다고 여긴 멘토에게서 텔레마코스를 멀어지게 하려 무척이나 힘을 들인 하루였다. 칼립소는 예쁜 님프들을 이용해 텔레마코스의 마음속에 사랑의 감정을 심어놓으려 했다. 또한 칼립소보다 더 힘이 큰 신에게 빌어보자는 속셈이었다.

비너스는 키프로스 섬에서 자신을 모욕한 멘토와 텔레마코스가 넵투누스의 힘을 빌려 일으킨 바다폭풍까지 견뎌내고 살아 있다는 사실에 분노를 금할 수가 없었다. 화가 난 비너스는 주피터를 찾아가 신세한탄을 늘어놓았다. 그러나 신들의 아버지 주피터는 미소를 지을 뿐이었다. 그는 멘토의 모습을 한 미네르바가 율리시스의 아들을 구했다는 말을 하고 싶지 않았다. 결코 비너스에게 복수를 할 기회를 허락하려 하지 않았다. 결국 비너스는 올림푸스를 떠날 수밖에 없었다. 여신은 파포스, 시테르, 이달리의 제단에 향을 피우는 것도 잊은 채 비둘기 전차에 몸을 싣고 올림푸스를 떠났다. 다시 돌아온 비너스는 수심이 가득한 얼굴로 아들을 불러 이렇게 말했다.

"나와 너의 힘을 무시한 그 두 놈을 기억하느냐? 이제 우리는 누구에게 사랑과 존경을 받을 수 있단 말이냐? 너는 두 놈의 냉랭한 가슴에 화살을 찔러넣어야 할 것이다. 나와 함께 그 섬으로 가서 칼립소를 만나보자."

황금빛 구름을 가르며 섬으로 내려간 비너스는 마침 동굴에서 멀리 떨어진 냇물 가에 혼자 나와 있는 칼립소에게 다가갔다. 그리고 칼립소에게 말했다.

"가엾은 여신이여, 그 시건방진 율리시스가 그대를 모욕하고 떠났죠. 그런데 지금은 아비보다 더 독한 아들놈이 똑같은 모욕감을 그대에게 주려고 준비 중이에요. 하지만 걱정하지 마세요. 사랑의 요정이 그대의 설욕을 도우러 여기 왔으니까요. 내 아들을 당신에게 맡깁니다. 큐피드는 그대의 님프들 사이에서 잘 지낼 수 있을 거예요. 어린 바쿠스가 낙소스 섬의 님프들의 손에서 자란 것처럼요. 텔레마코스는 그런 큐피드를 보고 여느 어린 아이와 다를 게 없다고 생각할 겁니다. 그 아이 앞에서 굳이 조심할 필요도 없겠죠? 그렇게 큐피드의 힘에 제압을 당할 것입니다.”

말을 마친 비너스는 다시 황금빛 구름 사이로 올라갔다. 여신이 떠난 자리에 진한 향이 남아 칼립소의 숲 전체가 향기로운 기운에 사로잡혔다.

큐피드는 칼립소에게 안겨 있었다. 아무리 여신이라고는 하나 가슴으로 '확'하고 불길이 번지는 게 느껴졌다. 그 마음을 진정시키려 칼립소는 유카리스라 불리는 님프에게 큐피드를 맡기기로 했다. 그것이 얼마나 큰 실수였고, 그 일로 인해 얼마나 뼈를 깎는 후회를 하게 될지 칼립소는 알 수가 없었다!

큐피드는 때 묻지 않고 착하며 사랑스러운 아이처럼 보였다. 항상 웃어대고 기분이 좋은 이 아이를 보고 있노라면, 아이가 행복만을 가져다줄 것처럼 느껴졌다. 그러나 이 아이의 손이 닿는 즉시 알 수 없는 독에 감염되는 것만 같았다. 꾀바르고 속마음을 잘 속일 줄 아는 큐피드는 배신을 위해 누군가에게 안기고, 자기가 한 나쁜 일이나 앞으로 하게 될 악독한 일 앞에서만 웃음을 짓는 못된 아이였다. 큐피드는 계속해서 멘토를 꺼렸다. 엄한 모습이 싫었기 때문이다. 그리고 멘토에게서는 화살로도 상처낼 수 없는 강인함이 보였기 때문이다. 하지만 님프들은 아이가 피워놓은 불길에 곧 사로잡혔다. 그러나 점점 가슴속으로 퍼져 독을 뿜어내는 이 깊은 상처는 애써 숨기려 했다.

님프들과 함께 노는 큐피드를 본 텔레마코스는 어쩜 저렇게 귀엽고 착한 아이가 있을까 싶었다. 그는 큐피드를 얼른 껴안았다. 무릎에 앉히기도 했다가 아이를 안고 놀기도 했다. 그러자 텔레마코스에게 이유를 알 수 없는 불안감이 엄습했다. 하지만 이를 무시하기로 한 그는 조금씩 혼란에 빠지며 약해져만 갔다. 텔레마코스가 멘토에게 말했다.

"저 님프들을 보세요. 자기가 예쁜 것을 알고 뽐내며 다니는 키프로스의 여자들과는 다르지 않나요? 님프들은 영원히 지속될 아름다움을 갖고 있지만 겸손하고 소박해요. 그래서 더 매력적이죠."

텔레마코스는 곧 얼굴이 빨개졌다. 하지만 왜 그런지는 자신도 알 수가 없었다. 그는 말을 멈출 수가 없었다. 별 의미도 없고 앞뒤도 안 맞는 수다를 떨 뿐이었다. 그것을 본 멘토가 말했다.

"텔레마코스, 키프로스에서 겪은 위험은 지금 그대 앞에 놓인, 하지만 맞서 싸울 생각조차 하고 있지 않은 위험에 비하면 아무것도 아닙니다. 쾌락은 아주 무서운 거예요. 조심성 없이 행동하면 큰일이 벌어지죠. 하지만 더 무서운 게 뭔지 아십니까? 바로 겸손해 보이는 아름다움이에요. 그런 아름다움을 좋아하는 것은 지극히 당연하고 도덕적인 일이라고까지 생각하죠. 하지만 나도 모르게 열정의 노예가 되는 거랍니다. 그리고 그걸 깨달았을 때는 이미 늦었죠. 저 님프들을 피하세요. 특히 그대가 잘 알지 못하는 저 아이를 피하세요. 비너스가 데려온 큐피드입니다. 키프로스에서의 일을 복수하려고 데려온 거예요. 저 아이는 이미 칼립소의 마음에 상처를 냈습니다. 그래서 칼립소는 지금 당신에게 빠져있는 거예요. 칼립소의 님프들에게도 독은 이미 퍼졌습니다. 그리고 그대 역시 그 불길에 휘말리고 있어요. 정작 본인은 그런 상황인지도 모른 채로 말입니다."

이때 텔레마코스가 멘토의 말을 끊으며 이렇게 대답했다.

"왜 이 섬에서 계속 살면 안 되는 거죠? 율리시스는 이미 죽었어요. 아주 오래 전에 바다 깊은 곳에 묻혔다고요! 나도 잃고 아버지도 잃은 어머니는 더이상 구혼자들을 버텨낼 힘이 없을 거예요. 할아버지 역시 딸의 재혼을 막지 못할 것이고요. 재혼을 한 어머니를 보자고 이타케로 돌아간다고요? 아버지를 잊고 다른 남자와 살고 있는 페넬로페를 보자고 그곳으로 다시 돌아가요? 이미 이타케인들은 율리시스를 잊었어요. 그곳에서 우리를 기다리고 있는 것은 죽음밖에 없습니다. 이미 어머니의 구혼자들이 항구 곳곳에 사람들을 심어놓았을 거예요. 그곳에 발을 들이자마자 우리를 죽일 것이 틀림없다고요!"

그러자 멘토가 말했다.

"보십시오, 이게 바로 눈먼 열정의 결과입니다. 열정을 지속시킬 핑계거리나 찾게 되지요. 어떻게든 불리한 것은 피해가려고만 합니다. 혹시라도 하게 될 후회를 잠식시키고, 또 그것을 무시하는 데만 머리를 쓰게 되어 있어요. 그대가 조국으로 돌아갈 수 있도록 신들이 해준 모든 일을 벌써 잊었습니까? 시칠리아에서 어떻게 빠져나 왔죠? 이집트에서 겪었던 불행이 그대를 어떻게 도왔는지 잊었습니까? 티레 섬에서 목숨까지 위협받았던 위험천만한 상황에서는 어떻게 빠져나왔습니까? 운명이 이미 정해놓은 모험과 교훈을 벌써 잊었습니까? 지금 내가 무슨 소리를 하고 있답니까? 텔레마코스는 이런 얘기를 들을 사격조차 없는 사람인걸요. 나는 떠나겠습니다. 이 섬에서 어떻게 빠져나가야 할지도 알게 될 겁니다. 텔레마코스는 현명하고 자애로운 아버지를 둔 비겁한 아들일 뿐입니다. 그대는 이곳에서 여자들에게 둘러싸여 나른하고 보잘 것 없는 삶을 사십시오. 아버지인 율리시스가 당당히 거부했던 그런 의미 없는 삶을 영위하십시오!"

멘토에게서 경멸에 가득 찬 이야기를 들은 텔레마코스는 가슴속 깊은 곳이 아파오는 느낌이었다. 그의 말에 감동을 받은 것도 사실이었다. 텔레마코스의 고통에는 왠지 모를 창피함이 섞여 있었다. 그리고 현명한 멘토가 자신을 떠난다는 것이 두려웠다. 아직 그에게 갚을 것이 많은데 헤어진다는 것이 두려워졌다. 하지만 어떤 위험이 도사리는 줄도 모르고 그저 열정에만 사로잡힌 텔레마코스는 예전의 그가 아니었다. 텔레마코스는 눈물이 그렁그렁하여 멘토에게 말했다.

"뭐라고요? 칼립소에게서 받을 불멸의 삶을 무시하는 겁니까?"

그러자 멘토가 대답했다.

"나는 선의나 신의를 저버리는 모든 것을 무시하고 증오합니다.

조국으로 돌아가면 율리시스와 페넬로페를 다시 볼 수 있습니다. 용맹하게 행동하고 바르게 사고하면 미친 열정에 빠져드는 것을 막을 수가 있어요. 아버지가 누린 영광을 그대도 누릴 수 있도록 온갖 위험에서 당신을 구해준 신들이 원하는 일입니다. 어서 이 섬에서 빠져나가야 합니다! 이 섬에 그대를 붙들어놓는 유일한 것은 바로 사랑, 그 고약하고 수치스러운 폭군 때문입니다. 불멸의 삶을 얻은들 무슨 소용입니까? 아무런 덕망도 영예도 없는 그런 삶을 어디에 쓰실 겁니까? 불행한 말로가 예상되는 그런 삶은 결코 행복하지만은 않을 것입니다.”

텔레마코스는 대답 대신 한숨만 쉬어댔다. 멘토가 이 섬에서 자신을 구해줬으면 하는 생각이 드는가 하면, 또 한편으로는 자신의 나약함을 꾸짖는 이 엄한 친구로부터 벗어나고 싶었다. 그래서 멘토가 떠났으면 하는 생각도 들었다. 상반되는 두 가지 생각이 계속해서 들었으나 이렇다 할 결론을 내지 못하고 있었다. 해변에 누워 꼼짝 않고 시간을 보내는 일이 잦아졌는가 하면, 어두운 숲속에 들어가 사자가 울부짖듯 괴성을 지르며 눈물을 흘리는 일도 잦아졌다. 점점 말라만 가고, 두 눈은 이글거리는 불꽃으로 가득했다. 창백하고 일그러진 그의 얼굴을 보고 있자면, 이 자가 정녕 텔레마코스인지 알아볼 수도 없을 지경이었다. 튼튼하고 잘생긴 외모, 밝고 고급스러운 자신감은 이미 그에게서 멀어진 지 오래였다. 아침에 피어 종일 곳곳에 향을 퍼뜨리고 난 후 저녁이 되면 져버리는 꽃과도 같았다. 화려하던 색을 잃고 축 처져 말라비틀어지는 꽃과도 같았다. 이렇게 율리시스의 아들은 죽음의 문턱으로 한 발 더 다가갔던 것이다.

열정에 빠져 헤어나오지 못하는 텔레마코스를 지켜본 멘토는 그를 구해낼 지혜로운 방법을 구상했다. 마침 칼립소는 텔레마코스를 사모하여 정신을 못 차리고 있는 상황이었다. 반면 텔레마코스는 유카리스라는 님프에게 사랑에 빠져 역시 헤어나오지 못하고 있었다. 안타깝게도 자신을 사랑해주는 이에게 마음을 주지 않고 또 다른 짝사랑을 하는 아픔, 이 모든 게 다 비열한 큐피드의 짓이었다. 인간의 사랑을 더욱더 아프고 고통스럽게 만들려는 그의 수작이었다. 따라서 멘토는 칼립소의 질투를 불러일으키기로 결정을 내렸다. 마침 유카리스는 텔레마코스를 데리고 사냥을 가기로 되어 있었다. 그 상황을 이용하기로 한 멘토가 칼립소에게 말했다.

"텔레마코스가 사냥을 꽤나 좋아하게 된 것 같습니다. 예전에는 전혀 그런 모습을 보이지 않았었는데 말이죠. 다른 데에는 전혀 관심이 없고 오로지 사냥에만 매달리는 것 같아요. 야생의 산이나 숲 말고는 다른 것이 눈에 들어오지 않나 봅니다. 칼립소, 당신께서 텔레마코스에게 그런 열정을 불어넣으신 겁니까?"

이 말을 들은 칼립소는 화가 치밀어 올라 참을 수가 없어 이렇게 대답했다.

"키프로스의 어떤 쾌락에도 꿈쩍하지 않았던 텔레마코스가 별 볼 일 없는 님프에게 정신이 나간 것 같아요. 비겁하게 환락에나 빠져들고, 여자들 틈에 둘러싸여 나른한 삶이나 살 것 같은 저 청년이 어찌 그토록 멋진 모험을 겪어냈다고 할 수 있겠습니까!"

질투에 눈이 먼 칼립소를 본 멘토는 말을 아끼기로 했다. 혹시나 부작용이 일어날지 모르는 일이었기 때문이다. 대신 칼립소에게 당황하고 실망한 표정만 보일 뿐이었다. 여신은 모든 것에 불만을 품으며 하소연을 하기 시작했다. 멘토가 말을 꺼낸 사냥이야기는 칼립소의 울분에 종지부를 찍는 사건이었다. 텔레마코스는 유카리스하고만 말을 하기 위해 다른 님프들은 신경도 쓰지 않는다는 사실까지 알게 되었다. 이미 또 다른 사냥을 계획한 것까지 드러났다. 그렇게 떠난 사냥에서도 텔레마코스는 유카리스에게만 정신이 팔릴 것이 뻔했다. 그런 텔레마코스의 계획을 물거품으로 만들기 위해 칼립소는 자기도 함께 사냥에 나서겠다고 했다. 하지만 감정을 제대로 절제하지 못한 칼립소는 텔레마코스에게 곧 이렇게 말했다.

"넵투누스가 일으킨 폭풍과 신들의 복수를 피하려는 생각에 내 섬으로 흘러들어온 것이란 말입니까? 인간에게는 금지된 이 섬에서 내 능력과 당신에게 보여준 나의 사랑을 무시하려고 온 것이 아니고요? 올림푸스와 스틱스의 신들이여, 이 가엾은 여신의 말을 들어주십시오. 신의 없이 배은망덕한 이 인간을 벌하여 주십시오! 텔레마코스 당신은 율리시스보다 더 고약하고 더 부정한 사람입니다. 그러니 그가 받은 고통보다 더 심한 벌을 받아도 마땅해요. 다시는 당신의 조국을 볼 수도 없을 겁니다. 가난하고 비참한 땅 이타케, 영원의 삶보다 더 중시했던 그 땅에 다시는 발을 들일 수 없을 거예요! 아니면 눈앞에 조국을 뒤로한 채 바다 속으로 빠져 들어가 죽게 될 것입니다. 그래서 파도의 노예가 된 당신의 주검은 결국 나의 해변으로 밀려들어오게 될 거예요! 당신의 죽은 육체를 독수리들이 달려들어 뜯어먹겠죠? 그 모습을 내 이 두 눈으로 똑똑히 보겠어요. 당신이 사랑하는 저 유카리스도 그 모습을 보게 될 겁니다! 그걸 본 그녀의 가슴이 찢어지지 않겠어요? 유카리스의 불행이 곧 나의 행복이 될 거예요!"

이 말을 하는 칼립소의 눈은 붉게 타올랐다. 한곳에 머무를 줄 모르는 그녀의 시선은 길을 잃은 것만 같았다. 그녀의 눈빛은 어둡고 맹렬하기 그지없었다. 덜덜 떨리는 얼굴에는 검고 푸른 점이 드러나기 시작했고, 시간이 지나며 그 색도 변했다. 그러다 갑자기 죽은 사람의 얼굴처럼 창백해지기까지 했다. 그렇게 많던 눈물도 이제는 다 말라버렸다. 분노와 절망으로 눈물샘이 다 말라 겨우 한 방울이 볼 위로 주르륵 흐를 뿐이었다. 거칠고 떨리는 목소리는 중간중간 끊기기까지 했다. 이 모습을 지켜본 멘토는 텔레마코스에게 단 한 마디도 건네지 않았다. 마치 희망 없이 버림받은 환자인 듯 텔레마코스를 대했다. 그리고 가끔 동정의 눈빛으로 그를 쳐다보기도 했다.

텔레마코스는 멘토의 우정에 대해 못할 짓을 했구나 하며 후회하기 시작했다. 그는 혹시나 멘토와 눈이 마주칠까 두려워 앞을 제대로 쳐다볼 수도 없었다. 멘토의 침묵은 텔레마코스에게 큰 벌과도 같이 느껴졌다. 얼른 그에게 달려가 품에 안긴 채 얼마나 후회하고 있는지 말하고 싶었다. 하지만 그럴 수는 없었다. 너무 창피한 마음에 그런 것도 있었고, 혹시나 이 위험에서 영영 멀어질까 두렵기도 했기 때문이었다. 그도 그럴 것이, 텔레마코스에게는 이 위험스러운 열정이 달콤하게만 느껴졌던 까닭이다. 극도로 치닫는 이 열정을 잠재우고 싶지가 않았다.

올림푸스의 신들은 조용히 모여 칼립소의 섬을 내려다보았다. 과연 이 싸움에서 누가 이길지 궁금했던 것이다. 미네르바가 이길까, 아니면 큐피드가 이길까. 큐피드는 님프들과 어울려 다니며 사랑의 열병을 곳곳에 불 질러 놓았다. 반면 멘토의 모습을 한 미네르바는 사랑과 떼놓을 수 없는 질투를 이용하여 큐피드를 제압하려 하고 있었다. 주피터는 누구의 편도 들지 않고 중립적인 입장에서 이 싸움을 보고만 있겠노라고 다짐했다.

텔레마코스가 자신을 떠날까 두려운 유카리스는 별 기교를 다 써서라도 그를 섬에 잡아두고 싶었다. 두 번째 사냥을 준비하던 유카리스는 그 자태가 수려한 다이아나[43]처럼 차려입었다. 비너스와 큐피드가 섬에 이상한 기운을 뿌려놓아 여신인 칼립소보다 유카리스가 더 아름다워 보이도록 만든 것이었다. 그런 유카리스를 멀리서 지켜보던 칼립소는 맑은 물에 자신의 모습을 비춰보았다. 물 위로 비치는 자신의 모습이 너무나 창피했다. 그리하여 칼립소는 동굴 깊은 곳에 숨어들어가 혼잣말을 하기 시작했다.

"두 연인을 괴롭히려 나도 사냥에 가겠다고 했지. 하지만 이게 다 부질없는 일인 것을! 가서 뭘 어쩌겠다고? 오히려 유카리스만 더 빛나게 하라고? 비교도 안 되는 내가 모습을 드러내면 유카리스만 더 예뻐 보이게 될 텐데? 나를 본 텔레마코스는 유카리스에게 더 빠져들겠지. 도대체 내가 무슨 짓을 한 거지? 아니, 사냥에 가지 않겠어.

유카리스와 텔레마코스도 보내지 않겠어. 어떻게 해서든 막을 거야!

우선 멘토를 찾아가야겠어. 가서 텔레마코스를 데려가라고 빌어야지. 그럼 멘토가 텔레마코스를 데리고 이타케로 떠날 거야. 그럼 나는? 텔레마코스마저 떠나버리면 나는 어떻게 하지? 난 어쩌라고? 난 뭘 하라고? 비열한 비너스, 나를 속였어! 나에게 준 선물에 이런 독이 들어 있을 줄이야. 고약한 아이 같으니라고. 구린내 나는 사랑의 신 같으니라고! 나는 텔레마코스와 영원히 행복하게 살려고 너에게 내 마음을 내줬는데, 그런데 너는 나에게 불행과 고통만을 안겨주는구나. 이젠 님프들조차 나를 거역한단 말이다! 내 신성은 영원한 불행만을 위해 존재하는 것 같아. 죽을 수 있는 운명이라면 이 고통에서 벗어날 수 있을 텐데!

텔레마코스, 너는 꼭 죽어야만 한다. 내가 죽을 수 없으니 너라도 죽어야지! 네가 한 모든 일에 복수를 할 거야. 네가 사랑하는 님프도 그 모습을 지켜볼 것이다. 유카리스의 눈앞에서 너를 처참하게 죽이겠어. 아니, 내가 지금 무슨 소릴 하는 거지? 칼립소, 네가 진정 원하는 게 뭐야? 죄 없는 한 목숨을 빼앗는 것? 네 손으로 악의 구렁텅이에 빠뜨린 그를 처단하는 것이 정녕 네가 원하는 것이냐? 순결하기만 했던 텔레마코스에게 치명적인 불꽃을 피워놓은 장본인이 내가 아니었던가? 어쩜 그리도 순진할 수 있단 말이냐, 어쩜 그리도 고결할 수 있단 말이냐! 그리고 쾌락이란 또 얼마나 무서운 것이란 말이냐! 그런 수치스러운 쾌락을 버텨내는 용기는 어디서 나온 것이냐! 그의 마음에 독을 뿌려야 했던가? 그럼 나를 떠났을 텐데? 아니, 텔레마코스가 나를 떠나도록 할 수는 없어. 아니지, 나를 무시하며 그 님프와 행복하게 사는 건 또 어떻게 보지?

지금 나는 뿌린 대로 거두는 것인가, 내가 한 잘못 때문에 벌을 받는 건가? 그래, 떠나라 텔레마코스. 저 바다 멀리로 가버려! 이 칼립소를 깊은 슬픔에 홀로 둔 채 멀리 가버려! 삶을 영위할 용기도 없고, 그렇다고 죽을 수도 없는 운명인 칼립소를 두고 얼른 가버려! 수치스러움에 절망하는 나를 두고 떠나라. 나는 너의 그 건방진 유카리스와 함께 남을 테니 너는 가버려!"

동굴에 남아 혼잣말을 하던 칼립소가 갑자기 자리를 박차고 일어났다. 그러더니 동굴 밖으로 뛰어나가며 멘토를 찾았다.

"멘토! 어디에 있습니까, 멘토! 이게 바로 쾌락에 빠진 텔레마코스를 구하는 당신만의 방법입니까? 큐피드가 온갖 만행을 저지르는데 당신은 잠자코만 있습니다! 당신의 무관심을 더이상은 참을 수가 없습니다! 텔레마코스가 율리시스의 이름에 먹칠을 하고 있는 걸 언제까지 지켜볼 생각입니까? 자신에게 주어진 고결한 임무를 모른 척하는데 그냥 보고만 계실 겁니까? 율리시스와 페넬로페가 아들을 맡긴 건 당신이지 내가 아니란 말입니다! 그런데 당신은 왜 아무것도 하지 않는단 말입니까? 숲 저편에 배를 만들 수 있는 포플러 나무가 무성합니다. 율리시스도 거기서 배를 만들어 내 곁을 떠났죠. 그곳에 가보면 동굴이 있을 겁니다. 그 안에는 배를 만드는 데 필요한 모든 도구가 마련되어 있어요."

칼립소는 이 말을 내뱉자마자 후회하기 시작했다. 하지만 멘토에게는 머뭇거릴 시간이 없었다. 그는 재빨리 동굴로 가 도구를 챙기고 나무를 베었다. 그리하여 단 하루 만에 배를 완성하였다. 아무리 어려운 일도 금방 해결해내는 미네르바의 지혜와 능력 덕분이었다.

극도의 고통 속에서 칼립소는 더이상 어찌해야 할 바를 몰랐다. 한편으로는 멘토의 작업이 어디까지 진전되었는지 보고 싶었고, 또 한편으로는 유카리스와 텔레마코스 둘만 남긴 채 사냥에서 돌아올 수도 없다는 생각이었다. 질투에 눈이 먼 칼립소는 유카리스와 텔레마코스의 일거수일투족을 다 감시해야만 속이 풀렸다. 하지만 칼립소가 다른 곳에 정신을 둔 동안 멘토는 계속해서 배를 만들 것이 아닌가? 도끼며 망치 두드리는 소리가 들려왔다. 그럴 때마다 칼립소의 온몸이 부르르 떨렸다. 그러는 동시에 혹시라도 텔레마코스와 님프 사이에 오가는 신호를 보지 못할까 두렵기까지 했다. 유카리스는 자조 섞인 말투로 텔레마코스에게 말했다.

"혼자만 사냥을 나와 멘토가 화가 났을 거란 생각은 하지 마세요. 그렇게 엄한 스승 밑에서 살아야 하다니, 당신은 정말 불쌍한 사람이에요! 멘토의 그 엄격함은 그 누구도 말리지 못할 거예요. 게다가 모든 기쁨과 행복을 멀리하잖아요? 그러니 당신이 행복을 느끼는 것도 싫어할 거예요. 스스로 결정을 내리고 행동할 수 없는 나이에야 그의 도움이 필요했겠지만 지금은 다르잖아요? 많은 위험을 지혜롭게 견뎌냈으니 이젠 더이상 아이처럼 굴 필요가 없어요!"

기교 섞인 유카리스의 말을 들은 텔레마코스는 그녀의 유혹에 넘어가고 말았다. 마음속 깊은 곳에서 멘토에 대한 분노가 치밀어 오르는 것이 느껴졌고, 더이상 그의 속박을 견딜 수 없을 것 같았다. 멘토를 다시 보게 될까 두려운 텔레마코스는 너무 화가 나 유카리스에게 이렇다 할 대답조차 할 수가 없었다.

이곳저곳을 다니며 사냥을 했던 일행은 저녁이 되어 멘토가 배를 만들던 곳 옆쪽 숲까지 오게 되었다. 칼립소의 눈에 멘토가 완성한 배가 들어왔다. 그러자 그녀의 눈 위로 죽음의 검은 구름이 짙게 깔렸다. 다리가 떨려와 풀썩 주저앉을 것만 같았고, 온몸에 식은땀이 줄줄 흘렀다. 결국 옆에 있던 님프들에게 몸을 맡길 수밖에 없는 상황이었다. 이때 마침 유카리스가 손을 내밀었고, 칼립소는 매서운 눈초리로 쏘아보며 그녀의 손을 마다했다. 배를 완성한 멘토는 이미 그 자리를 떠난 후였다. 텔레마코스는 숲속에 있는 배를 발견하고는 누구의 배인지 무엇을 위한 배인지 칼립소에게 물었다.

"멘토가 만든 배입니다. 이 섬에서 내보내려고 그에게 직접 만들라고 했어요. 이젠 엄격하기만 한 그 친구로부터 해방이에요. 당신의 행복을 반대하고, 불멸의 삶을 살게 될 그대를 질투할 그 친구로부터 벗어나게 된 것이에요."

그러자 텔레마코스가 울부짖으며 말했다.

"멘토가 나를 버리다니, 다 나 때문이에요! 유카리스, 멘토마저 나를 떠난다면 나에게 남는 건 당신밖에 없어요!"

열정에 사로잡힌 텔레마코스는 생각 없이 이런 말까지 내뱉었고, 곧 자신의 잘못을 깨달았다. 그러나 그 말의 의미를 찬찬히 되짚고 이해하기에는 아직 역부족이었다. 님프들은 너무 놀라 잠자코만 있었다. 얼굴이 빨개진 유카리스는 눈을 내리깔고 다른 님프들 사이에 섞여 꼼짝도 하지 않았다. 물론 겉으로는 수줍은 척했으나 안으로는 기쁨의 환호성을 지르고 있었다. 텔레마코스도 자기 자신을 이해할 수 없었다. 어찌하여 그런 비밀을 생각 없이 내뱉을 수 있었는가! 이게 혹시 꿈은 아닌가, 혼란스럽고 고통스러운 꿈은 아닌가 싶었다.

새끼를 빼앗긴 암사자처럼 분노에 찬 칼립소는 온 숲을 뛰어다니기 시작했다. 어디로 가는지도 모른 채 그렇게 숨이 차도록 뛰었다. 그러다 결국 멘토가 있는 동굴에 다다랐다.

"내 섬에서 당장 나가요! 나의 휴식을 방해하는 이방인들, 이 섬에서 당장 떠나요! 저 정신 나간 젊은이를 나에게서 멀리 떼어놓으세요! 그리고 당신, 건방지기 그지없는 늙은이! 텔레마코스를 데리고 나가지 않는다면 여신의 분노가 얼마나 무서운지 곧 알게 될 겁니다. 더이상 그를 보고 싶지 않아요. 내 님프들이 그에게 말을 거는 것도, 그를 쳐다보는 것도 싫어요! 스틱스를 걸고 다짐하지요. 신들조차 무서워한 스틱스를 걸고 다짐합니다.

그리고 텔레마코스! 이것만은 잘 알아두세요. 아직 당신의 고통은 끝난 것이 아닙니다. 내 섬을 나가는 즉시 더 큰 위험이 도사리고 있을 거예요. 나는 그렇게 복수를 할 겁니다. 그럼 나를 그리워하겠죠. 하지만 소용없어요! 넵투누스가 또 다른 폭풍을 일으킬 것입니다. 넵투누스는 아직도 당신의 아버지 때문에 분이 풀리지 않았어요. 율리시스가 시칠리아에서 넵투누스에게 저항을 했거든요. 그뿐인가요, 키프로스에서 당신이 멸시했던 비너스까지 가세해 넵투누스에게 빌었어요. 당신을 처치해달라고! 언젠가는 아버지를 만나겠죠? 아직 율리시스는 죽지 않았으니까. 하지만 아버지를 만나면 뭘 합니까. 아버지인지도 모를 텐데! 모진 운명의 장난을 겪고 나서야 이타케에서 아버지를 다시 만나겠죠. 어서 가세요! 나는 신들에게 빌 겁니다. 내 대신 복수를 해달라고요. 바다 한가운데 떨어져 바위를 잡고 내 이름을 불러봐야 아무 소용이 없을 거예요, 그대가 받을 형벌이 나에게는 기쁨일 테니!"

칼립소는 이 말을 내뱉자마자 후회를 하며 전혀 다른 결심을 하기에 이르렀다. 사랑의 감정이 다시 솟아오른 것이다. 그래서 텔레마코스를 섬에 붙잡아놓고 싶었다. 칼립소는 속으로 생각했다.

'텔레마코스가 이 섬에 남게 되기를! 언젠가는 내가 쏟아부은 사랑과 정성을 알게 되지 않을까? 유카리스는 그에게 불멸의 삶을 줄 수 없어. 하지만 나는 그럴 수 있잖아? 칼립소, 너는 사랑에 눈이 멀었구나! 너의 말도 안 되는 맹세로 너 자신을 배신한 거야! 스틱스를 걸고 한 맹세니 이제 어떻게 할 거야? 더이상은 희망이 없어.'

물론 아무도 칼립소의 이런 생각을 알 수가 없었다. 그러나 그녀의 얼굴에 비치는 분노는 읽을 수 있었다. 지옥의 강에서 나온 검은 독이 그녀의 마음을 온통 휘감는 것 같았다. 텔레마코스는 겁이 나기 시작했다. 칼립소는 텔레마코스의 두려움을 읽을 수가 있었다 (질투가 가득한 사랑의 힘으로 보지 못할 비밀이 또 있으랴).

겁이 난 텔레마코스를 보자 칼립소의 분노는 커져만 갔다. 트라케 산맥까지 메아리가 칠 정도로 고래고래 소리를 지르는 술주정뱅이마냥 칼립소는 악을 쓰며 님프들을 부르기 시작했다. 투창을 손에 들고 숲을 뛰며 자신을 따르지 않는 님프는 모조리 다 찔러죽이겠다고 으름장을 놓았다. 무리를 지은 님프들은 두려움에 떨며 칼립소의 뒤를 따라 뛰기 시작했다. 유카리스도 눈물을 흘리며 칼립소를 따랐다. 텔레마코스에게는 말 한마디 못하고 그에게서 멀어져만 갔다. 칼립소는 자신을 따르는 유카리스를 보자 더욱더 화가 치밀었다. 복종하는 모습을 보고 진정이 되기는커녕, 비탄함에 더 아름다워 보이는 그녀를 보고 분노를 참을 수가 없었다.

멘토와 둘만 남게 된 텔레마코스는 그의 무릎에 입을 맞췄다(그를 똑바로 쳐다볼 수도, 다른 곳에 입을 맞출 수도 없었기 때문이었다). 텔레마코스는 눈물을 쏟아내며 다시는 그러지 않겠노라고 말을 하고 싶었으나 목소리가 나오지 않았다. 뭐라 할 말도 찾을 수가 없었다. 이제 무엇을 해야 할지, 무엇을 하고 싶은지조차 알 수가 없었다. 결국 입이 터진 텔레마코스가 울부짖으며 말했다.

"멘토, 당신이 나의 진정한 아버지입니다. 이 악으로부터 나를 구해주세요! 그대를 따를 수도, 그렇다고 그대를 버릴 수도 없습니다. 고통으로부터 나를 해방시켜주세요. 나 자신에게서 나를 구해주세요. 나를 죽이십시오!"

멘토는 텔레마코스를 껴안고 위로했다. 용기를 북돋아주며 자기 자신을 이겨내는 방법을 가르치기도 했다. 그러나 그의 열정에 대해서는 이렇다 할 말을 하지 않았다.

"율리시스의 아들 텔레마코스, 신들이 사랑한 텔레마코스, 신들이 그대를 사랑하기 때문에 이런 고통도 주는 것입니다. 자신의 나약함을 모르고 열정의 무서움도 모르는 자는 지혜를 얻을 수가 없는 법이에요. 자기 자신을 모르고, 자신을 이겨내는 법을 모르니 그럴 수밖에요. 신들은 직접 그대를 데리고 심연의 언저리까지 갔지요. 그러나 그곳에 그대를 빠뜨리지는 않았답니다. 겪어보지 않았으면 결코 알 수 없었던 교훈을 이제는 이해하시겠어요? 사랑의 배신이 어떤 건지 말해줄 수 있었겠지요. 달콤한 겉모습 속에 얼마나 쓴 고통을 숨기고 있는지 얘기는 해줄 수 있었겠지요. 귀엽고 착해 보였던 아이가 나타났어요. 늘 웃으며 행복을 전해주는 그 아이가요. 그대도 그 아이를 보셨지요? 바로 그 아이가 당신의 마음을 빼앗아갔어요. 그대는 또 아이가 마음을 빼앗아가도록 그냥 보고만 있었지요. 그리고 당신은 가슴에 난 상처를 모른 척할 변명만 찾기 시작했어요. 나를 속이려 들고, 당신 자신을 기만하기 시작한 거예요. 그 무엇도 두려울 게 없었죠. 그런 무모함이 어떤 결과를 낳았는지 보셨습니까? 이제 와서 죽여 달라고 하지 않으십니까? 유일하게 남은 희망이라고는 당신의 목숨밖에 없는 상황에서 말이에요! 화가 난 칼립소는 분노의 여신으로 둔갑했어요. 유카리스는 죽음의 고통보다 더 무섭고 비열한 불을 질렀고요. 질투에 눈이 먼 저 님프들은 서로를 죽일 준비가 되어 있어요. 보십시오, 이게 다 저 큐피드의 짓입니다. 상냥하고 착해만 보였던 그 아이의 짓이란 말입니다!

이제 용기를 되찾으셔야 할 때입니다. 신들이 당신을 얼마나 사랑하는지 기억하십시오. 큐피드의 손아귀에서 벗어나 조국을 다시 볼 기회를 또 한 번 주셨으니까요. 칼립소마저도 그대를 이 섬에서 내쫓을 수밖에 없는 상황입니다. 배도 준비되어 있어요. 그러니 뭘 망설입니까, 곧은 영혼이 살 수 없는 이 섬에서 어서 빠져나갑시다!"

멘토는 텔레마코스의 손을 잡고 해변으로 향했다. 텔레마코스는 마지못해 그의 손에 이끌려가며 계속해서 뒤쪽으로 시선을 돌렸다. 그는 점점 멀어져가는 유카리스에 대한 생각뿐이었다. 유카리스의 얼굴을 볼 수 없으니 그녀의 아름다운 머릿결, 하늘거리는 드레스, 우아한 발걸음이라도 놓치고 싶지 않았다. 그녀가 지나간 발자국 위에 키스라도 하고픈 심정이었다. 더이상 유카리스가 보이지 않자 그녀의 목소리라도 듣고 싶어졌다. 눈에 보이지는 않지만 유카리스가 꼭 옆에 있는 것만 같았다. 텔레마코스의 눈앞으로 살아 있는 것 같은 유카리스의 모습이 그려졌다. 그녀와 이야기도 나눌 수 있을 것 같았다. 텔레마코스는 자신이 지금 어디에 있는지도 몰랐고, 멘토의 말도 귀에 들어오지 않았다. 잠에서 깬 것처럼 제정신을 차린 텔레마코스가 멘토에게 말했다.

"멘토를 따라가기로 마음을 먹었습니다. 하지만 아직 유카리스에게 작별 인사도 하지 못했어요. 이토록 무심하게 그녀를 떠나느니 차라리 죽음을 택하겠습니다. 마지막으로 그녀를 보고 인사를 할 때까지만 기다려주세요. 이 말 한 마디는 꼭 해야 합니다. 이런 나를 이해해 주세요. '나의 행복에 질투를 느낀 비열한 신들 때문에 나는 떠나야만 합니다. 하지만 당신을 늘 기억할 거예요. 그러지 못한다면 차라리 죽는 게 나을 겁니다!'라고 말할 거예요. 멘토, 제발 나의 마지막 부탁을 들어주세요. 그럴 수 없다면 바로 이 자리에서 내 목숨을 앗아가주십시오. 더이상 내 가슴속에 사랑은 없습니다. 그저 유카리스에 대한 우정과 고마움만 남아 있어요. 마지막으로 작별을 고할 수만 있다면 더이상 지체하지 않고 이 섬을 떠나겠어요."

그러자 멘토가 대답했다.

"텔레마코스, 당신은 정말 가여운 사람입니다. 열정이 너무 강해 그걸 느끼지조차 못하고 있어요. 이제 다 끝났다고 생각합니까? 그래서 죽음을 달라고요? 사랑의 열정에서는 벗어났다고 하면서 당신이 사랑한 그 님프를 떠날 수는 없단 말입니까? 오직 그녀만 보고, 오직 그녀의 얘기만을 듣고 있군요! 그 외의 것에는 장님이 따로 없고 귀머거리가 따로 없습니다. 고열에 시달리는 환자는 이렇게 말하죠, 자기는 아픈 것이 아니라고요. 눈이 먼 텔레마코스, 그대는 어머니인 페넬로페까지 저버리려 했어요. 당신을 기다리고 있는 그 어머니를요. 율리시스는 또 어떻습니까? 그대가 다스리게 될 이타케에서 다시 만날 아버지는요? 당신이 받게 될 영광과 그대만을 위해 신들이 준비해놓은 고귀한 운명은 또 어떻고요! 그런데 유카리스와 함께 욕보이는 삶이나 살자고 이 모든 걸 포기하고 잊는단 말입니까? 사랑 때문에 유카리스를 포기하지 못하는 거라고 말은 못하겠다 이겁니까?

그럼 그대가 괴로워하는 이유는 무엇 때문입니까? 왜 죽으려고 합니까? 칼립소 앞에서 그렇게 광분하며 한 얘기는 어떻게 받아들이란 말씀입니까? 그릇된 마음을 가진 것에 대해 그대를 탓하는 게 아닙니다. 그러나 열정에 눈이 먼 모습은 참을 수가 없습니다! 어서 피하십시오, 텔레마코스! 도망을 가야만 사랑을 피할 수가 있습니다. 그런 적에 맞서는 진정한 용기란 사랑을 두려워하고 피하는 것입니다. 더이상 생각하지도 않고, 뒤를 돌아보지도 않고 그렇게 떠나는 것입니다!

어린 시절부터 내가 얼마나 극진히 그대를 돌봤는지 잊었습니까? 내 조언에 따라 위험에서 빠져나왔다는 것을 잊었습니까? 다시 한번 나를 믿든지 내가 그대를 포기하도록 놔두든지 둘 중 하나를 택하십시오. 나쁜 길로 빠지는 그대를 보고 있는 것이 나에게는 얼마나 큰 아픔인지 아십니까? 그대에게 아무 말도 않는 동안 얼마나 괴로워했는지 알기나 합니까? 그건 아이를 낳는 고통보다 더 심한 고통이었을 겁니다. 나는 입을 꾹 다물고 침묵을 지켰지요. 그렇게 속으로만 아픔을 삭혔습니다. 언젠가는 나에게 돌아올 거라 생각하며 한숨까지 참아내었어요. 내 사랑하는 아들 텔레마코스, 그러니 이제 내 상처를 치료하세요. 내 자신보다 더 소중한 그대를 다시 찾을 수 있도록 도와주세요. 나에게 잃어버린 텔레마코스를 돌려주세요. 다시 예전의 텔레마코스로 돌아오세요! 지혜와 이성이 사랑을 이겨낼 수만 있다면, 그때 나는 다시 행복해질 것입니다. 그러나 그대가 이성은 무시한 채 사랑에 빠져들어 허우적거린다면 이 멘토는 더이상 살 수 없을 것입니다."

이 말을 하며 멘토는 계속해서 바다 쪽으로 걸어갔다. 스스로 멘토를 따르기엔 너무나 허약해진 텔레마코스도 이렇다 할 저항 없이 멘토가 이끄는 대로 발걸음을 옮겼다. 멘토의 얼굴을 한 미네르바가 보이지 않는 방패로 텔레마코스를 보호하고 있었고, 그의 주변으로 신성한 빛을 쏟아내고 있었다. 그리고 칼립소의 섬으로 들어온 이후 한 번도 느껴보지 못한 용기를 그의 마음속에 심어주었다. 그러는 동안 두 사람은 급경사가 진 기슭에 도착했다. 부글거리는 파도가 끊임없이 부딪치는 바위 위였다. 그곳에 오른 두 사람은 멘토가 준비한 배가 아직도 그 자리에 남아 있는지 살펴보기로 했다. 그러나 그들의 눈에 들어온 것은 슬프기 짝이 없는 광경이었다.

귀여운 자신의 모습에 어떤 동요도 없고, 게다가 이제는 텔레마코스를 빼앗아가려는 멘토에게 화가 날대로 난 큐피드는 눈물을 참을 수 없었다. 그런 큐피드가 숲속을 떠돌아다니는 칼립소를 찾아갔다. 여신은 그를 보기가 두려웠다. 또 한 번 가슴의 상처를 후벼낼 것 같았기 때문이었다. 큐피드가 말했다.

"당신은 여신입니다. 그런데 고작 한 인간에게 당하고만 있을 거예요? 그것도 당신의 섬에 잡혀 있는 인간인데요? 왜 보내려고 하십니까?"

칼립소가 대답했다.

"가여운 사랑의 신 큐피드, 더이상 너의 말은 듣고 싶지가 않다. 나에게서 감미롭고 평화롭던 삶을 빼앗아간 것은 바로 너야! 그래서 불행의 심연에 빠지게 만들었지. 이미 그렇게 된 걸 바꿀 수는 없지. 난 스틱스를 걸고 다짐했다. 텔레마코스를 보내주기로 말이야.

신들의 아버지인 주피터마저도 이 맹세를 저버리진 못할 것이야. 텔레마코스는 이 섬에서 떠난다. 그러니 너도 떠나라! 너는 텔레마코스보다 더 큰 상처를 나에게 줬구나!"

큐피드는 눈물을 닦으며 비열한 웃음을 지었다.

"저런, 저런! 정말 당황스럽겠어요! 이 문제는 내가 처리하죠. 당신은 그저 당신이 한 맹세를 따르세요. 텔레마코스가 떠나도록 그냥 두세요. 텔레마코스를 떠나보내겠다고 스틱스를 걸고 맹세한 건 당신의 님프도 나도 아니에요. 그러니 내가 님프들을 시켜 그의 배에 불을 지르도록 하겠어요. 멘토가 그렇게도 열심히 만든 저 배를 불태우라고 하겠어요. 모두를 깜짝 놀라게 한 멘토의 노력이 물거품이 되겠죠? 배가 없어진 걸 보고는 꽤나 놀랄 거예요. 그러면 더 이상 텔레마코스를 데려갈 방법도 없게 되는 거죠!"

그럴듯한 큐피드의 말을 들으니 칼립소의 가슴속에서 희망이 되살아나는 것 같았다. 한여름 열기에 지친 동물들이 냇가로 불어온 산들바람에 기운을 찾듯, 큐피드의 말을 들은 칼립소의 절망은 조금씩 사그라졌다. 그녀의 얼굴은 다시 안정을 찾고 눈빛도 예전처럼 온화해졌다. 마음속을 갉아먹던 어두운 걱정도 저 멀리로 사라져버렸다. 발걸음을 멈춘 칼립소는 미소를 지으며 큐피드에게 고마운 마음을 전했다. 그럼으로써 또 다른 고통을 준비하고 있었던 것이다.

칼립소를 설득하는 데 성공한 큐피드는 굶주린 늑대를 피해 도망가다가 목동에게서 멀어진 양 떼처럼 산속 깊은 곳에서 길을 잃은 님프들을 찾아가기로 했다. 이번에는 님프들을 섭렵할 차례였기 때문이다. 큐피드는 님프를 한 자리에 모아놓고 이렇게 말했다.

"텔레마코스는 아직도 그대들의 손에 달려 있습니다. 무엄한 멘토가 도망을 계획하며 만든 배를 불태워버리세요!"

님프들은 곧 횃불을 들고 해변으로 달려갔다. 소리를 지르고 온몸을 떨며 헝클어진 머리를 흔들어댔다. 훨훨 타오르는 불꽃에 마른 나무로 만든 배는 꼼짝없이 당할 수밖에 없었다. 연기 소용돌이가 구름 사이로 퍼져만 갔다. 텔레마코스와 멘토는 바위에 올라 그 장면을 지켜보았다. 님프들의 함성이 그곳까지 들려왔다. 배가 불타는 것을 본 텔레마코스는 기분이 좋아졌다. 아직 그는 열정으로부터 완전히 자유로워지지 않았기 때문이었다. 그의 사랑은 제대로 꺼지지 않는 불과도 같았다. 가끔 재 밑으로 환한 불꽃을 피워내는 불과도 같다고 멘토는 생각했다. 이때 텔레마코스가 입을 열었다.

"또 다시 제자리로 돌아왔네요. 이젠 섬을 떠날 희망이 없어졌어요!"

텔레마코스가 또 다시 나약해질 것이라는 걸 멘토는 잘 알고 있었다. 더이상 시간을 끌어서는 안 될 일이었다. 그때 저 멀리 배 한 척이 보였다. 칼립소의 섬에는 인간이 들어갈 수 없다는 걸 안 선원들이 차마 가까이 오지 못하고 멈춰 있는 것이었다. 멘토는 바위 끝에 앉아 있던 텔레마코스를 바다로 던져놓고 자신도 물로 뛰어들었다. 갑작스럽게 떨어진 텔레마코스는 쓰디쓴 바닷물을 마시고 파도에 쓸려갔다. 그러나 곧 정신을 차린 그는 자신을 향해 내민 멘토의 손을 잡고 헤엄치기 시작했다. 이제는 저 위험한 섬에서 멀어져야겠다는 생각뿐이었다.

텔레마코스를 다시 잡을 수 있으리라 생각했던 님프들은 고통스럽게 소리를 지르기 시작했다. 멀어져가는 그를 잡을 수 없었기 때문이다. 슬픔에 잠긴 칼립소도 동굴 속으로 들어가 울부짖었다. 이길 줄만 알았던 게임에서 수치스러운 패배를 맛본 큐피드는 어머니가 기다리는 이달리 숲 위로 날아갔다. 비열하기만 한 이 사랑의 신은 그가 저질러 놓은 악의 구렁텅이를 보며 깔깔대고 웃음을 터뜨렸다. 텔레마코스는 섬에서 멀어질수록 용기가 생기고 정의로운 마음이 드는 것 같았다. 그는 멘토를 향해 소리쳤다.

"멘토가 말했던 것이 이제 뭔지 알겠어요. 경험 부족으로 예전에는 미처 몰랐어요. 바로 쾌락이란 거기서 도망치지 않으면 빠져나올 수 없다는 말이죠! 신들이 나를 정말 사랑하나 봐요. 나를 구해낼 멘토를 주셨으니까요. 나는 정말 그럴 자격이 없었어요. 홀로 남아 모든 고통을 견뎠어야 했는데 말이에요! 더이상 바다도 폭풍도 두렵지 않아요. 내가 두려워하는 건 오로지 그릇된 열정뿐이에요. 난파를 당하는 것보다 더 무서운 것이 사랑이었어요!"

멘토의 조언

① 열정에 눈이 멀면 그것을 지속시킬 핑계거리만 찾게 되고 어떻게든 불리한 것은 피해가려고만 한다.

② 자신의 나약함을 모르고 열정의 무서움도 모르는 자는 지혜를 얻을 수 없다.

제7장

정의와 이성을 가진 자,
만물을 지배하리라

이성은 금욕적인 것도 아니요, 여기저기 빼며 얌전히 있어야만 가능한

것도 아니에요. 진정한 기쁨을 주는 것이 바로 이성이에요. 순수한

기쁨이 오래 지속될 수 있도록 양념을 쳐주는 것이 바로 이성이랍니다.

텔레마코스와 멘토는 멈춰 있는 배를 향해 헤엄쳐 갔다. 그 배는 에페이로스를 향하던 페니키아인들의 배였다. 배에 타고 있던 페니키아인들은 이미 이집트로 가는 여행 중에 보았던 텔레마코스를 알고 있었다. 하지만 바다 한가운데서 힘겹게 헤엄치는 그를 보고 그게 텔레마코스인지는 알아볼 수가 없었다. 드디어 멘토가 배 가까이까지 갔고, 물 위로 고개를 내밀고는 힘껏 소리쳤다.

"페니키아에서 온 사람들이십니까? 다른 나라에 늘 도움이 되어 주는 나라가 아니겠습니까! 이렇게 여러분의 손길을 기다리는 두 사람이 있습니다. 신을 존경하는 분들이라면 우리를 거둬주십시오. 당신들이 가는 곳이라면 어디든 따라가겠습니다!"

그러자 배에 타고 있던 누군가가 대답했다.

"당연히 기쁜 마음으로 도와드려야지요, 어서 타십시오. 이렇게 불행에 빠져 있는 사람들을 어찌 그냥 지나칠 수 있겠습니까!"

선원들의 도움으로 멘토와 텔레마코스는 배에 오를 수 있었다. 배에 오른 두 사람은 숨이 차서 그 자리에 꼼짝도 않고 누워만 있었다. 장시간 파도와 싸워 헤엄을 친 터라 힘이 고갈된 상태였던 것이다. 시간이 흘러 제대로 숨을 쉴 수 있게 되자 물에 젖어 무거워진 옷을 갈아입었다. 두 사람을 둘러싼 페니키아인들은 멘토와 텔레마코스에게 무슨 일이 벌어졌나 궁금했다. 한 남자가 물었다.

"어떻게 그 섬에 들어가게 되었습니까? 그 섬은 아주 비열한 여신이 장악하고 있는 섬으로, 그 누구도 들어갈 수가 없어요. 가파른 바위로 둘러싸여 있고, 그곳으로는 계속해서 높은 파도가 치는 곳인걸요? 난파를 당하지 않고는 그 섬에 당도할 수도 없지요."

그러자 멘토가 대답했다.

"어쩌다 파도에 쓸려 그곳까지 가게 되었습니다. 우리는 이타케 출신의 그리스인들입니다. 마침 여러분이 가려는 에페이로스 섬 옆에 있는 곳이에요. 아무리 가는 길이라 해도 굳이 이타케에서 멈출 생각이 없다면 그냥 에페이로스까지만 가주세요. 그곳에서 아는 사람에게 부탁해 이타케로 돌아가면 됩니다. 그토록 그리던 조국으로 돌아갈 수 있다니, 그 공을 어찌 다 갚는단 말입니까!"

페니키아인들의 질문에 대답을 한 것은 멘토였다. 텔레마코스는 아무 말도 없이 침묵만 지키고 있었다. 칼립소 섬에서 저지른 잘못 때문에 한층 더 성숙해진 텔레마코스는 말을 아끼고 자신을 조심하고 있었다. 그에게는 항상 현명한 멘토의 조언이 필요했다. 직접 조언을 부탁할 수 없을 때는 적어도 멘토의 눈을 보며 그의 생각을 읽어내려 했다.

텔레마코스를 지켜보던 페니키아인은 어디서 많이 본 사람이라는 생각을 했다. 하지만 어디서 봤는지, 어떤 상황에서 그를 만났는지 도통 기억이 나지 않았다. 결국 그는 텔레마코스에게 직접 물어보기로 했다.

"혹시 저를 본 적이 없습니까? 어디선가 그대를 본 것 같은데 기억이 나야 말이죠. 분명 본 적은 있는데 어디서 봤는지를 알 수가 없습니다. 혹시 저를 기억하신다면 말씀을 좀 해주십시오."

텔레마코스는 한편 기쁘기도 하고 또 한편 놀라기도 하여 이렇게 대답했다.

"당신을 보고 저도 똑같은 생각을 했습니다. 분명 본 적이 있는데 어디서 봤는지 기억이 나지 않아요. 이집트였나요, 아니면 티레였나요?"

그러자 아침이 되어 지난 밤 꿈이 어렴풋이 기억나는 것처럼 남자가 소리를 치며 말했다.

"텔레마코스, 그대는 텔레마코스가 아닙니까! 이집트에서 돌아오는 중에 나르발을 만났었죠? 제가 바로 그의 동생입니다. 나르발이 제 얘기를 많이 하지 않던가요? 이집트에서 떠나고 형의 손에 두 분을 맡겼죠. 헤라클레스 동산 너머의 베티카로 갔어야 했거든요. 그래서 아주 잠깐 그대를 본 것뿐이에요. 그러니 한번에 알아보지 못한 것도 어쩌면 당연한 일입니다."

텔레마코스가 대답했다.

"네, 그렇네요. 그러고 보니 아도암이 맞네요! 저도 잠깐 당신을 본 것이 그만이에요. 하지만 나르발과 이야기를 나누는 걸 봤어요. 나에게는 정말 소중한 인연인 것을, 그대에게서 그분의 소식을 전해 듣게 되다니요! 이렇게 기쁜 일이 또 있겠습니까. 나르발은 계속 티레에 머물고 있나요? 늘 의심하고 비열하기까지한 피그말리온 밑에서 괴로운 나날을 보내지는 않습니까?"

그러자 아도암이 텔레마코스의 말을 끊으며 대답했다.

"텔레마코스, 이렇게 그대를 보호해줄 수 있는 사람의 손에 맡겨진 것도 운명인가 봅니다. 에페이로스로 가기 전에 두 분을 이타케까지 모셔다 드리지요. 나 역시 그대들에게 나르발의 우정만큼 돈독한 정을 보여드리겠어요."

마침 기다리던 바람이 불어왔다. 닻을 올리고 돛을 단 배는 파도를 가르며 움직이기 시작했다. 그러자 아도암은 사람들의 시선이 닿지 않는 곳으로 텔레마코스와 멘토를 데려갔다. 그리고 텔레마코스를 보며 이렇게 말했다.

"이제 텔레마코스 당신의 궁금증을 풀어드릴 수 있겠네요. 피그말리온은 죽었습니다. 정의로운 신들이 그들의 목숨을 앗아갔어요. 피그말리온이 그 누구도 믿지 않았듯, 그 누구도 피그말리온을 믿지 않았어요. 착한 사람들은 그의 사악함을 피해 도망가려고 했죠. 굳이 피그말리온을 해칠 생각도 하지 않았어요. 하지만 사악한 인간들의 생각은 달랐어요. 피그말리온을 없애야만 자신들이 살아갈 수 있다고 생각한 거죠.

티레인이라면 누구나 혹시라도 왕의 의심을 받지 않을까 하며 단 하루도 편하게 살 수 없었어요. 하다못해 피그말리온을 지키는 병사들도 위험에 처해 있었지요. 어차피 자신의 목숨은 그들의 손에 달려 있다고 생각한 피그말리온이 그 누구보다 자신의 병사들을 두려워했으니까요. 조금이라도 의심이 가면 그의 안전을 위해 바로 처단해버렸어요. 그런 식으로 자신의 안전을 찾으니 결코 안심할 수가 없었죠. 피그말리온의 안전을 위해 고용된 사람들은 계속되는 의심으로 늘 고통을 받았어요. 결국 그를 죽이는 것만이 왕의 의심으로부터 벗어날 수 있다는 결론에 이르게 된 거예요.

이미 얘기를 들어서 아시겠지만, 악독하기 그지없는 아스타르베가 왕의 죽음을 제일 먼저 결정한 장본인이었죠. 아스타르베는 조아자르라 불리는 젊은 갑부에게 흠뻑 빠져 있었어요. 조아자르가 왕의 자리에 오르길 바랐죠. 그래서 피그말리온에게 왕위를 이을 장남인 파다엘이 그를 상대로 계략을 꾸미고 있다고 말했어요. 피그말리온은 아무런 죄도 없는 아들을 죽였답니다. 둘째 아들인 발레아자르는 그리스의 과학과 문명을 배워야 한다는 핑계로 사모스로 보내버렸고요. 이 또한 아스타르베의 짓이었죠. 피그말리온에게 둘째 아들도 멀리하라고 시킨 거예요. 불만을 품은 자들과 손을 잡을까 두려웠던 거죠. 이 잔인한 아스타르베는 그 둘째 아들이 탄 뱃사람들까지도 다 섭렵했어요. 그래서 밤이 깊어지자 일부러 난파를 일으켰죠. 선원들은 이미 그들을 기다리고 있는 배까지 헤엄쳐 갔고, 피그말리온의 둘째 아들은 바다 속에서 죽음을 맞도록 놔두었어요.

아스타르베의 연인들에 대해 모르는 것은 피그말리온뿐이었어요. 그는 아스타르베가 자신만을 사랑한다고 굳게 믿었거든요. 그렇게 의심이 많은 왕이었는데도 사랑에 눈이 멀어 악독한 여자의 말이라면 다 믿는 거예요. 지나칠 정도로 사랑에 눈이 멀었던 거예요. 왕이 조아자르를 노린 건 다른 이유 때문이었어요. 바로 그의 돈이 탐이 났기 때문이죠. 그의 돈을 모두 빼앗길 바랐어요.

피그말리온이 의심과 사랑과 돈에 눈이 멀어 있는 동안 아스타르베는 호시탐탐 그를 죽일 기회만 노리고 있었어요. 왕이 조아자르를 노린다는 걸 알게 된 아스타르베는 자신이 몰래 사랑하는 남자라서 그런 것이 아닐까 생각했어요. 하긴 오직 돈 때문이라도 얼마든지 조아자르를 죽일 수 있는 게 피그말리온이란 것도 알았지요. 아스타르베에게는 더이상 머뭇거릴 시간이 없었어요. 마침 궁전의 주요 병사들이 왕을 죽일 준비가 되어 있다는 걸 알았죠. 하루가 멀다 하고 공모를 꾸미는 사람들이었거든요. 하지만 아스타르베는 그들에게 자신의 음모를 밝히지 않았어요. 혹시라도 배신을 당할까 두려웠거든요. 그래서 혼자 결심을 했죠, 왕을 독살하기로요.

피그말리온은 아스타르베와 함께 식사를 하곤 했어요. 물론 모든 음식은 왕이 스스로 준비했죠. 그 누구에게도 맡기지 못하고 자기가 직접 음식 준비를 했어요. 궁전의 가장 구석진 곳에 숨어들어가 아무도 보지 못하는 곳에서 혼자 요리를 했어요. 그러니 맛있는 음식을 먹는 행복을 느낄 수 있었겠어요? 오로지 자신이 직접 준비하고 만든 것만 먹어야 했으니까요. 요리사가 만드는 고기 요리는 물론이고 포도주, 소금, 우유 등 아주 평범한 음식도 그는 거부할 수밖에 없었어요. 자신이 직접 딴 과일, 직접 심고 가꾼 채소만 먹었어요. 물도 궁전 한 곳에서 흐르는 샘물만 마셨는데, 그 샘물이 나는 곳도 열쇠로 굳게 잠가놓았대요.

아무리 아스타르베를 믿는다 하지만 만약을 위해 조금의 대비는 했나 봐요. 식사를 할 때는 무조건 아스타르베가 먼저 먹고 마시도록 했대요. 혹시라도 음식에 독을 타지는 않을까 불안했던 거예요. 왕은 아스타르베가 자기보다 더 오래 사는 것을 바라지 않았죠. 하지만 아스타르베는 한 술 더 떠 해독제를 구하지 않았겠어요? 마침 아스타르베가 사랑한 남자들이 믿고 따르는 노인네가 있었는데, 아스타르베보다 더 고약한 여자였어요. 바로 그 여자에게서 받은 해독제였던 거예요. 그러니 왕을 독살하는 데 아무런 문제가 없었죠.

그럼 지금부터 어떻게 피그말리온을 죽였는지 말씀드리죠. 왕과 아스타르베가 식사를 시작하려던 바로 그때, 아까 말씀드린 고약한 노인네가 문을 두드린 거예요. 사람들이 자기를 죽일까 봐 늘 두려움에 떨던 피그말리온은 너무 놀라 문 쪽으로 달려갔죠. 문이 잘 잠겨 있는지 확인하러 간 거예요. 노인네는 얼른 사라졌고, 왕은 문 앞에서 어쩔 줄을 몰랐어요. 정말 소리가 났는지 아닌지 알 수가 없었어요. 그렇다고 문을 열어 확인할 생각도 못했죠, 무서웠으니까요. 아스타르베는 왕에게 괜찮다고, 걱정 말라고 안심을 시켰어요. 그리고 얼른 식사나 하라고 했죠. 왕이 문 쪽으로 가 있는 동안 이미 음식에 독을 섞었던 거예요. 피그말리온은 늘 그랬듯이 아스타르베에게 먼저 물을 마셔보라고 했어요. 아스타르베는 해독제가 있으니까 물을 마셨어요. 그걸 본 피그말리온도 물을 마셨죠. 그리고 얼마 후 왕이 쓰러지고 만 거예요.

혹시라도 왕이 자신에게 의심을 품을까 두려웠던 아스타르베는 옷을 찢고 머리를 뽑으며 울부짖기 시작했어요. 그리고 죽어가는 왕을 꼭 껴안았어요. 눈물도 펑펑 흘렸죠. 이 여자에게는 눈물을 흘리는 것 정도야 별 것 아니었거든요. 왕은 점점 힘을 잃고 죽어갔어요. 더이상 왕이 살아날 가망이 없고 자신은 이제 위험에서 벗어났다는 걸 알게 되자 여태껏 사랑스럽게 왕을 쓰다듬던 아스타르베는 분노에 찬 여자로 탈바꿈했어요. 왕을 바닥에 쓰러뜨리고 숨을 못 쉬게 했어요. 그리고 왕의 손에서 반지를 빼내고 왕관도 빼앗았어요. 그러더니 그 자리에 조아자르를 불러 모두 그에게 넘겨주었지요.

아스타르베는 자신을 따랐던 모든 이들이 그녀의 열정을 인정하고 조아자르를 왕위에 오르도록 할 거라고 굳게 믿었어요. 하지만 그녀에게 잘보이려고 온갖 아첨을 떨었던 이들은 아주 저질이었죠. 돈이면 뭐라도 할 사람들이었어요. 그러니 진정한 의리가 뭔지 모르는 사람들이었죠. 게다가 또 얼마나 비겁한지 아스타르베에 반기를 들 만한 사람들을 두려워하기 시작한 거예요. 하지만 그들은 엉큼하고 타락한 아스타르베의 비열함과 거만함, 그리고 그녀의 능력이 더 무서웠어요. 결국 자신의 안전을 위해 그녀가 죽어주길 바랐던 거예요.

궁전은 그야말로 요란법석 그 자체였어요. 여기저기서 사람들이 소리쳤죠, '왕이 죽었다!' 어떤 이는 두려워하고, 또 어떤 이는 무기를 들었어요. 뭘 어찌해야 할지는 몰랐지만 왕의 죽음이 그들에게는 희소식이었어요. 티레의 대도시마다 이 소식이 전해졌어요. 티레인이라면 그 누구도 왕을 위해 눈물을 흘릴 이가 없었지요. 왕의 죽음은 백성들에게 위로가 되었어요. 말 그대로 해방이었던 거예요.

하지만 나르발은 달랐습니다. 이 충격적인 소식을 들은 그는 모든 걸 떠나서 왕의 불행을 안타까워했어요. 고약한 아스타르베의 손아귀에 들어간 왕의 어리석음, 진정한 왕의 의무를 수행하기 위해 백성들의 좋은 아버지가 되기보다는 괴물 같은 폭군으로 변한 피그말리온의 불행을 슬퍼했어요. 나르발은 무엇보다 조국의 안녕을 걱정했어요. 그래서 아스타르베에게 대항할 자들을 불러 모으기 시작했죠. 아스타르베가 권력을 쥔다면 피그말리온 밑에서 살 때보다 더 불행해질 것이 불 보듯 뻔했으니까요.

나르발은 발레아자르가 바다에 빠져 죽은 게 아니라는 걸 알고 있었어요. 사람들은 정말 발레아자르가 죽었다고 믿고 아스타르베에게 고했었죠. 하지만 헤엄쳐 나온 발레아자르는 크레타 어부들의 도움으로 목숨을 구할 수 있었어요. 그는 다시 아버지의 왕국으로 돌아가려하지 않았죠. 이 모든 게 자신을 죽이려는 계획이었다는 걸 알았어요. 아버지인 피그말리온의 질투만큼이나 아스타르베의 계략이 두려웠어요. 크레타 어부들은 시리아의 어느 해변에 그를 내려주었어요. 그래서 발레아자르는 오랫동안 그 해변을 돌아다니며 살았어요. 물론 변장을 한 채로요. 살아남기 위해 양 떼를 몰기도 했지요. 그러다 드디어 나르발에게 자신이 살아 있다는 소식을 전할 수가 있게 되었어요. 덕망 높은 사람에게는 자신의 비밀과 목숨을 맡겨도 될 거라고 생각했던 거죠. 피그말리온에게 온갖 고통을 당했던 나르발이지만 발레아사르는 다르게 대했어요. 그래서 발레아자르가 또 다시 위험에 빠지지 않도록 보호하기로 했죠. 그렇다고 발레아자르가 피그말리온에 대해 악감정을 갖도록 내버려두지는 않았답니다. 어쨌든 아버지에게 해야 할 도리는 다 하도록 했죠. 그리고 발레아자르에게 주어진 모진 운명을 이겨내도록 했어요. 발레아자르가 나르발에게 말했어요.

'내가 다시 조국으로 돌아가도 될 때가 오면 금반지를 보내주세요. 그럼 다시 내 나라로 가도 된다는 신호로 알고 이곳을 떠나겠습니다.'

나르발은 피그말리온이 살아 있는 한 발레아자르를 다시 부르면 안 된다고 생각했어요. 그랬다가는 왕자의 목숨뿐만 아니라 자신의 목숨도 위태로워질 것이 뻔했으니까요. 그러다 온갖 죄를 일삼았던 피그말리온이 비참한 최후를 맞았고, 나르발은 얼른 발레아자르에게 금반지를 보냈어요. 그리고 왕자는 다음 왕위를 이을 사람을 찾느라 혼란에 빠진 그 시기에 티레에 도착하게 됩니다. 티레의 중직에 있던 사람들은 물론이고 일반 백성들까지 발레아자르를 한눈에 알아보았어요. 그는 모두의 사랑을 받았던 왕자였거든요. 죽은 왕에 대한 존경에서 나온 사랑이 아니에요. 피그말리온은 세상의 증오를 한몸에 받았던 왕 아니겠어요? 사람들이 발레아자르를 좋아한 이유는 그의 온유함과 절제력 때문이었지요. 게다가 오랜 고생을 한 터라 그의 장점이 더욱더 돋보였답니다. 그래서 모든 티레인들은 발레아자르를 더욱더 존경하고 사랑하게 되었어요.

나르발은 각 부족의 족장들뿐 아니라 페니키아 여신의 사제들과 지혜로운 노학자들까지 불러 회의를 소집했습니다. 그들은 모두 발레아자르를 그들의 왕으로, 그들의 선구자로 모시기로 했어요. 백성들 역시 환호성으로 이 결정에 동의를 하였고요.

마침 아스타르베는 그녀가 사랑한 비겁하고 졸렬한 조아자르와 함께 궁전에 숨어 있었어요. 그런 그녀에게까지 백성들의 환호성이 들려왔지요. 피그말리온이 살아 있는 동안 그녀가 쉽게 이용할 수 있었던 사악한 사람들조차 그녀를 버렸어요. 악독한 이들은 또 다른 악독한 이들을 두려워하는 법이죠. 끊임없이 경계하고 잘되는 꼴을 못 본답니다. 부패한 인간들은 그들과 비슷한 사람들이 권력을 남용할 거라는 걸 잘 알죠. 그리고 얼마나 비열하고 폭력적으로 굴지도 잘 알아요. 하지만 이런 고약한 사람들은 오히려 착한 사람들에게는 잘 맞는 법이랍니다. 적어도 착한 사람들에게서는 절제와 이해심을 찾아볼 수 있으니까요. 이제 아스타르베 곁에 남은 이라곤 그녀를 도와 무서운 짓을 했던 몇 명의 사람들밖에 없었어요. 이제 처형을 당할 일만 남은 사람들이었죠.

백성들이 궁전으로 쳐들어갔어요. 아스타르베를 모시던 사악한 이들은 더이상 버터낼 힘이 없었어요. 어떻게든 도망갈 궁리만 했으니까요. 아스타르베는 종으로 변장해 군중 속에 섞여 몸을 피하려고 했지요. 하지만 한 병사가 그녀를 알아보고 바로 체포했어요. 화가 난 백성들에게 온몸이 갈가리 찢길까, 오히려 그녀를 보호할 수밖에 없는 상황이었답니다. 이미 아스타르베는 흙탕물에 질질 끌려가고 있었어요. 그걸 본 나르발은 군중들 속에서 그녀를 구해냈습니다.

아스타르베는 발레아자르에게 할 말이 있다고 했어요. 또 온갖 요염을 떨어 발레아자르의 마음을 훔치려는 계략이었죠. 그래서 마치 자신에게는 발레아자르를 놀라게 할 만한 큰 비밀이 있는 것처럼 보이려고 했어요. 발레아자르는 아스타르베의 이야기를 들어보겠다고 했습니다. 그러자 아스타르베는 아무리 화가 난 사람도 한번에 다 녹여버릴 수 있는 부드럽고 따스한 모습으로 그의 앞에 나타났어요. 온갖 사탕발림으로 발레아자르의 마음을 빼앗으려 했지요. 피그말리온이 얼마나 자기를 사랑했는지를 말했어요. 그것은 사실이고 목숨까지 걸 수 있다고 했죠. 그러더니 신들의 이름을 부르기 시작했어요. 마치 신들을 진심으로 사랑하고 존경했던 것처럼요. 눈물을 흘리며 발레아자르 무릎에 매달렸지요. 그러더니 새로 왕위에 오른 발레아자르에게 충성을 다하는 사람들이 아주 고약하고 조심해야 할 사람들이라며 이간질을 시키는 게 아니겠어요? 우선 나르발에 대한 얘기를 했어요. 나르발은 피그말리온을 죽일 음모를 꾸몄고, 발레아자르를 밀어내고 자기가 왕이 되려고 백성들을 움직였다고 했죠. 그래서 발레아자르를 독살시키려고 했다는 말을 하는 거예요! 정의와 이성을 따르는 티레인들에 대해서도 비슷한 거짓말을 했어요. 피그말리온에게서 봤던 의심과 경계심을 아들인 발레아자르에게도 심어주고 싶었던 거죠. 하지만 발레아자르는 더이상 이 여자의 검고 부패한 마음을 받아들일 수가 없었답니다. 그녀의 말을 끊고 경비병들을 불렀어요. 아스타르베는 곧 감옥으로 끌려갔죠. 그리고 노학자들에게 그녀가 한 모든 짓을 샅샅이 밝혀내라고 했어요.

피그말리온의 물에 독을 탄 것도, 그리고 그를 숨막혀 죽게 한 것도 아스타르베였다는 사실이 밝혀졌어요. 그뿐인가요, 평생 상상도 못할 몹쓸 짓을 했다는 것도 모조리 밝혀졌어요. 그녀는 이제 페니키아 법에 따라 중죄에 대한 처벌을 받을 운명이었죠. 바로, 화형에 처하는 것이었어요. 그것도 작은 불로 조금씩 고통스럽게 타들어가게 하는 거예요. 더이상 희망이 없다는 걸 안 아스타르베는 지옥에서 튀어나온 분노의 화신과도 같았어요. 혹시라도 오랜 고문을 당해야 하는 상황이 닥치면 자살을 하려고 품고 다니던 독약을 마셨어요. 감옥을 지키던 병사들은 아스타르베가 극심한 고통에 힘들어하는 모습을 봤어요. 그래서 그녀를 살리려고 했죠. 하지만 아스타르베는 그냥 죽도록 놔두라고 사정했어요.

사람들은 죽어가는 아스타르베에게 그녀가 그토록 멸시했던 정의로운 신들의 이야기를 들려주었어요. 하지만 괴로워하고 자신의 잘못을 뉘우치긴커녕 거만하고 경멸하는 표정으로 하늘을 쳐다보는 것이 아니겠어요? 마치 신들을 모독하는 것과도 같았죠. 죽어가는 그녀의 얼굴에는 분노와 신들에 대한 모독이 가득했어요. 수많은 남자들을 불행에 빠뜨렸던 천상의 미모를 어디에서도 찾아볼 수 없었죠. 그녀가 갖고 있던 모든 아름다움도 다 사라지고 난 후였어요. 초점 없는 눈은 희번덕거리다가 가끔 무서운 시선을 뿜어내기도 했어요. 입술이 발작을 일으키듯 부르르 떨리는가 하면 갑자기 입을 딱 벌려 무서워 보이기도 했어요. 얼굴은 온통 일그러져 흉했고, 납빛으로 창백해지더니 죽음의 기운이 온몸을 감쌌어요. 결국 아스타르베는 숨을 거뒀습니다. 차마 눈 뜨고는 못 볼 험한 꼴을 하고요. 분명 그녀의 혼은 지옥으로 떨어졌을 거예요. 밑 빠진 독에 물을 붓는 형벌을 받은 다나이드[44], 영원히 도는 벌을 받은 익시온[45], 갈증에 시달리지만 자꾸만 물이 아래로 내려가 마실 수 없는 탄탈로스[46], 계속해서 바위를 굴려야 하는 시지푸스[47], 계속 생겨나는 내장 때문에 독수리의 위협을 받아야 하는 가이아의 아들[48]이 살고 있는 지옥으로 말이에요.

아스트라베로부터 해방된 발레아자르는 신들을 위해 제사를 지냈습니다. 그는 아버지 피그말리온의 정치와는 전혀 다른 방식으로 나라를 다스리기 시작했어요. 우선 부진했던 상업을 다시 일으키기로 했어요. 중요한 일에는 나르발에게 조언을 구하기도 했지요. 그렇다고 그에게 모든 걸 맡기지는 않았답니다. 발레아자르는 스스로 모든 걸 보고 판단하고 결정하기로 했거든요. 여러 사람들에게서 서로 다른 의견을 듣고 그 중에 가장 현명하고 좋은 방법이라고 생각되는 것으로 결정을 내렸어요. 발레아자르는 백성들에게도 사랑받는 왕이었습니다. 사람들의 마음을 얻게 되자 아버지가 비열한 구두쇠로 모았던 것보다 더 많은 재산을 모으게 되었죠. 사람들은 생활에 필요한 것을 제외하고는 모두 왕에게 바쳤거든요. 억지로 뺏는 것보다 훨씬 많은 걸 얻게 되었답니다.

혹시나 목숨이 위험할까 걱정할 필요도 없었어요. 그의 주위에는 항상 그를 보호해주는 백성들의 사랑이 있었으니까요. 백성들은 좋은 왕을 잃을까 두려웠어요. 그래서 그의 목숨을 구하기 위해서라면 당연히 자신의 목숨을 내놓을 준비가 되어 있었죠. 발레아자르는 행복하게 살고 있답니다. 그런 왕을 모시는 백성들도 모두 행복해요. 왕은 백성들에게 너무 큰 짐을 지우는 건 아닐까 노심초사했어요. 백성은 또 왕에게 바치는 것이 모자라진 않은지 걱정했지요. 왕은 모든 백성이 풍요롭게 살도록 했어요. 늘 넘치는 삶이지만 발레아자르의 백성들은 늘 순종하고 겸손하답니다. 원래 이들은 열심히 일을 하는 사람들이거든요. 상업에 집중하고 옛 법을 소중히 여길 줄 아는 사람들이에요. 그리하여 페니키아는 전에 없던 황금기를 맞게 되었답니다. 그렇게 번영할 수 있었던 건 모두 젊은 왕 발레아자르 덕분이에요.

나르발은 이제 발레아자르 왕의 밑에서 일을 하고 있습니다. 만일 형님이 텔레마코스 당신을 만난다면 풍족한 선물로 그대를 기쁘게 해드릴 텐데요! 그대가 조국으로 돌아갈 수 있도록 해줄 수 있다는 게 나르발에게는 얼마나 큰 기쁨이겠습니까! 형님이 기쁜 마음으로 할 일을 제가 하겠습니다. 이타케로 가서 율리시스의 아들을 왕위에 앉히겠습니다! 발레아자르가 티레에서 선한 정치를 하듯, 텔레마코스 그대 역시 이타케에서 좋은 정치를 펼칠 수 있도록 말이에요!"

아도암의 이야기에 매료되었던 텔레마코스는 기쁜 마음으로 그를 껴안았다. 게다가 불행 중에 만난 *그*가 자신에게 보여준 우정에 더욱더 감동을 받은 터였다. 이번에는 아도암이 텔레마코스에게 어떤 연유로 칼립소의 섬에 들어가게 되었는지를 물었다. 텔레마코스는 티레 섬을 떠난 이야기, 키프로스 섬에서의 이야기, 그리고 멘토를 되찾은 이야기까지 다 털어놓았다. 그리고 이어진 크레타 섬에서의 이야기, 이도메네우스가 떠나고 새로운 왕을 뽑기 위해 펼쳐진 여러 경기, 비너스의 분노, 그래서 당한 난파와 칼립소의 영접, 님프를 향한 그녀의 질투, 그리고 페니키아 배를 보자마자 텔레마코스를 바다로 떨어뜨린 멘토의 이야기까지 모두 전했다.

이야기를 나눈 후 아도암은 멘토와 텔레마코스에게 진수성찬을 대접했다. 이보다 더 기쁜 일이 있겠냐며 즐길 수 있는 모든 것을 다 준비했다. 하얀 옷을 입고 머리에 꽃관을 쓴 페니키아 젊은이들이 식사를 준비해주었고, 동방에서 가장 향기롭다는 향을 피웠다. 노를 젓던 선원들의 자리는 이제 피리를 연주하는 사람들로 북적거렸다. 아키토아스라 불리는 이가 리라를 연주하며 노래를 부르기도 했는데, 그의 목소리가 어찌나 아름답던지 신들의 향연에서 들어도 될 만한 실력이었다. 아폴론도 들으면 즐거워할 천상의 목소리였다. 트리톤과 네레이데스[49]는 물론이요 넵투누스에게 복종하는 모든 신성들, 바다괴물들까지 깊은 굴 속에서 나와 배 옆으로 몰려와 그의 선율에 감동했다. 하얀 옷을 차려입은 젊은 페니키아 인들은 외모가 특히 뛰어났는데, 이들이 모여 페니키아 춤, 이집트 춤 그리고 그리스 춤까지 번갈아가며 추기 시작했다. 가끔 나팔 소리가 저 먼 곳의 해안까지 울려 퍼지기도 했다. 밤바다의 고요함과 물 위로 흔들리는 달빛, 별을 뿌려놓은 검고 푸른 하늘까지 가세해 그날의 축제를 더욱더 화려하게 만들었다.

태생이 쾌활하고 예민한 텔레마코스는 축제의 즐거움을 맛볼 수 있었다. 그러나 결코 마음은 내줄 수가 없었다. 젊음이라는 것이 얼마나 쉽게 흥분하고 눈이 멀 수 있는지를 칼립소 섬에서 제대로 깨달은 그였다. 그러니 아주 순수한 즐거움은 물론이요 모든 종류의 기쁨과 쾌락이 그에게는 너무나 두렵게 느껴졌다. 텔레마코스는 멘토를 쳐다보았다. 축제가 주는 즐거움에 대한 멘토의 생각을 그의 얼굴에서, 혹은 그의 시선에서 읽고 싶었던 것이다. 멘토는 텔레마코스가 아주 불편해하고 있다는 걸 알고 있었지만 모르는 척하기로 했다. 하지만 계속되는 텔레마코스의 절제력에 감동을 받아 미소를 지으며 말했다.

"무엇을 두려워하는지 잘 알겠습니다. 그걸 두려워하고 조심한다는 것은 칭찬받아 마땅한 일이에요. 하지만 즐거움을 너무 멀리할 필요도 없답니다. 나는 그 누구보다 텔레마코스가 기쁨을 맛보길 원합니다. 그저 그 기쁨 앞에서 약해지거나 정신을 잃지만 않으면 되는 거랍니다. 휴식이 되어주거나 피로를 풀어주는 기쁨은 그대에게도 필요합니다. 자신을 잃지 않고 절제하며 느끼는 즐거움은 필요하다는 말입니다. 하지만 그 쾌락에 이끌려가서는 안 됩니다. 이성을 잃거나 성난 짐승처럼 자신을 빼앗기는 쾌락이 아닌 절제되고 부드러운 즐거움을 느끼셨으면 좋겠어요.

　지금은 모든 피로로부터 몸과 마음을 쉬게 할 시간입니다. 아도암이 드리는 모든 즐거움을 기꺼이 받아들이세요. 즐기십시오, 텔레마코스. 마음껏 즐기세요. 이성은 금욕적인 것도 아니요, 얌전을 빼며 가만히 있어야만 가능한 것도 아니에요. 진정한 기쁨을 주는 것이 바로 이성이에요. 순수한 기쁨이 오래 지속될 수 있도록 양념을 쳐주는 것이 바로 이성이랍니다. 심각하고 어려운 일에 재미있는 웃음을 섞어줄 수 있는 것도 이성이지요. 일을 통해 즐거움을 얻고, 기쁨을 통해 노동의 피로를 푸는 것도 다 이성 덕분에 가능한 일이에요. 지혜로운 사람은 즐겨야 할 때 즐길 줄 아는 사람입니다. 창피해할 필요가 없어요."

　그러더니 멘토는 리라를 들어 연주를 시작했다. 그 솜씨가 얼마나 뛰어나던지 질투가 난 아키토아스가 자신의 리라를 내려놓을 정도였다. 아키토아스의 눈빛은 불타오르고 놀란 얼굴은 울그락푸르락 했다. 모두 그의 분노와 수치를 느꼈으나 아름다운 멘토의 선율에 마음을 빼앗길 수밖에 없었다. 고요함에 방해가 될까, 혹시라도 천상의 선율을 놓칠까 모두 숨까지 죽였다. 그리고 아름다운 음악이 너무 빨리 끊기지 않길 바랐다. 멘토의 목소리는 여자의 목소리처럼 가녀리진 않았다. 하지만 부드러우면서도 강한 것이 큰 감동을 주는 목소리였다.

멘토는 모든 신과 인간들의 아버지이자 왕인 주피터를 노래했다. 고개 한 번만 까딱해도 세상을 바꿀 수 있는 그의 힘을 노래했다. 그 다음으로는 미네르바의 머릿속에서 나오는 지혜에 대해 노래했다. 미네르바의 몸속에서 만들어내어 순종하는 이들을 가르치는 이성과 지혜에 대해 노래를 불렀다. 경건하면서도 우아한 멘토의 목소리에 빠진 이들은 마치 올림푸스 산에 올라 번개보다 더 강한 눈빛의 주피터와 마주하는 느낌이었다. 그 다음으로는 나르시스의 불행을 노래했다. 자신의 아름다움에 빠져 냇물에 제 모습을 비춰보며 고통 속에서 생을 다해 꽃이 된 나르시스. 마지막으로는 아름다운 아도니스[50]의 슬픈 죽음을 노래했다. 멧돼지에게 찢겨 그를 사랑한 비너스마저 살릴 수 없었던 슬픈 죽음을 노래했다.

멘토의 노래를 들은 이들은 눈물을 참을 수가 없었다. 그렇게 눈물을 흘려내면서 알 수 없는 기쁨까지 느꼈다. 드디어 멘토가 노래를 멈췄고, 놀란 페니키아인들은 서로 얼굴을 쳐다보고만 있었다. 그때 누군가 말했다.

"오르페우스, 오르페우스다! 바로 리라를 가지고 야생의 동물도 길들이고 숲과 바위를 걷어내지 않았는가! 그렇게 케르베로스[51]를 달래고, 익시온과 다나이드의 형벌을 멈추지 않았는가! 에우리디케를 지옥에서 구해내려 저렇게 리라를 연주해 무정한 플루톤을 감동시키지 않았느냔 말이다!"

그러자 또 누군가는 이렇게 말했다.

"아니, 아폴론의 아들 리노스다!"

이 말을 들은 또 누군가는 이렇게 소리쳤다.

"아들이 아니라 아폴론이다! 아폴론이 우리 앞에 나타난 것이다!"

텔레마코스 역시 페니키아인들만큼이나 놀랐다. 멘토가 이렇게 노래를 잘하는지도, 이렇게 연주 실력이 뛰어난지도 몰랐기 때문이었다. 멘토를 향한 질투심을 숨기던 아키토아스가 그에 대한 칭찬을 하기 시작했다. 그러나 아키토아스의 얼굴은 붉어졌고 더이상 아무말도 하지 못했다. 상황을 이해한 멘토는 마치 처음부터 그의 말을 끊으려 했던 것처럼 갑자기 입을 열어 오히려 아키토아스를 칭찬하며 위로의 말을 전했다. 그러나 아무 소용이 없었다. 이미 아키토아스는 멘토가 연주 실력뿐만 아니라 겸손함까지 자신을 뛰어넘는다는 걸 알았기 때문이었다. 텔레마코스가 아도암에게 말했다.

"이집트에서 떠났을 때 베티카로 향한다고 하지 않았던가요? 베티카에 대해서는 좋은 얘기만 들려오죠. 믿을 수 없을 정도로 멋진 나라라고 하더라고요. 정말 그런지 말씀해주실 수 있겠습니까?"

그러자 아도암이 대답했다.

"그 나라에 대한 설명이라면 문제없습니다. 당신의 궁금증을 해소해드리지요. 소문보다 더 굉장한 나라예요."

그리고 아도암은 베티카에 대한 이야기를 이어갔다.

"푸른 하늘 아래, 비옥한 땅으로 이루어진 한 왕국으로 베티스 강이 흐르지요. 별 동요 없이 늘 잔잔하게 흐르는 강이랍니다. 그 나라 이름은 이 강에서 따온 것이에요. 헤라클레스의 언덕 옆을 지나는 강은 바다로 흘러 들어가요. 바로 그곳의 매서운 파도가 아프리카에서 타르시스의 땅을 갈라놓았던 곳이기도 합니다. 베티카는 황금기의 모든 것을 그대로 간직한 곳이에요. 그곳의 겨울은 따뜻합니다. 매서운 북풍이 불지 않는 곳이거든요. 여름이 되면 시원한 바람이 불어와 한낮의 더위를 식혀주죠. 일년 내내 봄과 가을만 계속되는 나라랍니다. 그 나라의 땅은 일년에 두 번이나 풍작을 선물하고, 길 옆으로는 사철 푸르고 꽃이 가득한 나무와 월계수, 석류, 자스민으로 가득합니다. 산은 양 떼들로 가득해요. 그 털로 짠 옷감은 이웃 나라에서도 아주 유명하죠. 이 아름다운 나라에는 금광과 은광도 여러 개나 있답니다. 하지만 소박함 속에서 행복을 느끼는 그 나라 사람들은 금이나 은을 탐하지 않아요. 인간에게 꼭 필요한 것 외에는 별 신경을 쓰지 않는 사람들이죠. 그들을 대상으로 무역을 시작했을 때의 일이었나요? 세상에, 금과 은을 철과 다름없이 쓰고 있더라니까요. 예를 들면 쟁기를 만드는 데 금이나 은을 쓰는 거죠. 외국과 무역을 하지 않았었기 때문에 돈이 필요하지도 않았던 거예요. 대부분의 사람들은 양 떼를 몰거나 밭을 경작하는 게 끝이었답니다. 그러니 기술자들도 없었어요. 인간에게 정말 필요한 것 외에 쓰이는 예술이나 기술은 신경 쓰지 않았어요.

여자들은 양털을 짜서 하얀 천을 만들었지요. 빵을 만들고 음식을 준비했어요. 힘들 일도 없었어요. 어차피 이 나라에서는 과일과 우유가 아니면 다른 음식은 잘 먹지 않으니까요. 고기는 말할 것도 없지요. 양가죽으로는 가족들에게 신길 가벼운 신발을 만들죠. 밀랍을 먹인 가죽과 나무껍질로 천막을 만들기도 했어요. 가족들의 옷을 만들고 깨끗이 빠는 일도 여자들의 몫이죠. 천막은 또 얼마나 깨끗하게 청소하는지 몰라요. 옷을 만드는 일도 별로 힘들 것이 없어요. 그냥 큰 천을 몸에 두르는 것이 끝이거든요. 자유롭게 원하는 대로 두르는 거예요. 땅을 갈거나 양 떼를 모는 일 말고도 남자들은 할 일이 있어요. 바로 나무를 패고 철을 다루는 일이죠. 그렇다고 철을 많이 사용하는 것도 아니에요. 밭을 가는 데 필요한 도구를 만드는 게 끝이니까요. 건축 같은 예술도 이들에게는 소용없는 일이었죠. 이들은 집을 만들지 않거든요. 베티카 사람들은 이렇게 말했어요.

'집을 짓는 것은 땅에 연연한다는 뜻입니다. 그래서 사람들의 삶보다 더 오래 지속될 집을 짓는 거예요. 우리는 바람에만 견딜 수 있는 천막이면 족합니다.'

그리스나 이집트, 혹은 문명이 발달한 나라에서 중요하게 여기는 기술을 이곳 사람들은 무시한답니다. 그게 다 나약함과 허영심에서 비롯된 거라고 생각하니까요. 그들에게 멋진 건축물이며 금과 은으로 된 가구, 금자수와 보석을 박은 옷이며 놀라운 향기를 뿜어내는 향료, 맛있는 음식, 아름다운 선율의 악기에 대한 얘기를 하잖아요? 그럼 그들이 뭐라고 하는지 아십니까?

'스스로를 타락시키는 데 그렇게 많은 노력과 기술을 쏟아붓다니, 정말 가엾은 민족이군요! 그런 사치는 사람들을 나약하게 만들

뿐이에요. 그걸 가진 사람들은 사치에 취하고 정신이 나가죠. 또 못 가진 사람들로 하여금 폭력을 쓰고 부당한 방법으로 그것을 차지하게 종용합니다. 사람들을 나쁘게 만드는 걸 어찌 재산이라고 할 수 있단 말입니까? 그런 나라 사람들은 우리보다 더 튼튼하고 강합니까? 우리보다 더 오래 살아요? 서로 화합도 더 잘 된답니까? 더 자유롭고 온화하며 즐거운 삶을 산대요? 그 반대일걸요? 서로 질투를 일삼고, 흑심에 가득 싸여 있겠죠? 야망과 두려움, 욕심 때문에 괴로워할 거예요. 단순하고 순수한 행복은 모르는 사람들이니까요. 그들의 행복이 달린 일이라고 착각하는 쓸데없는 것들에게 종속된 사람들이니까요!'라고 한답니다.

바로 자연을 공부하며 지혜를 깨달은 현명한 사람들의 말이죠. 그들은 우리의 문화를 싫어한답니다. 하긴 그들의 문화는 단순하고 소박한 삶에 있어 위대하다고 볼 수 있어요. 서로 자신의 땅을 가르며 살 필요도 없는 사람들이죠. 모든 가족에게는 대표가 있고, 그 대표의 뜻에 따라 살아간답니다. 진정한 왕이라고 볼 수 있어요. 아버지는 자식들과 손자들이 잘못했을 때 그들을 벌할 수 있어요. 하지만 벌을 주기 전에 모든 가족 구성원의 의견을 묻는답니다. 솔직히 벌을 줄 일도 별로 없어요. 순수하고 정직하며, 어른들의 말에 복종하고, 쾌락을 두려워하는 이들이니 그럴 수밖에요. 아스트라페가 하늘로 올라갔다고 하죠? 하지만 이곳 어딘가 사람들 틈에 숨어 있는 것 같아요. 베티카 사람들에게는 재판관도 필요가 없어요. 그들의 양심이 곧 재판관이니까요. 모든 재산은 함께 나눈답니다. 나무에서 딴 과일, 땅에서 난 채소, 양에서 얻은 우유까지 모든 것이 다 풍요로운 재산이에요. 하지만 늘 절제할 줄 알고 검소한 사람들에게 이 모든 것은 굳이 나눌 필요도 없답니다.

사람들은 나라 이곳저곳을 유랑하며 살아요. 그때마다 천막을 가지고 다니죠. 그러다 열매가 다 떨어지고 양이 뜯을 풀이 없어지면 다른 곳으로 이동을 합니다. 어느 한 부류를 더 따르고 말고 할 필요도 없어요. 모두 똑같이 서로를 사랑하니 문제가 생길 일이 없지요. 부질없는 부에 대한 경멸과 속기 쉬운 쾌락에 대한 증오가 이들의 평화를 지켜주는 거예요. 서로 화합하고 자유롭게 살게 해주는 요인이기도 하고요.

베티카인들은 모두 자유롭고 모두 동등하답니다. 나이가 들어 자연스럽게 인생의 지혜가 쌓인 늙은이나 젊지만 현명하고 똑똑한 젊은이나 똑같이 다루죠. 남을 기만하거나 폭력을 휘두르는 일, 약속을 위반하거나 싸움이 나거나 전쟁이 일어나는 일들은 모두 신들의 사랑을 받는 이 나라에서는 있을 수 없는 일이에요. 이곳에서는 인간의 피가 흐르지도 않지요. 하다못해 양의 피도 흐르는 일이 거의 없어요. 베티카인들에게 다른 나라에서는 흔히 볼 수 있는 피에 물든 전쟁이나 정복에 대한 이야기를 하잖아요? 그럼 이들은 놀라며 이렇게 말해요.

'뭐라고요? 어차피 죽을 목숨의 인간들인데 그 죽음을 더 재촉하기 위해 서로 싸운다고요? 인생은 너무나 짧아요! 서로를 죽이는 그들에게는 이 삶이 길게만 보이나 봅니다. 서로 상처를 입히고 서

로를 불행하게 만들려고 이 땅에 태어났단 말입니까?'

다른 거대 왕국을 제압하는 정복자들에 대해 존경심을 표하는 우리를 이해하지도 못하죠. 그런 얘기를 하면 또 이렇게 대답합니다.

'뭐라고요? 정의와 이성으로 사람들을 다스리는 게 얼마나 어려운 일인데, 그 어려움을 더하려고 다른 나라까지 정복을 한답니까? 왜 원하지도 않는 사람들을 통치하는 데서 기쁨을 느끼죠? 이미 신들이 착하게 길러놓은 백성들을 다스리는 것, 아니면 자신의 아버지 혹은 지도자와 같이 훌륭하게 되는 것을 꿈꾸는 자들을 다스릴 수 있는 것이 현명한 사람이 원하는 유일한 일일 겁니다. 그런데 강제로 종이 되도록 만드는 가짜 영광을 차지하려 원치도 않는 사람들을 통치한다니요. 그럼 더 비참해지지 않겠습니까? 정복자란 인간에게 화가 난 신들이 왕국을 파괴하고, 사람들을 두려움에 떨게 하고, 온 세상을 비참하게 만들고, 절망을 안겨주고, 자유로운 사람들만큼이나 노예로 사는 사람들의 수를 불리려고 이 땅에 보낸 벌과도 같습니다. 진정한 영광을 바란다면 신이 내려준 백성들을 지혜와 이성으로 다스리는 것으로 충분합니다! 폭력적이고, 부당한 행동을 하고, 자만하며, 남을 속이며, 폭군이 되어야만 칭찬을 받고 우대를 받는다고 생각한답니까? 자신의 자유를 지키기 위해 전쟁을 일으키는 우둔한 짓은 절대 하면 안 됩니다! 그 누군가에게도 종속되지 않고, 또 그 누구도 자신의 종으로 삼으려 하지 않는 사람만이 행복한 사람이에요! 그대들이 존경해 마지않는 정복자들은 철철 넘치는 강과도 같아요. 보기에는 대단해 보이죠? 하지만 가뭄이

들지 않도록 물만 뿌려줘도 될 비옥한 땅에 오히려 큰 피해를 주는 그런 넘치는 강물과도 같습니다.'"

아도암의 자세한 설명을 들은 텔레마코스는 궁금한 것이 점점 더 많아졌다.

"베티카 사람들은 포도주도 마십니까?"

텔레마코스의 질문에 아도암이 대답했다.

"마시지 않으려고 하죠. 하긴 포도주를 만들려고 하지도 않았어요. 포도는 과일로만 먹을 뿐이죠. 베티카의 포도는 그 어느 곳의 포도보다 달고 맛있어요. 하지만 그 포도를 과일로만 먹지 술로 만들 생각은 하지 않는답니다. 술은 인간을 타락하게 만든다고 생각하기 때문이에요. 베티카 사람들은 이렇게 말하죠. '술은 분노를 일으키는 독과도 같습니다. 사람을 죽이지는 않지만 짐승처럼 만들죠. 술이 없으면 건강하게 살 수 있어요. 하지만 술을 마시면 건강을 해칠 뿐만 아니라 좋은 품성마저 잃을 수 있답니다'라고요."

대답을 들은 텔레마코스는 또 다른 질문을 던졌다.

"그곳의 결혼법은 어떤지 알고 싶군요."

그러자 아도암이 대답했다.

"베티카 남자들에게는 딱 한 명의 아내만이 허락됩니다. 살아 있는 동안은 그 아내만을 위해 살아야 하죠. 이곳 남자들에게 명예란 아내에 대한 변함없는 사랑에 달려 있어요. 다른 나라에서는 여자들에게만 정조를 바라는데 이곳에서는 그렇지 않아요. 이들은 그 어떤 민족보다 진실하고 순결을 중요하게 여긴답니다. 베티카의 여자들은 미모가 뛰어나고 친절하기까지 합니다. 하지만 소박하고 겸손하고 일을 열심히 하죠. 이들의 결혼은 별 문제없이 평화롭게 이루어집니다. 남편과 아내는 서로 다른 몸을 갖고 태어났지만 마치한 사람과 다를 바가 없어요. 남편과 아내는 일도 똑같이 나눠서 한답니다. 남편은 바깥일을 담당하고, 아내는 집안일을 담당하죠. 남편의 피로를 덜어주는 것도 아내의 몫이에요. 남편에게 기쁨이 되기 위해 태어난 것과도 같아요. 남편은 아내의 미모 때문이 아니라착한 마음 때문에 그녀를 진심으로 사랑합니다. 그들의 믿음과 사랑은 살아 있는 한 계속되죠. 겸손하고 절제하며 순수하게 살아가는 이들은 별 질병 없이 장수를 합니다. 백 살, 백이십 살이 넘은 노인들도 많아요. 여전히 건강하고 행복하게 산답니다.”

“이제 마지막으로 궁금한 것이 하나 있어요. 베티카 사람들은 이웃 나라와의 전쟁을 어떻게 피하느냐는 것입니다.”

텔레마코스의 질문에 아도암이 대답했다.

“남으로는 바다가, 북으로는 산이 있어 이웃 민족과는 멀리 떨어져 살지요. 자연이 그렇게 만든 겁니다. 그리고 베티카 사람들은 그들의 올곧은 품성 덕분에 이웃 나라의 존경을 받아요. 서로 화합하지 못하는 이웃 민족들은 베티카인들에게 심판을 부탁하기도 한답니다. 싸움이 난 도시나 땅을 이들의 손에 맡기는 것이죠. 베티카는그 어떤 폭력도 휘두른 적이 없기 때문에 그들을 두려워하는 이도없어요. 서로 자기의 땅을 지키려 싸움이 난 왕들의 이야기를 하면베티카 사람들은 깔깔대고 웃는답니다.

'사람들이 살 땅이 없어질까 두려워하는 거랍니까? 다 경작할 수 없을 만큼의 땅이 있는데 왜들 그런답니까? 경작을 못한 빈 땅이 있는 한 남에게 뺏길까 두려워 내 땅을 보호하려는 헛된 짓을 할 필요가 없어요.'

베티카인들은 자만하지도 않고 나서지도 않습니다. 신의를 저버리지도 않고 누군가를 제압하겠다는 마음도 없어요. 그러니 그런 민족을 두려워할 필요가 어디 있겠습니까? 베티카 사람들에게 공격을 당할까 두려워할 필요도 없지요. 그러니 이웃 민족들은 이들을 그냥 놔두는 거예요. 하긴 베티카인들은 누군가의 종이 되느니 나라를 포기하거나 죽음을 택할 것입니다. 다른 사람 위에 군림할 생각조차 하지 않으니 그럴 일도 없는 거예요. 이렇게 베티카는 이웃 나라와의 사이에서 평화를 유지하며 살 수 있는 것이죠."

아도암은 계속해서 페니키아인들이 어떻게 베티카에서 상업을 유지할 수 있었는지까지 설명했다.

"베티카까지 그렇게 멀리서 배를 타고 온 외국인들을 보더니 놀라더군요. 이들은 우리가 가데스 섬에 도시를 짓도록 내버려두었어요. 우리를 기꺼이 집으로 초대하기도 했어요. 자기들이 갖고 있는 것을 나눠주기도 했고요. 그러면서도 뭔가를 바라지도 않더라고요! 그들에게 필요한 만큼을 제외하고는 양모까지 우리에게 주지 뭡니까! 그뿐이 아니에요. 이것저것 많은 것을 나눠주었죠. 꼭 필요한 만큼을 제외한 모든 것은 기꺼이 나눠주는 것이 이들의 미덕이었어요. 금광이며 은광도 우리에게 주더군요. 어차피 그들에게는 필요가 없다면서요. 온갖 고생을 다하면서까지 땅속을 파고들어 뭔가를 찾아내겠다는 건 현명하지 못한 일이라고 생각했어요. 정말 필요한 걸 찾는 것이 아니니 행복하지 않을 거라고 했죠. 그들은 이렇게 말했어요.

'그렇게 깊이 땅을 파지 마세요. 그저 표면을 갈아엎는 것으로 만족하세요. 그러면 삶을 영위하는 데 필요한 먹을 것을 줄 거예요. 금이나 은보다 더 값진 열매를 얻을 겁니다. 인간들이 금이나 은을 원하는 것도 어차피 삶에 필요한 양식을 사기 위한 것이 아니랍니까?'

우리는 베티카인들에게 배를 만들고 다루는 법을 가르치려고 했어요. 그럼 베티카의 젊은이들이 페니키아에 갈 수 있으니까요. 하지만 그들의 자식들이 우리처럼 되는 걸 원치 않더군요.

'우리 아이들도 당신들처럼 굳이 필요하지 않은 것을 꼭 필요하다고 느끼며 더 많은 것을 원하게 될 거예요. 그걸 다 갖고 싶어하겠죠. 나쁜 수를 써가면서까지 다 가지려다 보니 착한 품성까지 다 잃을 것이고요. 우리 아이들은 튼튼한 다리가 있는데 걷지를 않아 늘 병자처럼 업혀 다니는 사람과 다를 바가 없어지겠죠.'

항해술에 대해서는 그 지혜와 정밀함에 경의를 표하곤 했어요. 하지만 그 역시 유해한 기술이라고 생각했죠. 이렇게 말하더군요. '자신들의 나라에 살아가는 데 꼭 필요한 모든 것이 있는데 왜 다른 나라에까지 가려고 하는 거죠? 그러니 난파를 당해도 싸요. 폭풍으로 죽음을 맞아도 싸다고요! 사람들의 열정을 부추기고 장사꾼들의 욕심을 채워주려고 남의 나라에까지 간 사람들이니까요!'라고 말이죠."

아도암의 이야기를 들은 텔레마코스는 힘이 나는 것 같았다. 아직도 이 세상 어딘가에 올곧은 마음으로 현명하고 행복하게 살아가는 사람들이 있다니! 텔레마코스가 말했다.

"더 똑똑하고 현명하다고 믿으나 결국 욕심과 허영으로 가득 찬 사람들에 비하면 베티카인들은 징말 행복하군요. 이들의 단순한 삶이 진정 중요하고 소중하다는 것조차 잊을 정도로 우리는 너무 편하게 살았어요. 이들의 착한 품성과 좋은 풍습은 우리에게 동화처럼만 보이죠. 하지만 반대로 우리의 풍습과 문화는 이들에게 무시무시한 꿈처럼 비칠 뿐이군요!"

멘토의 조언

1 성난 짐승처럼 자신을 빼앗기는 쾌락이 아닌 절제되고 부드러운 즐거움은 필요하다. 지혜로운 사람은 즐겨야 할 때 즐길 줄 아는 사람이다.

2 사치는 사람들을 나약하게 만들고 못 가진 사람들로 하여금 부당한 방법으로 재물을 차지하게 종용한다. 사람들을 나쁘게 만드는 것을 어찌 재산이라고 할 수 있단 말인가?

3 정복자들은 물만 뿌려줘도 될 비옥한 땅에 오히려 큰 피해를 주는 넘치는 강물과도 같다.

제8장

열심히 일하는 자,
강인한 젊음을 유지하리라

왕은 역경을 겪을 때는 몸과 마음이 쉴 틈이 없으니 남들보다 더 빨리 늙는 게 당연해

요. 나라가 번영하고 있다고 해서 다릅니까? 그럴 땐 전쟁보다 더 힘든 나약한 삶에

빠져 늙을 수밖에 없지요. 절제할 수 없는 쾌락보다 더 무서운 게 어디 있겠습니까!

밤이 깊었는지도 모르고 잠까지 잊은 채 텔레마코스와 아도암이 모험이야기를 나누는 동안, 악한 신성이 나타나 그들을 이타케로부터 점점 멀어지게 하고 있었다. 그러니 선장 아카마스의 노고는 그야말로 헛수고일 뿐이었다. 페니키아인들을 사랑하는 넵투누스였지만 폭풍을 일으켜 칼립소의 섬으로 내던졌던 텔레마코스가 살아난 것이 영 못마땅했다. 큐피드뿐만 아니라 모든 쾌락을 이겨낸 텔레마코스가 승승장구하는 꼴을 비너스도 가만두고 볼 리가 없었다. 화가 난 비너스는 시테르, 파포스, 이달리는 물론이요, 자신을 위해 제사를 지내고 영광을 돌리는 키프로스를 뒤로하고 섬을 떠났다. 텔레마코스가 자신을 멸시했던 그 땅에 더이상 머무를 수 없었던 까닭이다. 비너스는 주피터를 둘러싸고 신들이 모여 있는 올림푸스 산으로 올라갔다. 그곳에서는 발 아래로 별이 보이고, 지구는 흙덩이만하며, 태양은 지구를 적시는 물방울 정도로밖에 여겨지지 않았다. 거대하다는 왕국도 흙덩이 위의 모래알 정도로밖에 보이지 않았다. 올림푸스에서 보기에 수많은 사람들과 강하다는 군대는 흙덩이 위의 풀 한 점을 두고 서로 다투는 개미들일 뿐이었다. 나약한 인간들에게는 중요하게만 보이는 일들도 신들에게는 하찮은 어린애 장난처럼 보였다. 인간들이 말하는 위대함, 영광, 힘, 올바른 통치 등도 올림푸스의 신들 앞에서는 약해빠진 일에 불과했다.

주피터는 바로 이 드높은 올림푸스의 왕좌에 앉아 꼼짝을 않고 있었다. 그의 눈은 바다 속 심연을 뚫을 수 있음은 물론이요 꽁꽁 마음을 닫은 이들에게까지 빛을 전할 수 있는 힘을 갖고 있었다. 그는 부드럽고 온화한 시선으로 온 세상에 안정과 기쁨을 가져다주는가 하면, 가볍게 머리만 한 번 흔들어도 하늘과 땅이 흔들리는 큰 힘을 가진 신이었다. 다른 신들조차 주피터의 주위를 둘러싼 영광의 빛 때문에 덜덜 떨며 그를 알현하곤 했다.

마침 모든 신들이 주피터 곁에 있었다. 비너스는 온갖 매력과 미모를 뽐내며 그들 앞에 나타났다. 그녀의 하늘거리는 드레스는 어두운 구름을 뚫고 겁에 질린 사람들에게 나타나 폭풍은 가고 좋은 날이 올 거라 기약하는 무지개의 신이 오색 빛으로 치장하는 것보다 더 찬란하고 화려했다. 비너스는 그 유명한 허리띠[52]로 드레스를 장식했고, 그녀의 머리는 신경 쓰지 않은 듯 그러나 우아하게 금줄로 묶여 있었다. 그곳에 있던 모든 신들은 비너스의 아름다움에 넋을 놓고 말았다. 마치 여태 본 적이 없는 미녀를 보는 듯한 느낌이었다. 긴 밤을 지내고 아침을 맞은 사람들의 눈이 부시듯, 비너스를 보는 신들의 눈이 여간 부신 게 아니었다. 그들은 너무 놀라 서로를 쳐다보기도 했지만 결국 그들의 시선은 비너스에게 모아졌다. 그러나 여신의 눈에서는 눈물이 흘렀고, 그녀의 얼굴은 쓰디쓴 고통으로 가득했다. 비너스는 새가 날아올라 공기를 가르듯 가볍고 우아한 발걸음으로 주피터의 왕좌로 다가갔다. 안타까운 표정으로 여신을 바라보던 주피터는 미소를 지으며 자리에서 일어나 비너스를 끌어안으며 말했다.

"사랑하는 내 딸, 무슨 연유로 이렇게 슬퍼하는 것이오? 그대의 눈물을 보는 나도 가슴이 아픕니다. 아무 걱정도 하지 말고 나에게 솔직히 말하세요. 나의 동정심과 온화함은 그대가 더 잘 알 것이오."

비너스는 부드러운 목소리로 입을 열었다. 그러나 눈물과 숨이 차올라 말을 제대로 이을 수가 없었다.

"신들의 아버지며 인간들의 아버지인 주피터! 모든 것을 알고 계신 당신께서 나에게 무슨 일이 일어났는지 모르신단 말입니까? 미네르바는 트로이의 구석구석까지 다 함락시킨 것으로 만족하지 않았습니다. 자신보다 나의 미모를 더 사랑한 파리스[53]에게 복수하는 것으로 만족하지 않았단 말입니다! 미네르바는 육지며 바다로 율리시스의 아들을 끌고 다니고 있습니다. 트로이를 몰락시킨 비열한 왕의 아들이죠. 바로 텔레마코스를 데리고 다니는 것이 미네르바랍니다! 그러니 지금 이 자리에도 참석하지 못한 것입니다. 나의 심기를 거슬리려 그 무모한 인간을 데리고 키프로스까지 왔었답니다. 텔레마코스는 나의 힘을 경멸했어요. 내 제단에 와서 향을 피우기는커녕 나를 기리는 모든 축제를 무시하고 혐오했어요! 그러고는 모든 쾌락에서 마음을 닫아버렸죠. 나는 그를 벌해달라고 넵투누스에게 부탁했어요. 그래서 넵투누스는 바람을 일으키고 성난 파도를 움직였죠. 하지만 아무 소용이 없었답니다. 폭풍으로 칼립소의 섬에 떠내려간 텔레마코스는 큐피드도 이겨버렸지 뭐예요. 이 젊은이의 마음을 녹여버리려 그곳에 보냈던 큐피드까지 이겼어요. 텔레마코스의 젊음도, 칼립소의 매력도, 님프들의 아름다움도, 큐피드의 비열함도 모두 미네르바의 계략 앞에서는 아무 소용이 없었답니다. 게다가 미네르바가 텔레마코스를 데리고 칼립소의 섬에서 도망쳤어요! 그러니 지금 내가 혼란스럽지 않고 견딜 수 있겠습니까! 나는 젊은 아이에게 진 것이나 다름없어요!"

주피터는 비너스를 위로하기 위해 이렇게 말했다.

"큐피드의 화살로부터 젊은 그리스인의 마음을 보호하고, 또 그에게 또래의 그 누구도 얻지 못한 큰 영광을 준비하고 있는 이가 미네르바임은 사실이에요. 그리고 그대의 제단 앞에서 보인 그의 행동에는 나도 화가 나요. 하지만 그를 비너스의 힘으로 어떻게 하도록 내버려둘 수는 없답니다. 내 딸인 그대를 아끼는 마음에 이것 하나는 약속하죠. 텔레마코스는 앞으로도 오랫동안 이리저리 떠돌아다닐 거라는 것을요. 조국에서 멀리 떨어져 온갖 위험을 감수하며 살아야 할 거예요. 하지만 그렇게 쉽게 죽지는 않을 겁니다, 텔레마코스의 운명이 그걸 허락지 않을 겁니다. 보통의 인간이라면 쉽게 넘어왔을 그대의 쾌락 앞에 무릎을 꿇지도 않을 거예요. 그러니 너무 심려치 마세요. 그대의 제국에 발을 들인 수많은 영웅들과 인간들로 그만 만족하세요."

주피터는 이 말을 하며 장엄하고 우아한 미소를 지어보였다. 이윽고 모든 것을 뚫어버리는 번개와도 같은 환한 빛이 그의 눈에서 나오는 것이었다! 주피터는 비너스에게 입을 맞추며 천상의 향기를 퍼뜨렸다. 그러자 올림푸스 산 전체가 그 향기로움에 물들었다. 비너스는 가장 높은 신의 부드러운 입맞춤에 감동을 받을 수밖에 없었다. 눈물을 흘리며 고통스러워했지만 그녀의 얼굴로 알 수 없는 기쁨이 퍼져가는 것이 보였다. 비너스는 창피한 마음에 베일을 내려 붉어진 얼굴을 감췄다. 그곳에 있던 모든 신들도 자애로운 주피터의 말에 박수를 보냈다. 자리에서 물러난 비너스는 얼른 넵투누스를 찾았다. 텔레마코스에게 복수를 할 방법을 의논하기 위해서였다. 비너스는 주피터의 말을 넵투누스에게 전했다. 그러자 넵투누스가 대답했다.

"나도 이미 알고 있었소, 어찌할 수 없는 운명이라는 것을! 바다 폭풍으로는 텔레마코스를 없앨 수 없어요. 하지만 다른 방법이 있지요. 어떻게든 그가 이타케로 돌아가는 것을 방해하면 됩니다! 그가 타고 있는 페니키아 배를 침몰시킬 수는 없어요. 나는 페니키아인들을 사랑하기 때문입니다, 그들은 나의 백성들이에요. 세상의 그 누구도 페니키아인들처럼 나의 제국을 번영시키지는 못할 거예요. 바다를 통해 육지의 수많은 민족들이 서로 관계를 유지할 수 있는 것도 다 그들 덕분이에요. 내 제단에 끊임없이 제물을 바치며 나를 기리기도 하는 민족이지요. 그들은 정의롭고 현명하며 부지런히 무역을 하는 사람들이에요. 세상 곳곳에 편리함과 풍요로움을 전하는 민족이란 말입니다. 그러니 그들을 난파시킬 수는 없는 노릇이에요. 하지만 선장으로 하여금 길을 잃게는 할 수 있어요. 이타케에서 점점 더 멀어지게는 할 수 있죠."

넵투누스의 약속에 기분이 좋아진 비너스는 교활한 웃음을 짓더니 곧 전차를 타고 이달리 꽃숲으로 떠났다. 미의 여신들과 놀이, 그리고 웃음의 신들이 비너스를 반기며 향기로운 꽃 위에서 덩실덩실 춤을 추는 그곳으로 날아갔다.

넵투누스는 비너스가 떠나자마자 착각의 요정을 불러들였다. 꿈의 요정과도 비슷한 악한 신성으로, 꿈의 요정이 꿈속에서만 사람들을 기만할 수 있다면 이 요정은 깨어 있는 사람들의 오감을 자극할 수 있는 못된 존재였다. 그의 주위로 날아다니는 수만 개의 거짓 환상들을 이끌고 아카마스 선장의 눈 위로 환상의 술을 쏟아부었다. 그러자 선장의 눈앞으로 달빛과 별빛에 비친 이타케의 연안이 들어왔다. 이미 그곳의 가파른 바위 곁에 다다른 것만 같았다. 이제 선장의 눈에는 거짓 환상만이 보일 뿐이었다.

가짜 하늘과 가짜 땅이 선장의 눈앞에 나타났다. 별들마저 자리를 옮겨 선장 앞으로 펼쳐지는 것 같았다. 새로운 우주의 움직임에 올림푸스마저 동조하는 것만 같았다. 가짜 이타케가 선장의 눈앞에 어른거릴수록 진짜 이타케는 점점 더 멀어져만 갔다. 그리고 환상의 이타케는 다가가면 다가갈수록 멀어지는 느낌이었다. 다 왔다고 생각하면 멀어지고, 도착했다 생각하면 더 뒤로 물러날 뿐이었다. 이타케 항구의 소리가 들려온다고 생각한 선장은 이미 부탁 받은대로 그 옆에 위치한 작은 섬에 배를 대려고 준비하기 시작했다. 이 모든 것이 텔레마코스의 목숨을 위협하는 페넬로페의 구혼자들을 속이기 위한 작전이었다. 선장은 암초에 부딪히진 않을까 걱정을 하기도 했다. 바위에 부서지는 성난 파도 소리가 들렸기 때문이었다. 그러다 보니 다 도착했다고 생각했던 육지가 다시 멀어지는 것이 아닌가. 얼마나 멀게 느껴지는지 그곳의 산은 해가 뜰 때 가끔 나타나 지평선을 어둑하게 만드는 작은 구름과도 같아 보였다.

아카마스 선장은 놀라지 않을 수가 없었다. 그의 눈을 매료시키던 착각의 요정의 덫은 가끔 그에게 여태 느껴보지 못한 오싹한 공포를 전해주었기 때문이다. 혹시 잠이 든 것은 아닌지도 생각했다. 이 모든 것이 꿈은 아닐까도 생각했다. 바로 그때 넵투누스의 명령에 따라 동풍이 심하게 몰아쳤다. 그 바람에 그만 아카마스의 배는 헤스페리아 연안 쪽으로 향하게 되었다. 바다 신에게 복종하는 폭풍은 더 심하게 바람을 일으켜 넵투누스가 정해놓은 섬으로 텔레마코스 일행을 몰고 가는 것이었다.

어렴풋이 새벽이 밝아왔다. 햇빛을 싫어하고 질투하는 별들은 그 어두운 빛을 바다 속으로 감추기 시작했다. 그때 선장이 소리쳤다.

"더이상 의심할 것도 없습니다. 드디어 이타케에 돌아왔어요! 텔레마코스, 기뻐하십시오. 이제 곧 페넬로페를 만날 수 있게 되었습니다. 어쩌면 이미 왕좌에 앉아 있을 율리시스를 볼 수도 있어요!"

잠들어 있던 텔레마코스는 이 말에 번쩍 깨어 선장에게로 달려갔다. 그는 선장을 얼싸안고 아직 덜 깬 눈을 연안으로 돌렸다. 그러나 조국의 연안이 아님을 알게 된 텔레마코스는 흐느끼며 말했다.

"도대체 여기는 어딥니까? 이곳은 나의 고향 이타케가 아니에요. 길을 잘못 들었나 봅니다. 아카마스 선장님. 페니키아와는 너무 다르니 그리스의 섬을 잘 몰랐던 거예요."

그러자 선장이 대답했다.

"아니에요, 내가 이타케 섬을 다른 곳과 착각할 리가 있나요! 수없이 와 본 곳인데 실수라니요! 이타케 연안의 작은 돌까지도 다 아는걸요! 어쩌면 나는 티레보다 이타케를 더 잘 알지도 몰라요. 저 앞으로 보이는 산을 몰라보시는 겁니까? 탑처럼 우뚝 솟은 바위는 또 어떻고요! 바위에 부딪치는 파도의 함성이 들리지 않습니까? 구름을 가르는 미네르바 신전이 보이지 않으세요? 아버지 율리시스의 성이 보이지 않습니까!"

아카마스의 말을 들은 텔레마코스가 입을 열었다.

"전혀요! 내 눈앞에 보이는 것은 이타케보다 더 높은 바위뿐인걸요. 게다가 그 높이도 일정하잖아요? 저기 보이는 도시는 이타케가 아닙니다. 신이시여, 우리 인간은 당신들의 장난감일 뿐입니까?"

텔레마코스의 말에 갑자기 아카마스의 눈빛이 달라졌다. 이제 더 이상 환상을 보지 않게 된 것이다. 환상이 아닌 진실이 눈앞에 펼쳐졌고, 아카마스는 자신의 실수를 인정할 수밖에 없었다.

"텔레마코스의 말이 맞습니다. 착각의 요정이 내 눈을 속인 거예요. 이타케에 다 온 줄 알았는데! 분명 내 눈앞에 이타케 섬이 펼쳐졌어요. 그런데 한 자락 꿈처럼 사라져버리고 말았어요. 이곳은 이타케가 아니군요. 살렌타인이 아닌가 싶습니다. 크레타에서 도망친 이도메네우스가 왕국을 세웠다는 그곳이지요. 저기 높은 성벽이 보이네요. 아직 완성을 하진 못한 것 같습니다. 아직 요새가 완성되지 않은 항구도 보이네요."

아카마스는 새로 만든 도시의 여러 건축물을 쳐다보았고, 텔레마코스는 또 다시 닥친 불행에 괴로워했다. 그러는 동안 넵투누스가 보낸 바람은 돛을 움직여 결국 새 도시의 항구 곁 정박지까지 향하게 만들었다. 물론 멘토는 넵투누스와 비열한 비너스의 복수에 대해 알고 있었다. 그러나 아카마스의 환상 소동에도 그저 미소만 짓고 있었다. 드디어 그들의 배가 닻을 내렸고 멘토는 텔레마코스를 불러 이렇게 얘기했다.

"주피터가 그대를 시험하는 모양입니다. 하지만 신은 당신의 죽음을 원치 않습니다. 영광으로 향하는 길을 열어주기 위해서 그대에게 고통을 주는 거랍니다. 헤라클레스의 위엄을 생각하십시오. 아버지의 업적을 잊지 마십시오. 고생을 해보지 않은 사람은 넓은 마음을 가질 수 없습니다. 끈기와 용기로 그대를 괴롭히는 모진 운명을 이겨내십시오. 어쩌면 넵투누스의 분노가 그대를 섬에 가두려던 여신의 아첨 발린 속삭임보다 덜 두려운 것일지 모릅니다. 더이상 무엇을 망설입니까? 저 항구로 들어갑시다. 이들은 우리의 이웃 민족이에요. 저들도 그리스인들입니다. 운명의 장난으로 고통을 받았던 이도메네우스가 우리의 불행을 보고 모른 척하지는 않을 거예요."

별 문제없이 페니키아 배는 살렌타인 항구로 들어갈 수 있었다. 페니키아인들은 세상 그 어떤 민족과도 평화롭게 무역을 하는 사람들이었기 때문이다.

텔레마코스는 갓 심어놓은 풀과도 같이 새로 지어진 도시를 보며 입을 다물 수가 없었다. 밤새 내린 이슬에 젖은 도시는 아침의 햇살에 더욱더 빛이 났다. 새 도시는 이제 막 자라 꽃망울을 터뜨려 푸른 잎을 펼치고, 오색찬란한 빛을 자랑하며 향기를 자아내고 있었다. 어디를 보든 새롭고 강렬한 인상을 주는 곳이었다. 바다 한 곳에 이도메네우스의 새 왕국이 모습을 드러내고 있었다. 매일 조금씩 웅장함을 자랑하며 그의 도시는 커가고 있었다. 저 멀리 항해를 하는 외국인들의 모습에 하늘 높이 솟은 화려한 건축물까지 보이며 조금씩 자라고 있었다. 여기저기서 목수들의 말소리와 망치 두드리는 소리가 들려왔다. 커다란 바위가 밧줄에 연결되어 기중기에 매달려 있었다. 공사장이 백성들을 지휘하며 새벽부터 일을 시작했고, 왕인 이도메네우스도 직접 팔을 걷고 나서 놀라운 속도로 도시가 완성되고 있었다.

페니키아 배가 항구에 들어서자 크레타 사람들은 텔레마코스와 멘토를 진심으로 따뜻하게 맞아주었다. 그들은 서둘러 율리시스의 아들이 섬에 도착했다는 것을 왕에게 알렸다. 텔레마코스는 왕 앞에 다가가 자신을 소개하며 도움을 요청했다. 그러자 이도메네우스는 미소를 띠며 대답했다.

"그대가 누구인지 얘기하지 않았다 해도 알아봤을 겁니다. 마치 율리시스를 보는 것 같군요. 강렬한 빛을 뿜어내는 시선, 차갑고 절제된 겉모습 뒤에 숨겨진 생기 넘치는 우아함! 그 미소까지도 기억합니다. 별 신경 쓰지 않는 듯한 행동과 따뜻하지만 꾸밈없는 말투, 적대감을 갖기도 전에 상대방을 안심시키고 설득하는 말 한마디 한마디까지! 네, 바로 율리시스의 아들이 맞습니다. 율리시스의 아들이니 내 아들이기도 한 셈이지요. 사랑하는 아들이여, 어쩌다 이곳까지 떠밀려오게 된 것입니까? 아버지를 찾고 계신가요? 그렇다면 나도 할 말이 없군요. 그의 소식을 모르니 말입니다. 그와 나는 운명의 장난으로 비참한 최후를 맞았지요. 율리시스에게는 다시 조국으로 돌아가지 못하는 불행이, 그리고 나에게는 신들의 증오를 한몸에 받는 불행이 닥쳤습니다."

이도메네우스는 이 말을 하며 멘토를 쳐다보았다. 어디서 많이 본 듯한 얼굴이나 그의 이름을 기억해낼 수가 없었다. 그의 말에 텔레마코스는 눈물을 흘리며 대답했다.

"당신을 만난 기쁨과 이렇게 후하게 우리를 맞아준 감사의 말은 전하지 못할망정 슬픔에 눈물을 흘릴 수밖에 없는 이 젊은이를 용서해주십시오. 율리시스를 잃은 슬픔을 얘기하시니, 아버지를 찾지 못한 불행이 다시금 느껴집니다. 이미 오래 전부터 온 바다를 다니며 아버지를 찾고 있었어요. 화가 난 신들 때문에 그를 다시 찾을 수도 없고, 그가 난파를 당했는지 아닌지 알 길도 없으며, 혹시나 구혼자들 사이에서 허약해져만 가는 페넬로페가 기다리는 이타케로 돌아갔는지도 모릅니다. 크레타 섬에서 당신을 만날 수 있을 줄 알았어요. 그러나 그대에게 닥친 불행을 알게 되었고, 새로 왕국을 지은 헤스페리아까지 오게 될 줄은 정말 몰랐답니다. 인간들을 조종하는 운명의 장난으로 나는 또 이타케에서 멀어져 떠돌아 다녔어요. 그러다 이곳까지 흘러오게 된 것이랍니다. 하지만 다른 불행과는 비교도 할 수 없이 행복한 일이에요. 내 조국에서 멀어지긴 했지만 그 어떤 왕보다 자애롭고 마음이 넓은 왕을 만나게 해주었으니 말입니다."

이 말에 이도메네우스는 텔레마코스를 따뜻하게 껴안았다. 그리고 그를 궁전으로 데려가며 이렇게 말했다.

"그대와 함께 있는 저 존경받을 만한 노인은 누구입니까? 어디선가 봤던 것 같은데요."

이도메네우스의 질문에 텔레마코스가 대답했다.

"저분은 멘토이십니다. 율리시스의 친구인 멘토요. 어린 나를 맡겼던 바로 그 멘토랍니다. 나로서는 평생을 갚아도 다 못 갚을 큰 빚을 진 분이지요."

그 말에 이도메네우스는 멘토에게 다가가 손을 내밀며 말했다.

"맞아요, 예전에 만난 적이 있었죠! 크레타로 와서 나에게 큰 조언을 해주었던 일을 기억하십니까? 당시 나는 젊음의 혈기와 나약한 쾌락에 빠져 헤어나오지 못하고 있었어요. 그러다 불행이 닥쳤고, 결국 믿고 싶지 않았던 진리를 깨닫게 되었어요. 그대의 말을 믿고 따른 것은 얼마나 큰 행복이란 말입니까! 그런데 아주 오래 전에 비해 하나도 늙지 않으셨습니다. 여전히 얼굴에는 생기가 가득하고, 몸이 굽지도 않았을 뿐더러 건강하시군요. 겨우 머리만 조금 새었을 뿐입니다!"

그러자 멘토가 대답했다.

"위대한 왕이여, 만일 내가 듣기 좋은 소리를 골라서 할 줄 아는 사람이었다면 그대 역시 트로이 전쟁 전의 활기찬 모습과 젊음의 꽃을 여전히 간직하고 있다고 말했을 것입니다. 하지만 나는 진실을 왜곡하느니 그대의 기분을 상하게 하는 편을 택하겠습니다. 물론 그대의 말을 듣고 있자니 그대가 얼마나 사탕발림을 싫어하는지 알 것 같습니다. 또한 진심으로 그대를 대할 때는 다른 걱정은 필요 없다는 것도 알았습니다. 그래서 말하는데, 예전에 비해 정말 많이 달라지셨습니다. 너무 달라 알아보지 못할 뻔했어요. 왜 이리 늙었는지는 나도 알 것 같습니다. 그대에게 닥친 불행 때문에 그런 것 같군요.

하지만 고통 속에서도 지혜는 얻으시지 않았습니까. 마음이 강해지고 덕망을 높였으니 얼굴 위에 자리잡은 주름은 너른 마음으로 이해해야죠. 그리고 일반 백성에 비해 왕이 더 쉽게 늙는 건 당연한 일입니다. 역경을 겪을 때는 몸과 마음이 쉴 틈이 없으니 남들보다 더 빨리 늙는 게 당연해요. 나라가 번영하고 있다고 해서 다릅니까? 그럴 땐 또 그럴 때일수록 전쟁보다 더 힘든 나약한 삶에 빠져 늙을 수밖에 없지요. 절제할 수 없는 쾌락보다 더 무서운 게 어디 있겠습니까! 그러니 평화롭게 사는 왕도, 또 전쟁을 치르는 왕도 남들보다 더 일찍 늙을 수밖에 없는 고통과 쾌락을 겪는 것이랍니다. 소박하고 절제된 삶, 걱정 없고 열정도 없는 삶, 규칙적이고 열심히 일하는 삶을 사는 현명한 이들은 젊음을 유지할 수 있답니다. 시간에 관계없이 강인한 젊음을 유지할 수 있지요."

멘토의 말에 감동을 받은 이도메네우스는 주피터에게 제사를 지낼 시간만 아니었다면 계속해서 그에게 귀를 기울였을 것이다. 텔레마코스와 멘토도 이들에 대해 궁금해하는 사람들에 둘러싸여 이도메네우스의 뒤를 따랐다. 살렌타인 사람들은 서로 이런 대화를 나눴다.

"저 두 사람은 정말 다른 것 같아. 우선 저 젊은이를 봐, 뭔가 강하고 착해 보이지 않아? 젊음과 아름다움에서 오는 모든 은총을 한몸에 받고 있는 청년이야. 그렇다고 약해보이거나 여성스럽지도 않잖아? 젊음이 주는 가녀린 아름다움과 함께 튼튼하고 건장하면서도 일에 익숙해져 강인해진 뭔가가 있어. 저 노인은 어떻고? 나이는 들었지만 여전히 힘이 넘쳐 보이잖아? 처음에는 그다지 위대해 보인다거나 친절해 보이지는 않았지만 가까이서 찬찬히 살펴보면 소박함 속에 덕망과 지혜가 가득한 것 같아. 또 고귀해 보이기도 하고 말이야! 인간들과 소통하기 위해 이 땅으로 내려오는 신들의 모습이 저들과 같지 않을까?"

그러는 동안 일행은 주피터의 신전에 도착했다. 이도메네우스는 자신의 조상인 주피터를 위해 웅장하고 화려하게 신전을 꾸며놓았다. 양 옆으로 벽옥 무늬를 넣은 기둥을 세웠고, 지붕은 은으로 되어 있으며, 신전 곳곳은 대리석으로 만들어놓았다. 그 대리석 위로는 황소로 바뀐 주피터, 유로파의 사랑, 바다를 통한 크레타 입성 등이 조각되어 있었다. 그 다음으로는 미노스의 탄생과 어린 시절의 모습이 보였다. 그리고 나이 든 미노스가 법을 전해 그의 섬이 번영한 모습의 조각도 보였다.

텔레마코스의 시선이 트로이 전쟁에 대한 이야기에 고정되었다. 거기에는 위대한 장군을 무너뜨린 이도메네우스의 이야기가 담겨 있었다. 텔레마코스는 여러 전투를 표현한 조각에서 아버지의 모습을 찾았다. 드디어 디오메데스[54]가 죽인 레소스[55]의 말을 이끄는 아버지의 모습이 보였다. 그리스 군사장들 앞에서 아킬레우스의 갑옷과 무기를 두고 아이아스[56]와 싸우는 모습, 그리고 목마에서 나와 수많은 트로이인들의 피를 흘리게 한 모습까지 모두 한눈에 들어왔다.

텔레마코스는 그동안 아버지의 업적에 대해 많은 얘기를 들었었다. 네스토르에게 직접 들은 적도 있었다. 그렇게 이야기만 듣다가 직접 조각으로 보니 그의 눈에서 눈물이 흘러나왔다. 얼굴색이 바뀌더니 온몸이 떨리기 시작했다. 텔레마코스는 그런 모습을 숨기려 했지만 이도메네우스는 모든 것을 다 지켜보고 있었다. 이윽고 이도메네우스는 텔레마코스에게 말했다.

"창피해할 필요는 없습니다. 아버지의 업적과 불행에 마음이 동한 그대의 모습을 숨길 필요는 없어요."

살렌타인 백성들은 신전을 받치는 두 개의 기둥 아래 모두 모여 있었다. 청년들이 한 무리, 또 처녀들이 한 무리를 이뤄 두 손에 번개를 든 신을 기리는 노래를 불렀다. 이들은 제일 잘생기고, 또 제일 예쁜 이들로 이루어진 합창단이었는데 그들의 머릿결은 어깨 위로 찰랑거리며 물결을 만드는 것 같았다. 머리에는 향기로운 꽃과 장미로 만든 관을 쓰고 있었으며 모두 하얀 옷을 입고 있었다. 이도메네우스는 주피터를 위해 백 마리의 황소를 잡아 제단에 올렸다. 이웃 나라와의 전쟁에서 꼭 승리를 거두게 해달라고 빌기 위해서였다. 제물의 피에서 나온 연기가 신전을 가득 채웠고, 금과 은으로 만든 반구형 잔 위로 그 피가 철철 흘러넘쳤다. 신전의 사제인 테오파네스는 제사를 올리는 동안 자줏빛 로브로 머리까지 감싸고 있었다. 그는 아직도 움직이는 제물들의 내장을 찬찬히 살피더니 신전 삼각대에 올라 이렇게 말했다.

"신이시여! 하늘에서 이곳까지 보낸 저 두 사람의 외국인은 누구입니까? 저들이 없으면 우리가 시작한 전쟁은 비참하게 끝날 것입니다. 살렌타인은 완성도 되기 전에 폐허가 될 것입니다! 지혜의 여신이 손을 잡고 있는 젊은이가 보입니다. 하지만 이 인간의 입으로 무슨 말을 더 할 수 있겠습니까!"

사제의 시선이 맹렬하게 변하더니 눈에서 빛이 나기 시작했다. 눈앞에 보이는 것 외에 뭔가 다른 것을 본 듯한 눈빛이었다. 얼굴은 붉게 변하고 혼이 나간 사람처럼 부들부들 떨기 시작했다. 머리카락이 쭈뼛 서고, 입에는 하나 가득 거품을 물고, 번쩍 지켜든 두 팔은 더이상 움직이지 않았다. 흥분한 그의 목소리는 여느 인간의 목소리와는 비교도 할 수 없을 정도로 쩌렁쩌렁 울렸다. 더이상 그에게 스며든 신성을 견뎌내지 못하고 숨이 막히는 것만 같았다.

"이도메네우스, 그대는 천복을 타고났습니다! 이렇게 끔찍한 위험을 벗어나다니요! 안으로는 평화가 가득하고 밖으로는 용맹한 전투가 기다리고 있습니다. 하지만 그 전쟁에서 이길 겁니다. 텔레마코스여, 그대는 아버지를 능가하는 능력을 가졌군요! 그대의 칼 아래로 자만하던 적들이 벌벌 떨 것입니다. 그대 앞에서는 오를 수 없던 성벽도 무너지고, 뚫을 수 없던 문도 열릴 것입니다! 율리시스가 맡긴 여신은…… 젊은이여, 그대는 다시 보게 될 것입니다."

사제는 더이상 말을 이을 수가 없었다. 그의 의지와는 상관없이 다문 입을 열 수가 없었다. 제사를 지켜보던 백성들은 두려움에 꼼짝도 못했고, 이도메네우스마저 겁이 나 사제에게 말을 끝내라고 명령할 수가 없었다. 놀란 텔레마코스는 자신의 귀를 믿을 수가 없었다. 지금 들은 예언이 정말일까, 믿어지지가 않았다. 그 자리에서 놀라지도 않고 어떤 동요도 하지 않은 이는 멘토 하나뿐이었다. 멘토가 말했다.

"신들의 뜻을 들으셨습니까? 전쟁이 나면 그 승리는 당신의 것입니다. 그리고 그 승리는 모두 이 텔레마코스 덕분입니다. 그렇다고 질투는 하지 마십시오. 당신에게 이 젊은이를 보낸 신들의 은총에 기뻐하십시오."

아직 흥분이 가라앉지 않은 이도메네우스는 뭐라고 말을 하고 싶었다. 그러나 도저히 입을 뗄 수가 없었다. 이때 텔레마코스가 멘토에게 말했다.

"나는 이런 식으로 보장된 승리에 동요하지 않습니다. 하지만 이 것만은 궁금하군요. '젊은이여, 그대는 다시 보게 될 것입니다.' 과연 무엇을 본단 말입니까? 내 아버지? 아니면 조국인 이타케? 왜 사제는 말을 끝내지 않은 걸까요? 나의 궁금증을 왜 풀어주지 못한단 말입니까! 내가 언젠가 다시 보게 될 것이 아버지인가요? 정말 그렇습니까? 그렇다면 더이상 기쁠 일이 없지요. 이 잔인한 신탁은 무엇을 의미하는 거랍니까! 불행에 빠진 나를 농락하는 것이나 다름 없어요! 마지막 한마디만 더 하면 될 것을, 그러면 나는 더이상 바랄 것이 없는데 말입니다!"

그러자 멘토가 말했다.

"신들이 보여주는 것만 받아들이고 존중해주세요. 그들이 숨기려는 것까지 알려고 들지 마십시오. 무모한 궁금증은 화를 부르는 법입니다. 자애롭고 현명한 신들은 인간이 뚫을 수 없는 밤의 어둠 속에 그들의 운명을 숨기는 거랍니다. 우리 손으로 해볼 수 있는 일이라면 최선을 다해야 하지요. 하지만 우리 힘으로 어쩔 수 없는 일이라면, 신들에게 달려있는 일이라면 그냥 모른 척 내버려두는 게 좋아요."

멘토의 말에 깊은 감명을 받은 텔레마코스는 힘들지만 이 고통을 삭히기로 마음먹었다. 다시 정신을 차린 이도메네우스는 젊은 텔레마코스와 지혜로운 멘토를 보내준 주피터에게 모든 영광을 돌렸다. 제사 후 진수성찬의 식사를 마친 이도메네우스는 텔레마코스와 멘토를 불러 이렇게 말했다.

"솔직히 말하면 저는 트로이 전쟁을 마치고 크레타로 돌아갔을 때 아직 나라를 제대로 다스릴 능력이 없었어요. 그토록 아름답고 거대한 섬을 다스릴 기회도 빼앗겨버렸죠. 제가 섬을 떠났을 때 그곳에 있었다고 하니 무슨 일이 벌어졌는지는 잘 알고 계실 겁니다. 하지만 모진 고생을 하면서 많은 것을 배웠어요. 절제력도 생겼지요. 사람들과 신들의 복수를 피해 도망자처럼 바다를 떠돌아 다녔어요. 과거에 누렸던 영광 때문에 나의 실패는 더욱더 처절하고 견딜 수가 없었답니다. 그러다 아무도 경작하지 않아 가시덤불로 가득한 땅, 거칠고 위험한 바위로 둘러싸여 있으며 그 안에는 맹수들이 가득한 이 땅을 찾았죠. 이곳에서 수호신을 모시기로 결정했답니다. 몇 안 되는 군사와 내 불행에 기꺼이 따라준 몇 명의 고마운 사람들로 만족하고 이곳에 나의 조국을 만들기로 했어요. 더이상 내가 나고 자랐으며, 내 손으로 다스려야 했을 진짜 조국은 볼 희망이 없었으니까요. 나는 스스로 이렇게 말하곤 했습니다.

'어쩌다 내 꼴이 이렇게 되었는가! 다른 왕들에게는 모범이 될 수 없는 운명이구나. 아니지, 나라를 다스리는 이들에게 나는 본보기가 되어주어야 한다. 나를 보고 큰 교훈을 얻도록 해야 한다! 그들에게는 두려울 것이 없겠지. 사람들 위에 군림하고 있기 때문이니 말이다. 하지만 그런 높은 지위 때문이라도 모든 것을 두려워해야 할 것이다. 적들은 나를 무서워했고, 내 백성들은 나를 사랑했었다. 나에 대한 소문은 먼 나라에까지 퍼졌었지. 나는 비옥하고 살기 좋은 섬을 다스리는 왕이었다. 백여 개의 도시에서는 매년 나에게 풍족한 조공을 바쳤었다. 그들은 모두 나를 주피터의 자손으로 칭송하고 존경했었지. 백성들을 행복하게 해주고 강하게 해준 법을 만든 미노스의 손자로 대우를 받았었다. 나에게 주어진 모든 것에 감사하고 절제하며 살았다면 과연 나에게 부족한 것이 무엇이었겠는가! 하지만 나의 오만함과 쾌락에 빠졌던 나약함 때문에 왕위에서 물러날 수밖에 없었다. 그러니 아첨하는 이에게 귀를 기울이고 욕망에 불타는 왕들은 나처럼 비참한 최후를 맞게 될 것이다!'라며 혼자 푸념을 늘어놓곤 했답니다.

낮이면 밝고 긍정적인 모습을 보이려 애썼죠. 나를 따라준 이들에게 용기를 불어넣어주기 위해서였습니다. 나는 그들에게 말했어요. '우리 손으로 새로운 도시를 만듭시다! 우리가 잃어버린 것으로부터 위안을 받는 길은 이것밖에 없어요. 주위를 보세요. 우리에게 모범이 되어주는 이들이 가득하지 않습니까? 옆으로 높이 솟은 타렌테를 보십시오! 바로 라케데모니아인들과 함께 팔란테가 지은 도시입니다. 그 옆으로는 필로크테테스[57]가 페틸리아라 이름지은 도시가 서지 않았습니까! 메타폰테스는 또 어떻고요. 우리처럼 갈 곳을 잃었던 이들이 만들어놓은 것입니다. 우리가 저들보다 더 힘든 고통을 당한 것도 아니지 않습니까!'라고요.

내 뜻을 따라준 동지들에게 이런 말을 하며 용기를 심어주었지요. 하지만 마음 깊은 곳에서는 나 역시 죽을 고통을 겪고 있었답니다. 어쩌면 나 자신을 위로하기 위한 말이었을 수도 있어요. 낮에는 사라졌다가 밤이 되면 찾아와 내 운명을 한탄하게 만드는 고통으로부터 나를 위로하기 위한 것이었지요. 쓴 눈물로 밤을 지새웠습니다. 잠을 잘 수가 없었어요. 하지만 날이 밝으면 열심히 일을 했어요. 그러다 보니 이렇게 늙었습니다."

자신의 불행에 대한 이야기를 들려준 이도메네우스는 멘토와 텔레마코스에게 이젠 더이상 피할 수 없는 전쟁에 도움을 달라고 말했다.

"전쟁이 끝나면 두 분을 이타케로 보내드리겠습니다. 물론 여기저기 함대를 보내 율리시스의 소식을 알아오라고도 하겠습니다. 폭풍이나 신성의 분노에 이끌려 어느 곳에 가 있는지는 모르겠으나 그를 찾아오겠습니다. 제발 살아만 있기를! 크레타 섬에서도 만들지 못했던 최고의 배를 만들어 두 분을 이타케로 모셔다드리겠습니다. 주피터가 태어난 아이다 산에서 난 신성한 나무로 만든 배입니다. 어떤 상황에서도 침몰하지 않을 것이며, 바람과 암초도 그 배를 보호해줄 것입니다. 아무리 노여움에 찬 넵투누스라도 그 배를 공격하려 파도를 일으킬 수는 없을 거예요. 어떤 위험도 없이 이타케로 돌아갈 수 있으니 걱정 마세요. 악에 찬 신들 때문에 바다를 떠도는 일도 없을 겁니다. 길지도 어렵지도 않은 여정이에요. 여기까지 두 분을 모시고 온 페니키아 배를 돌려보내세요. 그리고 이젠 자신의 실수를 만회하고자 이도메네우스가 다시 세운 왕국의 승리만을 생각해주세요. 그렇게 해야만 아버지의 명성에 버금가는 아들이 될 수 있습니다. 모진 운명 때문에 이미 플루톤의 검은 왕국으로 떨어졌을지 모르나, 어쨌든 모든 그리스인들은 당신에게서 아버지의 영광을 다시 볼 수 있을 거예요!"

이에 텔레마코스는 이도메네우스의 말을 끊으며 말했다.

"페니키아 배를 돌려보냅시다! 무엇을 망설입니까. 어서 그대를 위협하는 적을 물리칩시다! 당신의 적은 우리의 적과도 마찬가지입니다. 하물며 시칠리아에서 그리스의 적이자 트로이인인 아케스테스를 위해 싸워서도 이겼는데, 프리아모스[58]의 도시를 함락시킨 그리스 영웅을 위해서라면 더 강하고 열정적으로 싸워야 하지 않겠습니까! 신들도 도와줄 것입니다. 조금 전에 들은 신탁도 있지 않습니까, 의심의 여지가 없습니다!"

멘토의 조언

1 국민에 비해 지도자가 더 쉽게 늙는 건 당연하다. 고통 속에서 지혜를 얻고 덕망을 높여야 하며 절제하는 법을 익혀야 한다.

2 오만과 쾌락에 빠져 아첨하는 이에게 귀 기울이고 욕망에 불타는 지도자는 비참한 최후를 맞게 될 것이다.

제9장

자애와 중용을 베푸는 자,
영광을 차지하리라

전쟁은 그 어떤 경우에도 인류가 저지른 수치이며 잘못입니다.

영광을 쟁취하기 위해 꼭 전쟁이 필요할까요?

진짜 영광은 인간 안에서 찾을 수 있어요. 그 밖에서가 아니라요.

멘토는 이미 전쟁에 나갈 마음으로 들끓는 텔레마코스를 인자하게 쳐다보며 말했다.

"영광을 위해 싸우려는 텔레마코스의 마음은 잘 알겠습니다. 하지만 율리시스가 트로이를 함락시키는 위대한 영광을 거머쥔 것은 그 어떤 그리스의 왕보다 중용을 지키며 현명하게 싸웠기 때문임을 잊어서는 아니 될 것입니다. 무적의 아킬레우스는 그가 가는 곳마다 죽음과 공포를 일으키는 자였죠. 하지만 트로이를 무너뜨리지는 못했습니다. 그는 트로이 성벽 앞에서 무너지고 말았답니다. 헥토르를 죽인 아킬레우스도 어쩔 수 없었던 곳이었지요. 하지만 율리시스는 신중하게 행동했답니다. 트로이인들 사이에 불을 질렀지요. 10년이 넘는 기간 동안 그리스 전체를 공포에 떨게 만든 높고도 아름다웠던 트로이 함락은 율리시스의 덕입니다. 미네르바가 군신인 마르스보다 강한 것처럼, 조심스럽고 앞을 내다볼 줄 아는 능력은 맹렬하고 들끓는 용기보다 강한 법이지요. 우리가 도와야 하는 이 전쟁이 어떻게 해서 발발했는지 그것부터 알아보도록 합시다. 위험이 도사리고 있을까 봐 두려워서 이러는 게 아닙니다. 이도메네우스, 우신 이 전쟁이 마땅히 치러야 할 전쟁인지부터 설명해주십시오. 그리고 누구를 대상으로 싸워야 하는지, 그 싸움에서 이기기 위해 당신이 준비한 계획은 무엇인지 차례대로 설명을 해주시죠."

그러자 이도메네우스가 대답했다.

"우리가 이 땅에 도착했을 때, 이곳에는 사냥을 하고 나무의 열매를 따먹으며 생을 영위하는 야만족이 살고 있었어요. 이들은 만두리아인들이었답니다. 우리가 무기를 들고 배를 타고 오니 두려워하더군요. 그래서 산속 깊은 곳으로 도망갔어요. 마침 이곳에 대해 궁금하기도 했던 우리 병사들은 사슴을 쫓아 산속 깊이 들어갔다가 도망친 만두리아인들을 맞닥뜨리게 됩니다. 만두리아인들의 족장이 이렇게 말했어요.

'살기 좋은 연안을 그대들에게 양보하고 우리는 떠났소. 이제 우리에게 남은 건 접근조차 어려운 가파른 산뿐이오. 그러니 우릴 괴롭히지 말고 자유롭고 평화롭게 살도록 놔두시오! 그대들은 우리보다 더 약하고, 갈피를 못 잡으며 떠돌아다니고 있지 않소? 그러니 목을 따고 아무도 모르게 그대들을 없애버리는 것은 우리에게 달려 있어요. 하지만 우리는 우리와 다를 바 없는 사람들의 피를 흘리게 하고 싶지 않소. 그러니 가시오, 그리고 잊지 마시오. 우리의 인간적인 품성이 그대들을 살렸다는 것을! 당신들이 천하고 야만스럽다고 생각하는 바로 우리가 그대들에게 중용과 이해라는 큰 교훈을 줬다는 걸 절대 잊지 마시오!'라고요.

그렇게 야만족에게서 풀려난 우리 군사들이 와서 그들이 겪은 이야기를 해주었지요. 그 말을 들은 모든 병사들은 화가 났어요. 위대한 크레타인들이 사람이라기보다는 짐승에 가까운 이 야만족, 그것도 우리에게 쫓겨 도망 다니는 그들에게 살아서 돌아왔다는 사실이 정말 창피했어요. 그래서 첫 번째로 갔던 병사들보다 더 많은 사람들이 무장을 하고 그들을 찾아나섰어요. 그렇게 만두리아인들을 만났고 그들을 공격하게 되었답니다. 정말 무서운 전투였어요. 할 수 없이 야만족은 더 험한 산속으로 숨어들어 가게 됐죠. 우리가 감히 근접할 수 없는 곳으로요. 그리고 얼마 후, 야만족을 대표하는 두 명의 노인이 나를 찾아왔어요. 휴전을 원했던 거예요. 우리에게 줄 선물도 가져왔답니다. 야생 짐승의 가죽과 우리 연안에서는 볼 수 없는 희귀 과일이었어요. 나에게 선물을 주더니 이렇게 말하더군요.

'왕은 보시오. 우리의 한 손에는 칼이, 또 한 손에는 올리브 나뭇가지가 들려 있소.'

정말 그들의 손에는 두 개의 물건이 들려 있었어요.

'하나는 전쟁이요 또 하나는 평화를 뜻합니다. 그러니 둘 중 하나를 택하면 될 것입니다. 우리는 평화를 원해요. 평화를 사랑하는 마음이 있었기에 햇빛이 들고 비옥하여 온갖 과일이 풍성한 연안을 양보했던 것입니다. 평화는 그 어떤 열매보다 달콤한 것이에요. 그렇기 때문에 봄이 주는 꽃도 없고 가을이 선사하는 과일도 없이 눈과 얼음으로 가득한 산속으로 물러난 것이었습니다. 우리는 승리와 영광에 대한 야망이라는 이름 속에 숨어 있는 폭력을 극도로 증오합니다. 평화로운 땅을 갈아엎고, 형제와도 다름없는 사람들의 피를 흘리는 폭력이 싫어요. 만일 그대가 헛된 승리를 바란다면 할 수 없겠죠. 당신을 가엾게 여기고 우리에겐 그런 불행이 닥치지 않도록 신들에게 기도를 드리면 그만이니까요. 그리스인들이 심혈을 기울여 갈고 닦는 과학이나 예절 등이 이런 부당한 승리와 영광을 위한 것이라면 그런 것 없이 잘 사는 우리가 얼마나 행복한 민족이란 말입니까!

우리들은 아무것도 모르고 야만인들처럼 살지 모르나 따뜻한 마음을 가지고 정의가 무엇인지 압니다. 충성할 줄 알고 재산을 탐하지 않는 것으로 영광을 취하려 하죠. 작은 것에 만족하는 삶으로 충분합니다. 가질수록 더 필요하게만 느껴지는 쓸데없는 사치에 물들지 않은 것이 다행이라고 생각해요. 우리에게 중요한 것은 건강, 소박한 삶, 자유, 신체와 영혼의 강인함입니다. 정의롭고 용감한 삶에 대한 사랑, 신에 대한 겸손함, 가족들의 안정, 친구들에 대한 우정, 모든 이를 향한 신의, 풍요 속의 절제, 고통에 대한 인내, 늘 진실만을 말하는 용기, 거짓에 대한 증오만이 우리에게 중요한 것이에요. 이것이 당신의 이웃이자 동맹국이 될 수도 있는 우리들의 모습입니다. 화가 난 신들께서 그대로 하여금 평화를 무시하고 전쟁을 택하도록 한다면 장차 당신은 후회하게 될 것이에요. 평화를 사랑하는 이들이 전쟁에서는 더 무섭다는 것을 알고 후회하게 될 것이에요!'

노인들이 말을 하는 동안 나는 이들을 찬찬히 살폈답니다. 그들의 수염은 길었고 헝클어져 있었어요. 짧은 머리는 하얗게 샜고, 눈썹은 진했으며, 눈빛이 예사롭지 않더군요. 장엄하고 엄숙하며 권위가 느껴지는 말투였어요. 행동은 꾸밈이 없어 보였지요. 몸에는 짐승 털을 둘러 어깨에 메었는데, 그 사이로 보이는 팔뚝이 보통 건장하지 않더라고요! 운동선수들보다 더 대단한 근육이었어요. 나는 이 두 노인에게 평화를 원한다고 했어요. 그래서 우리는 여러 조건을 제시하고 합의를 보았죠. 증인으로는 신들이 함께하셨고요. 나는 선물을 잔뜩 싸주고 그들을 보냈답니다.

하지만 나를 조국에서 쫓아낸 신들이 또 한 번 나에게 고통을 주었지요. 아직 그들과 나눈 평화협정에 대해 모르고 있던 몇 명의 사냥꾼들이 바로 그날 두 노인과 그들을 보좌하던 야만족을 맞닥뜨린 거예요! 우리 사냥꾼은 열을 내며 그들에게 달려들었죠. 그렇게 반은 죽이고 반은 숲속으로 쫓아냈어요. 그래서 전쟁이 터졌답니다. 야만족은 우리가 한 맹세도, 우리가 함께 나눈 약속도 믿을 수가 없었던 거예요.

그들은 힘을 더 키우기 위해 로크리아, 푸글리아, 루카니아, 브루티엔, 크로토네스, 네리테스, 브린데스 사람들까지 불러 모았어요. 루카니아인들은 낫이 달린 전차를 타고 달려왔고, 푸글리아 사람들은 그들이 죽인 짐승 가죽으로 무장하고 나타났어요. 그들은 모두

철로 감은 몽둥이를 들고 있었죠. 마치 거인을 보는 듯 했어요. 힘든 일을 하다 보니 체력이 쌓인 거죠. 그래서 보기에만 거대한 게 아니라 그 힘도 대단했어요.

그리스에서 온 로크리아인들은 다른 민족에 비해서는 그나마 사람 냄새가 났죠. 하지만 그리스인들의 규율과 통제력에 야만족들의 강인함까지 너해져 정말 무서웠어요. 이들 역시 고된 삶을 살다 보니 더 강해진 것이었죠. 이들은 버드나무로 테를 만들고 짐승 가죽을 두른 방패를 들고 있었어요. 옆에 찬 칼은 또 얼마나 길던지요. 브루티엔인들은 사슴처럼 날쌔고 몸도 가벼운 사람들이었어요. 그들이 지나간 자리는 아무리 여린 풀들도 꼼짝을 하지 않았답니다. 모래 위로 보일락 말락 하는 발자국만 겨우 남길 뿐이었어요. 적들의 사이로 숨는가 하면 또 얼른 그 모습을 감췄어요.

크로토네스인들은 활쏘기에 능했죠. 평범한 그리스인들은 크로토네스인들이 쓰는 활을 쓰지도 못할 거예요. 만일 활쏘기 대회에 참가한다면 당연 그들이 우승을 차지할 겁니다. 그들의 화살 끝에는 독초 수액이 묻어 있었어요. 아베르노에서 온 독으로 조금만 몸이 닿아도 즉사를 한다고 하죠. 네리테스, 브린데스, 메사피아 사람들은 또 얼마나 강하던지요! 적들이 보이면 함성을 지르는데 그 소리가 하늘까지 올라 얼마나 무서운지 모릅니다. 투석기를 잘 다루는 민족이기도 했어요. 우박이 내리듯 그들이 던진 돌이 가득했어요. 하지만 뭔가 질서 있게 싸우는 사람들은 아니랍니다. 자, 이제 그대가 알고 싶어했던 모든 걸 말해드렸어요. 왜 전쟁이 일어났는지, 우리의 적은 누구인지까지 다 말씀드렸어요."

설명을 듣고 난 텔레마코스는 무기를 들어 얼른 전장에 나가고 싶었다. 그러나 멘토가 그를 붙들더니 이도메네우스에게 말했다.

"그리스 민족인 로크리아인들이 왜 야만족과 합세한 것이죠? 이 연안 주위로 수많은 이민자 집단들이 번영하며 살고 있지 않습니까, 그대처럼 전쟁을 치르지 않고도 말이죠. 이건 또 어찌 된 일입니까? 이도메네우스, 당신은 신들이 아직까지도 당신을 괴롭힌다고 하셨죠? 하지만 나는 이렇게 말하고 싶어요, 아직 신들은 당신에게 가르칠 것이 많이 남았다고 말입니다. 그렇게나 큰 불행을 겪었음에도 불구하고 아직도 전쟁을 피하는 방법을 모르신단 말이에요? 그대 입으로 야만족에 대해 잘 설명하지 않았습니까. 그것만으로도 얼마든지 평화 속에 살 수 있었는데 안타깝습니다! 그대의 오만함과 우월하다는 생각 때문에 위험한 전쟁을 피할 수가 없는 거예요. 그들에게 인질을 보내고, 또 그들에게서 인질을 데려오면 되었을 것을! 당신을 찾아왔던 사람들의 안전을 위해 그대의 병사를 보냈으면 얼마나 좋았겠습니까! 전쟁이 났다고 해도 마찬가지입니다. 그들에게 동맹에 대해 잘 모르는 이들이 저지른 실수라며 안심하라고 말했다면 됐을 일 아닙니까. 그들이 원한 안전을 보장해주고, 동맹을 거스르는 당신의 병사나 백성들을 처단하면 되었을 일입니다. 그런데 이게 어떻게 된 일이죠? 도대체 그 이후로 무슨 일이 더 벌어졌던 것입니까?"

그러자 이도메네우스가 대답했다.

"어떻게든 비열한 수라도 쓰지 않으면 이 야만족을 상대할 수 없을 것 같았어요. 전투에 참여할 수 있는 모든 이를 불러들였고, 이웃 민족들에게 우리가 건방지고 조심해야 할 사람들임을 알리며 그들의 도움까지 청했으니까요. 가장 안전한 방법은 산길을 막는 것이라고 생각했어요. 아직 경계가 느슨한 곳이 몇 군데 있었거든요. 우리는 별 어려움 없이 그 길을 마을 수 있었어요. 그래서 야만족은 화가 난 거죠. 나는 거기에 요새를 올리도록 했어요. 산을 통해 우리나라로 들어오는 적들을 제압할 수 있도록 말이죠. 우리는 때를 봐서 그들의 땅에 몰래 쳐들어가 황폐하게 만들 수도 있었고요. 그런 준비를 해야 수적으로 우세한 그들과 한 번 붙어볼 만하다고 생각한 거예요. 이제 그들과 우리 사이의 평화는 없어요. 우리가 만든 요새를 포기한다면 그들이 침략할 것이 뻔하죠. 반대로 그들에게 우리의 요새란, 얼마든지 그들을 제압해 종으로 만들 수 있는 원인으로 보이겠죠."

멘토가 말했다.

"그대는 현명한 왕입니다. 그러니 꾸미지 않은 진실을 알길 원하시죠. 진실을 알게 되는 것이 두렵고, 스스로를 깨우치고 반성할 용기가 없어 자신이 저지른 잘못을 지지하는 데에만 권력을 쓰는 그런 약한 사람이 아닙니다. 그대에게 평화를 제안하러 왔을 때, 그 야만족 노인들은 아주 좋은 교훈을 남겨줬어요. 그 사실만은 아셔야 할 겁니다. 과연 그들이 약했기 때문에 평화를 원했을까요? 당신에 비해 용기가 부족하고 힘이 부족해서 그런 걸까요? 그게 아니라는 건 당신이 더 잘 압니다. 그들은 이웃 민족의 지지를 받고 있으니 말이죠. 그런데 당신의 그릇된 수치심과 헛된 영광 때문에 오늘날 이런 불행을 맞이하게 된 겁니다. 혹시라도 적들이 으스댈까 두려웠죠? 하지만 당신의 부당함과 거만한 행동 때문에 이웃 민족들까지 그대의 적으로 만들고 야만족들의 힘은 더 강하게 키울 수 있다는 점은 두려워하질 않았던 겁니다. 그렇게 자랑하는 당신의 요새는 도대체 무슨 소용이 있습니까! 누군가를 종으로 만들려는 생각에 이웃을 괴롭히고 당신 자신을 괴롭히는 것 외에 무슨 소용이 있습니까? 오로지 당신의 안전 때문에 요새를 만들었죠? 하지만 그 요새 때문에 당신의 안전이 위협을 당하는 겁니다.

한 나라에 있어 가장 안전한 요새는 바로 정의, 절제, 신의입니다. 당신은 절대 이웃 나라를 속이지도 침범하지도 않을 거라고 그들을 안심시켜야 합니다. 아무리 강한 성벽이라 해도 무너질 수 있습니다. 전쟁 속의 운명은 변덕이 심하고 한결같지 못하니까요. 하지만 이웃에 대한 사랑과 믿음이 있다면 결코 침범을 받을 일이 없습니다. 누군가가 당신을 침략하려고 한다면 당신의 안전을 유지하기 위해 이웃 나라에서 나서 그대를 지켜줄 것입니다. 당신의 안녕을 추구하는 수많은 이웃 민족들은 당신에게 고통만 줄 뿐인 요새보다 더 강하고 안전할 것입니다. 만일 그대가 이웃 나라의 질투를 피할 줄 알았다면 지금 당신의 나라는 평화 속에서 번영을 했을 것입니다. 그리고 헤스페리아 모든 민족들에게 당신은 그들의 문제를 해결해줄 심판관이 되었을지 모릅니다.

이젠 과거의 잘못을 해결하고 고쳐줄 미래의 일에 대해 생각할 시간입니다. 이 섬 근처에는 그리스에서 이주해온 이들이 많다고 하셨죠? 바로 이들이 그대를 도와야 합니다. 그들은 주피터의 자손인 위대한 미노스를 기억하고 있습니다. 트로이에서 펼쳤던 당신의 활약을 잘 알고 있습니다. 왜 이들을 그대의 나라에 들이지 않는 것입니까?"

그러자 이도메네우스가 대답했다.

"다들 중립을 지키기로 결정했습니다. 나를 돕고 싶은 마음이 없어서 그러는 것이 아니라 우리 도시의 화려함이 싫어서 그런 겁니다. 다른 민족들과 마찬가지로 이들 역시 우리가 자신들의 자유를 위협할까 두려워하는 겁니다. 우선 산에 사는 야만족을 정복하면 우리의 야망이 더 커져 그들까지 노릴 거라고 생각한답니다. 다시 말해 모두가 우리의 적인 셈입니다. 아예 대놓고 우리에게 싸움을 걸어오지 않는 사람들마저 우리가 추락하기를 바란답니다. 이들의 질투 때문에 우리는 동맹을 맺을 나라가 없는 거예요."

왕의 말에 멘토가 말했다.

"궁지에 몰려도 이렇게 몰릴 수가 있나요! 강하게 보이려는 욕심이 그대를 더 허약하게 만들 뿐이니 말입니다. 밖으로 이웃 나라에게 두려움과 증오의 대상이 되는 동안, 안에서는 전쟁을 치르느라 온갖 힘을 다 써야 하니! 불행한 이도메네우스, 불행을 겪었음에도 불구하고 반도 이해를 못했으니 또 한 번 불행한 이도메네우스! 다시 또 추락을 해야 그때야 아시겠습니까? 위대한 왕들을 위협하는 모든 악을 대비하고 준비해야 한다는 걸 그때야 아시겠습니까! 내가 다 알아서 할 테니 당신과 동맹을 거부하는 그리스 출신 이주민들에 대한 얘기나 더 해보십시오."

이도메네우스가 대답했다.

"그중에서도 타렌테 도시가 가장 중요합니다. 3년 전에 팔란토스가 지은 도시죠. 트로이 전쟁 중에 여자들이 바람을 피워 태어난 라코니아[59]의 사생아들을 데려와 지은 도시예요. 전쟁에 나갔던 남편이 돌아오자 아내는 남편에게 모든 것을 다 바쳤죠. 자신의 잘못을 씻으려고 했던 거예요. 이렇게 엄마도 아빠도 없는 사생아들은 그야말로 망나니처럼 살았죠. 그래서 법에 따라 그들은 처벌을 받았답니다. 무모함과 야망으로 똘똘 뭉쳤던 팔란토스는 자신의 계략으로 사람들의 마음을 차지하는 재주가 있었어요. 그런 그가 이 사생아들을 모아 두 번째 라케다이몬이라며 타렌테를 지은 거예요. 헤라클레스의 화살을 가져오며 트로이 전쟁에서 영광을 누렸던 필로크테테스는 그 옆에 페틸리아라는 도시를 세웠어요. 타렌테보다는 힘이 약할지 모르나 그들보다 훨씬 현명한 사람들이죠. 그리고 네스토르가 지은 메타폰테스가 있습니다."

그러자 멘토가 말했다.

"뭐라고요? 헤스페리아에 네스토르가 와 있다는 말입니까? 그런데 그를 섭렵하지 않았다고요? 당신이 트로이인들을 상대로 열심히 싸웠다는 것을 네스토르는 잘 알고 있지 않습니까! 그와 친해지기도 했고요!"

이도메네우스가 말했다.

"그의 민족들이 벌인 계략으로 그와 나는 멀어질 수밖에 없었습니다. 야만족이 야만스러운 방법으로 우리의 우정을 깬 거죠. 내가 헤스페리아의 폭군이 되려 한다고 네스토르에게 일러바쳤고, 결국 그의 마음을 돌려놓았던 겁니다."

이번에는 멘토가 말했다.

"잘 설명하면 되지 않습니까. 그의 마음을 돌려놔야죠. 네스토르가 이곳으로 와서 도시를 짓기 전, 텔레마코스는 필로스 섬에서 그를 만난 적이 있습니다. 율리시스를 찾기 위한 여행을 떠나기 전이었죠. 아직 네스토르는 율리시스를 기억하고 있습니다. 그가 얼마나 텔레마코스를 사랑했는지도 잘 알고 있고요. 하지만 이 상황에서 정말 중요한 것은 그의 믿음을 다시 찾아오는 일입니다. 이웃 나라에게 당신이 보여준 어두운 그림자 때문에 전쟁이 발발한 거예요. 그러니 그 어둔 그림자를 없애야만 전쟁을 멈출 수 있습니다. 이번에는 내가 나서서 해결하죠."

그 말에 이도메네우스는 멘토를 껴안았다. 마음이 풀리면서 더이상 말을 이을 수가 없었다. 그리고 한참이 지나서 이렇게 말했다.

"내 잘못을 고치기 위해 하늘이 보내준 멘토! 당신이 아닌 다른 누군가가 이런 말을 했다면 아마 화를 냈을지 모릅니다. 오직 당신만이 나에게 평화를 찾도록 설득할 수 있단 말입니다. 나는 모든 적을 죽이고 제압하려 했습니다. 하지만 나의 열정을 믿는 것보다 그대의 조언을 따른 편이 훨씬 정의롭다는 생각이 드는군요. 텔레마코스는 나처럼 길을 잃고 헤매지 않을 겁니다. 멘토 같은 사람이 늘 함께하니까요. 멘토, 당신이 주인이십니다! 신들의 모든 지혜가 당신에게 녹아 있습니다. 미네르바도 당신보다 더 현명한 조언은 하지 못할 거예요. 가서 해결해주십시오. 내가 갖고 있는 모든 것을 저들에게 주십시오. 당신이 옳다고 생각하는 일은 저도 옳다고 생각합니다."

멘토와 이도메네우스가 해결책을 찾느라 이야기를 나누고 있던 그때, 말들이 우는 소리와 함께 사람들의 함성이 들려왔다. 고요하던 하늘에 나팔소리가 울려 퍼졌다. 그러자 사람들이 소리쳤다.

"적들이 나타났다! 우리가 지키고 있는 길을 피해 적들이 몰려왔다! 살렌타인을 함락시키러 그들이 나타났다!"

노인들과 여자들은 두려움에 떨기 시작했다.

"왕을 따라 그렇게 비옥했던 크레타를 떠났건만! 바다를 헤매다 드디어 새로운 나라를 만들었건만! 이젠 그 나라조차 재가 되어 날아가버리는 운명이구나!"

새로 만든 성벽을 통해 밖을 내다 보니 적들의 투구며 갑옷, 방패에 해가 반사되어 눈이 부셨다. 마치 풍년이 든 것처럼 땅을 가득 매운 창이며 무장한 전차도 보였다. 이 전쟁에 참여한 서로 다른 민족들이 모두 한눈에 들어왔다.

멘토는 적들을 잘 관찰하기 위해 높은 탑으로 올라가기로 했다. 그러자 이도메네우스와 텔레마코스도 그의 뒤를 따랐다. 탑에 올라가니 한편으로는 필로크테테스의 군대가, 또 한편으로 아들과 함께 군사를 이끌고 온 네스토르가 보이는 것이 아닌가! 나이가 든 네스토르는 금방 알아볼 수 있었다. 그 모습을 본 멘토가 소리쳤다.

"필로크테테스와 네스토르는 당신을 돕지는 않으나 중립을 지킨다고 하지 않았습니까! 그런데 보십시오. 저들까지도 당신을 치려는 적이 되지 않았습니까! 그리고 천천히 줄을 맞춰 다가오는 저들은 팔란토스의 군대가 아닙니까? 당신이 원하지도 않았는데 모두 당신의 적이 되어 나타났습니다!"

이 말을 남긴 채 멘토는 서둘러 탑을 나섰다. 그리고 적들이 다가오는 성벽 옆문을 향해 걸어갔다. 멘토는 그 문을 열라고 했다. 그의 당당함에 놀란 이도메네우스는 도대체 왜 문을 열라고 하는지, 무슨 생각을 하는지조차 물을 수가 없었다. 멘토는 손을 들어 아무도 자신의 뒤를 쫓아오지 못하도록 했다. 그는 적들 앞에 나섰다. 적들은 그들을 대상으로 단 한 명의 남자가 나온 것에 대해 적잖이 놀라는 모습이었다. 멘토는 평화의 상징인 올리브 나뭇가지를 들고 천천히 다가갔다. 그리고 자신의 목소리가 충분히 전해질 수 있는 데까지 가서 적장들을 모이라고 했다. 적장들이 모이자 멘토가 말했다.

"헤스페리아에서 번영하고 있는 각 나라에서 모인 자애로운 장군들이여! 그대들이 여기까지 온 이유는 오직 자유를 위해서라는 걸 잘 알고 있습니다. 여러분들의 열의를 높이 사는 바입니다. 하지만 피를 흘리지 않고서도 얼마든지 자유와 영광을 얻을 수 있는 방법이 있습니다. 이곳에는 네스토르도 와 있군요. 네스토르는 기억하시겠죠. 전쟁이라는 것은 정의를 위해 신들의 보호를 받으며 나선 사람들에게도 큰 피해를 준다는 사실을 말입니다. 전쟁은 인간을 괴롭히려는 신이 줄 수 있는 가장 악한 벌입니다. 트로이 전쟁이 일어났던 10년 동안 그리스 전체가 얼마나 큰 고통에 사로잡혔었는지 당신은 알 것입니다. 부족장들끼리 싸움이 났었죠. 운명의 변덕은 또 얼마나 심했습니까! 헥토르의 손에 얼마나 많은 그리스인들이 죽어갔습니까! 왕을 전장에 내보낸 채 시름시름 앓아야 했던 그리스의 대도시들이 기억나지 않습니까? 화가 난 신들이 그리스의 왕들을 적진으로 몰고 갔었던 것입니다. 그렇게 얻은 승리와 영광은 무슨 소용입니까!

헤스페리아인들이여, 나는 그대들이 이런 헛된 영광을 누리지 않았으면 좋겠습니다. 트로이는 한 줌의 재로 변했습니다. 그건 사실이죠. 하지만 그리스에게는 전쟁 없이 계속해서 번영하는 삶을 사는 것이 더 좋을 뻔했습니다. 오랜 고통을 겪고 렘노스 섬에 버려져야 했던 필로크테테스여! 또 한 번 그런 전쟁으로 또 다른 불행을 맞이하고 싶으십니까? 트로이 전쟁 때문에 왕들과 장군들이 자리를 비웠고, 그리하여 라코니아에 큰 혼란이 있었던 것을 잘 압니다. 그런 슬픔을 또 원합니까? 헤스페리아로 온 그리스인들이여! 그대들은 트로이 전쟁 이후의 또 다른 불행 앞에 서있는 것입니다!"

말을 마친 멘토는 필리아 사람들 앞으로 다가섰다. 그러자 멘토를 알아본 네스토르가 나와 이렇게 말했다.

"멘토! 이렇게 다시 만나게 되는군요! 포키스에서 그대를 마지막으로 본 것이 벌써 몇 년 전이던가요! 그때 멘토는 겨우 열다섯 살이었지요. 이미 그때도 똑똑하고 현명했지만 그 이후로는 더욱 더 덕망을 날릴 것이라 예견했었답니다. 그런데 어쩌다가 이곳까지 오신 겁니까? 그리고 이 전쟁을 끝내겠다는 당신의 생각은 어떤 것입니까? 이도메네우스는 우리로 하여금 그를 공격할 수밖에 없도록 만들었지요. 우리가 원한 건 평화밖에 없습니다. 여기 모인 모든 민족이 원하는 것은 바로 그 평화예요.

하지만 이도메네우스에게서 안전을 보장받을 수가 없습니다. 이웃 나라와 한 약속을 지키지 않은 것도 바로 이도메네우스예요. 그와 함께하는 평화는 이미 평화가 아닙니다. 동맹 국가들을 기만하는 방법으로만 쓰일 뿐이죠. 그는 이미 모든 이웃 국가를 정복하여 노예로 삼겠다는 자신의 야망을 보였어요. 그러니 그가 세운 나라를 무너뜨리지 않는 한 우리에게는 자유가 없다는 걸 알게 되었죠. 그는 신의를 저버렸습니다. 그를 추락시키지 않으면 그의 속박을 피할 수 없습니다. 이도메네우스를 다시 믿고, 정말 평화를 유지하며 살 수 있는 방법이 있다면 말씀해주십시오. 그럼 여기 모인 모든 이들은 당장에라도 무기를 버릴 수 있습니다. 그렇게만 된다면 그런 묘책을 찾아내신 멘토를 여기 있는 모두가 찬양할 것입니다."

그러자 멘토가 대답했다.

"현명한 네스토르, 율리시스가 나에게 그의 아들 텔레마코스를 맡긴 사실을 알고 있죠? 아버지의 소식이 궁금해 필로스로 갔던 젊은이를 기억합니까? 당신은 아버지의 친구로서 해줄 수 있는 모든 것을 동원해 그를 사랑으로 맞아주었어요. 그리고 텔레마코스를 보낼 때는 당신의 아들을 함께 보내 그를 보호하게 했죠. 그 후로 텔레마코스는 기나긴 여행을 계속했답니다. 시칠리아, 이집트, 키프로스, 크레타까지 갔었죠. 그러나 이타케로 돌아가려던 그는 폭풍을 맞아 이곳까지 오게 되었어요. 아마 그대들이 처참한 전쟁의 피해를 입지 않도록 하기 위해 우리가 이곳에 오게 된 것일지 모릅니다. 더이상 이도메네우스가 아닌, 율리시스의 아들 텔레마코스가 그리고 내 자신이 장담하지요. 그대들이 원하는 것을 얻을 수 있을 거라고 말입니다."

멘토와 네스토르가 적군들에게 둘러싸여 이야기를 나누는 동안, 이도메네우스와 텔레마코스는 다른 크레타인들과 함께 살렌타인의 성벽에서 그들을 내려다보았다. 멘토의 말이 어떻게 받아들여질까 궁금했다. 그리고 이 두 노인 사이에서 어떤 대화가 이루어지고 있는지 알고 싶었다. 네스토르는 그리스 왕들 중에서도 가장 언변이 뛰어나고 가장 경험을 많이 쌓은 왕으로 유명했다. 트로이 전쟁 당시 아킬레우스의 혈기를 진정시켰던 것도 네스토르였고, 아가멤논의 거만함을 누른 것도 그였다. 그뿐인가, 아이아스의 자만은 물론 디오메데스의 그릇된 혈기도 잠재운 것이 바로 네스토르였다. 그가 입을 열면 설득을 당할 수밖에 없는 말이 흘러나왔고, 그가 아니면 그 누구도 거친 혼란을 잠재울 수 없었다. 나이가 들어 몸은 허약해졌을지 모르나 그의 언변은 아직도 강하고 부드러웠다. 그는 지난 이야기를 들려주어 젊은이들에게 교훈을 주기도 했다. 조금은 느리게 전해지는 그의 이야기는 모든 이를 매혹시킬 만한 것이었다.

하지만 멘토의 앞에 서니 그리스 전체의 존경을 받았던 네스토르의 장엄함도, 또 그의 언변술도 아무런 소용이 없어 보였다. 세월도 비껴간 듯한 멘토에 비해 네스토르는 너무도 연약하고 늙어 보였다. 멘토의 말은 간단했지만 그의 말 속에는 네스토르에게는 없는 권위와 생기가 느껴졌다. 멘토의 말은 짧고 정확하고 활력이 넘쳤다. 그 어떤 말도 되풀이하지 않았다. 반드시 해야 할 말만 했고, 어떤 일에 대해 다시 설명을 해야 하는 상황에서는 적절한 비유와 새로운 방법으로 말을 이어갔다. 그의 말 속에는 뭔가 관대한 즐거움이 녹아 있었다. 그렇게 존경받아 마땅한 두 노인의 대화는 많은 사람들의 가슴을 울리기에 충분했다.

지혜로운 두 노인의 모습을 보기 위해 살렌타인인들은 서로의 위로 올라서는가 하면, 그들이 나누는 얘기를 들으려고 귀를 기울였다. 이도메네우스와 그의 측근들은 두 노인의 표정과 손짓이 무엇을 의미하는지 알아내려고 혈안이 되어 있었다.

그러는 동안 텔레마코스는 군중 속으로 숨어 들어갔다. 그리고 멘토가 나간 문 쪽으로 다가가 단호하게 그 문을 열라고 명했다. 자신의 옆에 있다고 생각한 텔레마코스가 평원을 지나 네스토르 쪽으로 가는 모습을 본 이도메네우스는 놀랄 수밖에 없었다. 텔레마코스를 알아본 네스토르는 느리고 무거운 걸음으로 그에게 다가갔다. 네스토르의 품에 와락 안겨 아무 말도 못하고 있던 텔레마코스가 드디어 입을 열었다.

"아버지, 아버지라고 불러도 되겠지요? 불행이 닥쳐 진짜 아버지를 만날 수 없는 나에게 사랑을 전해주신 분이니 아버지라고 불러도 되지 않겠습니까. 아버지, 사랑하는 아버지, 여기서 이렇게 다시 만나다니요! 이렇게 진짜 아버지 율리시스를 만날 수 있다면 얼마나 좋겠습니까! 진짜 아버지는 잃었지만 이렇게 또 다른 아버지를 만나니 위안이 됩니다."

그 말을 들은 네스토르는 눈물을 참을 수가 없었다. 또한 텔레마코스의 뺨 위로 아름답게 흐르는 눈물을 보니 기쁨과 감동으로 가득할 수밖에 없었다. 적군들 사이를 아무렇지도 않게 지나온 이 젊은이의 고귀하고 온화한 모습에 그 자리에 있던 모든 이들이 놀라움을 금치 못했다. 사람들이 말했다.

"네스토르에게 다가온 저 젊은이는 그와 얘기를 나누던 노인의 아들인 모양이야! 서로 나이는 다를지 모르지만 두 사람에게서 똑같은 지혜를 찾아볼 수 있잖아? 한 사람에게서는 막 피어나는 지혜, 또 한 사람에게서는 화려하게 열매를 맺는 지혜가 보이는 것 같아!"

텔레마코스를 따뜻하게 대하는 네스토르를 보자 이 기회를 잘 활용해야겠다는 생각이 든 멘토가 말했다.

"모든 그리스는 물론이고 당신에게도 참으로 소중한 율리시스의 아들 텔레마코스가 왔습니다! 이도메네우스가 여러분들께 하는 평화의 약속이 얼마나 신실한지를 보여주기 위해 이 텔레마코스를 인질로 보내려 합니다. 우리가 줄 수 있는 가장 소중한 인질이에요. 설마 내가 율리시스를 잃고 이젠 그 아들까지 잃으려 한다고 생각하진 않겠지요? 설마 내가 페넬로페로부터 살렌타인 왕의 야심을 위해 아들을 희생시켰다는 원망을 듣길 바란다고 생각지는 않으시겠지요! 텔레마코스가 스스로 인질이 되겠다고 선택했습니다. 이는 평화를 사랑하는 신들이 보내는 인질입니다. 여기 모인 모든 사람들은 들으십시오. 인질까지 보내기로 약속했으니 지금부터는 평화를 지키기 위한 몇 가지 제안을 하겠습니다."

그러자 군중 속에서 야유가 흘러나왔다. 사람들은 이 모든 것이 전쟁을 늦추기 위한 계획이라고 생각한 것이다. 그들의 분노를 조금 가라앉히고 그 틈을 타 이도메네우스를 도망시키려 하는 것이라 생각했다. 특히 만두리아인들은 이도메네우스가 또 한 번 자신들을 속이는 거라 확신했다. 그들은 몇 번이나 멘토의 말을 끊으려고 했다. 혹시나 전쟁을 위해 모인 동맹국 사람들이 지혜로운 멘토의 말을 듣고 생각을 바꿀까 걱정했기 때문이다. 그리하여 전장에 모인 모든 그리스인들에게 시비를 걸기 시작했다. 그 모습을 본 멘토가 말했다.

"만두리아인들은 얼마든지 불만을 토로할 만합니다. 그리고 저들에게 저지른 실수에 대해 반성하고 용서를 빌라고 얼마든지 말할 자격이 있습니다. 그러나 이곳으로 이주한 그리스인들이 옛 동포들에게 모질게 굴고 거만하게 구는 것은 정당치 못한 일입니다. 그리스인들끼리는 똘똘 뭉쳐야죠. 그래서 다른 민족에게 존경을 받아야 할 것 아닙니까! 서로 조금씩 양보하고 남의 땅을 탐하지 않으면 가능한 일입니다. 이도메네우스가 그대들에게 어두운 모습을 보였었죠. 하지만 이제 그는 여러분의 의심을 잠재울 준비가 되어 있습니다. 이도메네우스의 마음이 진심임을 증명하기 위해 나와 텔레마코스가 인질이 되겠다고 하지 않습니까. 여러분들에게 약속할 모든 것이 실현되기 전까지 우리는 여러분의 인질이 될 것입니다.

만두리아인들은 들으십시오. 크레타인들이 그대들 몰래 길을 막아 화가 난 것이 아닙니까? 거기에 요새를 만들어 그들이 원하면 얼마든지 당신들의 영토를 침범할 수 있기 때문에 울분을 터뜨리는 것이 아닙니까! 여러분은 그들을 위해 살기 좋은 연안을 양보하고 산으로 들어갔는데 말입니다! 크레타인들이 요새를 만들고, 또 무장한 군사들이 그곳을 지키기 시작함으로써 전쟁이 시작되었지요. 이 외에 또 다른 이유가 있습니까? 있다면 말해 보십시오!"

그러자 만두리아 족장이 앞으로 나와 말했다.

"이 전쟁을 피하기 위해 우리는 안 해본 것이 없습니다! 크레타 왕의 야심 때문에 평화를 유지할 수 없다는 걸 알았고, 또한 그 왕을 믿을 수도 없다는 사실을 알았을 때야 비로소 전쟁이 불가피하다는 결론을 얻었습니다. 이는 신들이 더 잘 알 것입니다. 저들은 우리가 어쩔 수 없이 반기를 들 수밖에 없게 만든 어리석은 민족입니다! 저들을 치지 않으면 우리의 안정이 보장되지 않기 때문에 전쟁을 피할 수 없게 된 것입니다. 요새로 길을 막는 이상, 우리는 언제든지 저들이 쳐들어와 우리를 종으로 삼을 수도 있다는 생각을 할 겁니다. 이웃과 평화를 유지하며 살기를 바랐다면 우리가 아무런 조건 없이 내어준 땅으로 만족했어야 합니다.

당신은 참으로 현명한 노인이십니다. 하지만 저들이 어떤 사람들인지는 잘 모르시나 봅니다. 하긴, 우리도 불행을 겪고 나서야 저들의 진가를 알게 되었죠. 그러니 더이상 전쟁을 늦추려 애쓰지 마십시오. 이 전쟁은 정당하고 꼭 필요한 것입니다. 이 전쟁 없이는 헤스페리아에 평화도 없을 것입니다. 저들은 우리를 기만한 비열하고 배은망덕한 사람들입니다. 화가 난 신들이 우리의 평화를 깨버리려 저들을 보냈습니다. 우리가 저지른 잘못을 벌하려고 저들을 보냈단 말입니다! 하지만 우리가 그 벌을 다 받은 후에는 저 나쁜 민족을 못살게 굴겠지요! 우리만 고생을 시키고 저들은 그냥 놔두진 않겠지요!"

만두리아 족장의 말에 모두 분개했다. 마치 마르스와 벨로나[60]가 군중 사이를 다니며 그들의 마음에 멘토가 잠재우려 했던 전쟁의 열기를 불어넣은 것과도 같았다. 결국 멘토가 말을 이었다.

"만일 말로만 약속하는 거라면 내 말을 믿지 않으셔도 됩니다. 하지만 분명하고 확실한 것을 제안하지 않았습니까. 텔레마코스와 나를 인질로 삼고 싶지 않은 거라면 크레타인들 중 가장 고귀하고 가장 지혜와 용기가 넘치는 열두 명을 뽑아 그대들에게 드리겠습니다. 물론 여러분들도 그만큼의 인질을 이도메네우스 측에 줘야 정당하겠죠. 이도메네우스는 진실로 평화를 원합니다. 무언가를 두려워하지도 않고, 또 약삭빠른 방법을 쓰려고 하지도 않습니다. 여러분 모두가 지혜와 중용의 마음으로 평화를 바라듯, 그 역시 똑같은 방법으로 평화를 바랍니다. 나약한 삶이 좋아서, 혹은 전쟁의 위험이 무서워서가 아니고요! 그는 전쟁으로 죽을 수도 있고, 또 전쟁에서 이길 수도 있습니다.

하지만 그는 화려한 승리보다 평화를 더 사랑합니다. 전쟁에서 질까 봐 두려워하는 자신이 창피하기도 하겠죠. 하지만 그가 정말 두려워하는 것은 정정당당하지 못하고 부당한 행동을 하는 것입니다. 이도메네우스는 할 수 없이 이런 조건을 내세운 것이 아닙니다. 무슨 일이 있어도 강제로 평화를 내세우는 척하지는 않는다는 말입니다. 모든 국가가 만족하는 평화를 원합니다. 질투를 잠재우고 의심을 치료할 수 있는 그런 평화를 원합니다. 한마디로 말하자면, 지금 이도메네우스는 그대들이 원하는 그런 사람으로 변해 있습니다. 이제 남은 건 여러분들이 그걸 믿어주는 겁니다. 아무런 사심 없이 내 말을 들었다면 그걸 믿기가 그리 어려운 일도 아닐 겁니다.

미덕을 중요시하는 여러분, 현명하고 단합된 모든 족장들은 들으세요. 이도메네우스가 제안한 것을 말할 테니 잘 들어주십시오. 그가 이웃 나라를 침범하는 것은 옳지 않습니다. 이웃 나라에서 그의 나라를 침범하는 것 또한 옳은 일이 아닙니다. 그러니 요새를 지어놓은 그곳은 중립국에서 지켜주길 바랍니다. 네스토르, 그리고 필로크테테스! 두 분은 그리스 출신이십니다. 하지만 이번 전쟁에서는 이도메네우스에게 반기를 드셨지요. 그걸 보면 두 분께서는 이도메네우스의 이익보다는 헤스페리아 전체의 자유와 평화를 원하는 것 같습니다. 그러니 전쟁의 원인이 되었던 그 요새를 지켜주십시오. 헤스페리아의 원주민들이 힘을 모아 두 분께서 만든 도시와도 비슷한 살렌타인을 치는 것을 원치 않으시죠? 또한 이도메네우스가 이웃 땅을 노리는 것도 원치 않으시죠? 그러니 서로의 균형을 맞춰주는 역할을 해주세요. 원래대로라면 이해하고 사랑해야 할 나라에 칼과 불을 들이대는 대신 심판관이 되고 중재자가 되어주십시오. 이도메네우스가 과연 모든 약속을 지킬까 의심스러우십니까? 제 말씀을 들어보시지요.

서로의 안전을 위해 방금 말씀드린 인질을 교환하기로 합니다. 이는 길을 막는 요새가 두 분 손에 들어갈 때까지 유효합니다. 그렇게 헤스페리아에 안정이 찾아오고, 살렌타인과 이도메네우스도 조용해지면 그때는 만족하시겠습니까? 이젠 누구를 의심하실 겁니까? 서로를 의심하실 건가요? 이도메네우스를 믿지 못한다고 하셨죠? 정작 이도메네우스에게는 여러분을 속일 능력이 없어요. 그래서 그는 여러분을 믿습니다. 네, 그는 여러분들에게 휴식과 자유, 그리고 모든 민족의 평화로운 삶을 맡기려고 합니다. 좋은 평화를 원하십니까? 그 평화가 여러분 앞에 있습니다.

다시 한번 말하지만, 이도메네우스는 겁이 나서 여러분에게 이런 제안을 하는 것이 아닙니다. 지혜와 정의를 위해 이런 결정을 내린 거예요. 처음에 그는 실수를 저질렀습니다. 그리고 이런 제안을 통해 그 잘못을 반성하고 있습니다. 적에게 자신의 잘못을 솔직히 고백하고, 또 그 잘못을 만회하겠다고 한다는 것 자체가 그는 더이상 실수를 하지 않을 것이라는 증거입니다. 만일 여러분 앞에 놓인 평화와 정의를 거부하신다면, 그 평화와 정의가 여러분에게 복수를 할 것입니다. 이도메네우스는 자신에게 화가 난 신들을 두려워했었지요. 하지만 그 신들이 이제는 이도메네우스를 위해 여러분에게 벌을 줄지도 모릅니다. 텔레마코스와 저는 선의를 위해 싸우는 겁니다. 지금 여러분께 말씀드린 모든 것은 정당한 제안입니다. 그건 하늘과 지옥에 있는 모든 신들이 다 알 것입니다!"

이윽고 멘토는 평화를 상징하는 의미로 올리브 나뭇가지를 높이 들어올렸다. 그를 가까이서 보고 있던 적진의 장군들은 그의 눈에서 나오는 신성의 불빛에 눈이 부실 지경이었다. 멘토는 그 어떤 위인보다 더 장엄하고 더 신망 있어 보였다. 부드러우면서도 강인함이 느껴지는 그의 말은 모든 이의 가슴을 울리기에 충분했다. 깊은 밤의 침묵 속에서 갑자기 나타나 올림푸스의 달과 별을 멈추고, 성난 파도를 잠재우며, 거센 바람과 물결을 누그러뜨리는 마법의 말과도 같았다. 화가 난 백성들 사이에 있던 멘토는 달콤한 목소리로 호랑이들마저 발밑으로 오게 해 그를 핥도록 만들었던 바쿠스와도 같았다. 멘토의 말을 들은 군사들이 아무 말도 하지 못했다. 족장들은 서로 쳐다볼 뿐이었다. 도대체 이 노인이 누구인지도 몰랐고, 그의 말을 거부할 수도 없었기 때문이다. 꼼짝 않고 있던 군중의 시선이 멘토에게로 쏠렸다. 혹시 아직 할 말이 남았나 싶어, 혹시 그의 말을 놓칠까 싶어 누구 하나 나서 끼어들지 못하고 있는 상황이었다. 멘토의 말에는 토를 달 수도 이견을 내세울 수도 없었다. 그저 그가 계속해서 오랫동안 지혜로운 이야기를 해주기만 바랐다. 그의 말은 모든 이의 가슴속에 새겨졌다. 말로써 사랑을 받고 말로써 믿음을 얻어냈다. 모여 있던 모든 사람들은 멘토의 말을 한 마디라도 놓칠세라 열심히 집중하는 모습이었다.

조용하던 군중들 사이에서 조금씩 웅성거리는 소리가 들리기 시작했다. 증오에 불타 으르렁대는 것이 아니라 기분이 좋아져 서로 수군거리는 소리였다. 사람들의 얼굴이 훨씬 부드러워졌고 안정이 된 것 같았다. 그렇게 화가 났던 만두리아인들조차 무기를 내려놓을 정도였다. 그 거칠다는 팔란토스 사람들까지 부드러워지는 느낌이었다. 온갖 고생을 겪느라 그 누구보다 마음이 여려졌던 필로크테테스는 더이상 눈물을 참을 수가 없었다. 네스토르도 말을 잊지 못한 채 멘토를 껴안았다. 그러자 약속이라도 한 듯이 군중들이 소리쳤다.

"현명한 노인이 무기를 내려놓게 했다! 이젠 평화다, 평화만이 남았다!"

얼마 후 네스토르는 사람들 앞에서 뭔가 말을 하려 했다. 하지만 군중들은 네스토르가 상황을 좀더 복잡하게 만드는 얘기를 할 것 같아 두려웠다. 그래서 더 큰 소리로 울부짖기 시작했다.

"평화! 평화!"

그들을 진정시킬 방법은 없었다. 모두와 함께 평화라고 외치는 길밖에는 없었다.

이제 사람들 앞에서 연설하는 것은 불가능하다는 결론을 내린 네스토르가 나직이 말했다.

"선한 사람이 한 말의 힘이 이렇답니다, 멘토! 지혜와 이성의 말은 헛된 열정을 잠재우지요. 사람들의 분노는 우정과 평화에 대한 갈망으로 바뀌었습니다. 알겠습니다, 멘토가 말씀하신 대로 하겠습니다."

네스토르의 말에 족장들이 모두 손을 들었다. 그의 말에 동의한다는 신호였다. 그러자 멘토는 곧 성으로 달려가 성문을 열도록 했다. 그리고 이젠 아무런 걱정 없이 살렌타인인들을 성 밖으로 내보낼 것을 이도메네우스에게 청했다. 그러는 동안 네스토르는 텔레마코스를 껴안으며 말했다.

"그리스인들 중에서도 가장 지용이 넘쳤던 율리시스의 아들, 그대도 아버지만큼 현명하고, 아버지보다 더 행복한 삶을 살 수 있을 거예요. 그런데 아버지의 소식은 전혀 모르십니까? 그대의 아버지에 대한 기억이 우리의 화를 잠재우는 데 큰 도움이 되었습니다."

율리시스를 모르는 사람들마저 그에게 닥친 불행과 그 아들이 겪어야 했던 슬픔에 동감했다. 사람들이 텔레마코스에게 그간 있었던 모험에 대해 얘기해달라고 했다. 그런데 그때 멘토가 나타났다. 이도메네우스는 물론 크레타의 젊은이들이 모두 그를 따라 밖으로 나왔다. 이도메네우스를 보자 군중들은 다시 흥분하기 시작했다. 그러나 멘토가 입을 열어 막 타오르려는 그 분노의 불길을 다시금 꺼뜨렸다.

"신들이 증인이고 신들이 보호자인 동맹의 끝을 맺도록 합시다. 그 누구라도 우리의 동맹을 깨뜨리는 자가 있다면 신의 벌을 받을 것입니다. 이 동맹의 신성함을 짓밟은 그 야망에 찬 왕에게 전쟁의 비참함을 맛보도록 할 것입니다. 신은 물론 모든 사람들에게 미움을 받을 것이요, 무서운 형상을 한 분노의 화신이 그의 절망을 더 가중시킬 것입니다! 결국 아무런 희망도 없이 죽음을 맞고, 그의 시체는 들개와 매의 먹이가 될 것입니다. 그리고 지옥으로 떨어져 타르타로스의 깊은 심연에서 탄탈로스, 익시온, 다나이드가 받은 벌보다 더 엄한 벌을 받게 될 것입니다! 하지만 평화가 지켜진다면 이는 하늘을 받드는 아틀라스[61]의 바위만큼 단단할 것입니다. 모든 이들이 대를 이어가며 그 평화의 달콤함을 맛볼 것입니다. 그렇게 평화를 지킨 사람들의 명성은 대를 이어 우리 후손까지 전해질 것입니다. 정의와 신의 위에 싹튼 이 평화는 전세계 모든 민족들의 미래에 모범이 되는 평화일 것입니다. 행복을 바라는 모든 이들은 헤스페리아를 본받으려 할 것입니다!"

멘토의 말이 끝나자 이도메네우스를 비롯한 모든 왕들이 조건을 받아들이며 동맹을 맺었다. 그들은 각자 열두 명의 인질을 보내기로 했다. 텔레마코스도 이도메네우스가 보내는 인질이 되겠다고 했으나 멘토는 받아들여지지 않았다. 동맹군은 멘토가 이도메네우스와 남아 그의 행동을 살피고 조언을 해주길 바랐기 때문이다. 살렌타인 성 사람들과 모인 군사들은 눈처럼 희고 금장식을 뿔에 단 백 마리의 흰 암소와 황소를 희생물로 바쳤다. 신성한 칼 밑에서 죽어가는 소들의 끔찍한 비명이 들려왔고, 피에서 나는 연기는 사방팔방으로 흩어져갔다. 여기저기서 맛있는 포도주가 철철 넘쳤고, 사제들은 아직 팔딱거리는 제물의 내장을 살폈다. 제단 위에 향을 피우자 뭉게구름처럼 퍼져 온 평원이 향기로워졌다.

처음에는 증오에 찬 눈빛으로 서로를 쳐다보던 양쪽의 군대도 조금씩 말을 트기 시작했다. 전쟁은 잊고 평화가 주는 달콤함에 빠져들기 시작했던 것이다. 이도메네우스를 따라 트로이 전쟁에 참여했던 병사들은 네스토르의 병사들을 알아보기도 했다. 그들은 서로를 따뜻하게 끌어안으며 트로이 함락 후 어떻게 지냈는지 안부를 물었다. 사람들은 슬슬 잔디 위에 드러눕기도 하고, 머리에 꽃관을 쓰기도 했다. 거기 모인 모든 사람들은 즐거운 날을 축하하기 위해 도시에서 가져온 술을 마시며 즐겼다. 그러던 중 멘토는 각 나라의 왕과 장군들을 불러놓고 말했다.

　"서로 이름도 다르고 모시는 왕도 다르지만 이제 여러분은 하나입니다. 모든 인간은 세상 여러 곳에 흩어져 사는 한가족과도 마찬가지랍니다. 모든 민족이 형제요, 자매입니다. 그러니 있는 그대로의 모습을 사랑해야 합니다. 피를 나눈 가족이니까요! 어쩔 수 없이 전쟁이 불가피할 때가 있지요. 네, 사실입니다. 하지만 전쟁은 그 어떤 경우에도 인류가 저지른 수치이며 잘못입니다. 왕들은 들으십시오. 영광을 쟁취하기 위해 꼭 전쟁이 필요할까요? 진짜 영광은 인간 안에서 찾을 수 있어요. 그 밖에서가 아니라요. 인간에 대한 사랑과 이해보다 자기 자신의 영광이 더 중요한 왕은 건방진 괴물과도 같아요. 그는 사람이 아닙니다. 하긴 그런 헛되고 거짓된 영광을 차지할 수도 없어요. 왜냐, 진짜 영광은 자애와 중용에서 오는 것이기 때문입니다. 주변 사람들은 그의 자만과 허영을 부추기려 칭송하고 떠받들 겁니다. 하지만 이들이 진실된 마음으로 뭔가 얘기를 할 때가 되면 숨어서밖에는 할 수 없어요. 그런 왕 앞에서는 진실을 말 할 수가 없는 거예요. 이들은 이렇게 말할 겁니다.

'부당한 열정으로 저렇게 바라는 영광? 왕은 결코 영광을 얻을 자격이 없어. 왕은 사람들을 무시하고 자신의 헛된 자만심 때문에 많은 이들의 피를 흘리게 했어!'라고 말입니다. 그러니 백성을 사랑하고, 그들의 사랑을 받으며, 이웃 국가들과 잘 지내고 그들에게 믿음을 주는 왕은 얼마나 행복한 왕입니까! 전쟁을 하기는커녕 이웃 국가 사이에서 전쟁이 나는 것도 막아줄 그런 왕입니다. 그런 왕을 둔 백성들은 세계 여러 나라 사람들로부터 부러움을 한몸에 받겠죠!

그러니 이 자리에 모이신 왕들은 들으십시오. 가끔 다같이 만나 이야기를 나누세요. 3년에 한 번 정도 만나 회의를 하고 동맹에 대해 다시 의견을 나누세요. 새로운 조약을 맺을 수도 있겠죠. 그리고 공리를 위해 약속된 여러분의 우정을 다지는 기회로 삼으세요. 여러분이 함께 뭉치면 안으로는 평화와 영광과 풍족함이 지속될 것입니다. 또한 밖으로는 아주 강한 영토로 인정받을 것이고요!"

이윽고 네스토르가 말했다.

"우리는 서로의 신뢰를 통해 평화를 맺고자 합니다. 그러니 헛된 영광이나 부당한 욕심으로 이웃 나라를 공격하고 전쟁을 일으키는 사람들이 아니란 걸 아셨겠죠. 하지만 자신의 이익 외에는 아무것도 모르며 기회만 왔다 하면 다른 나라를 침략하려는 폭군 앞에서는 어떻게 해야 합니까? 지금 저는 이도메네우스에 대해 말하고 있는 것이 아니에요. 더이상 그를 나쁘게 보지 않습니다. 저는 지금 다우니아의 왕인 아드라스토스에 대한 얘길 하고 있는 거예요. 우리 모두 그를 두려워하고 있답니다. 그는 신을 무시하고, 이 세상 모든 사람들이 자신의 종이 되어 그의 영광만을 위해 태어났다고 착각하는 자입니다. 그는 그 자신이 왕이고 아버지가 되어주어야 할 그런 백성을 원하는 게 아닙니다. 그를 우상화하는 노예만 원할 뿐이지요. 신들에게 드리는 찬양을 자신이 받길 원합니다. 지금까지는 어떻게 운이 좋아 그가 원하는 대로 됐습니다.

우리가 살렌타인을 공격하려고 했던 이유는 적을 하나라도 빨리 없애야겠다는 생각 때문이었습니다. 좀더 강한 적을 물리치기 위해 아직은 약한 살렌타인을 공격하려고 했던 것이죠. 아드라스토스는 이미 여러 동맹국을 노예로 만들었어요. 크로토네는 벌써 두 번이나 치른 전쟁에서 완패를 당했지요. 자신의 야망을 충족시키기 위해 안 하는 짓이 없는 폭군이에요. 무력을 가하고 속임수를 써서 이기는 자입니다. 적을 물리칠 수만 있다면 방법 따위는 상관없다는 식이죠. 그래서 재산도 꽤 많이 모았어요. 그의 군사들은 잘 훈련되고 전쟁에 익숙해진 사람들입니다. 그들을 이끄는 장군들은 말할 것도 없고요. 아드라스토스는 능력 있는 사람들에 둘러싸여 있어요.

게다가 그는 자신의 명령에 따라 이루어지는 모든 것을 감시하죠. 조금이라도 실수를 하면 엄한 처벌을 내리기도 하고요. 물론 그에게 이득을 가져다주는 사람들에게는 관대합니다. 그가 만일 정의롭고 신의가 있는 사람이었다면 좋은 왕이 되었을 거예요. 하지만 그는 신도 두려워하지 않고 양심도 없는 자랍니다. 존경을 받고 유명해지는 것도 그에게는 별 것 아니랍니다. 오히려 그런 기쁨은 약한 자들에게나 보이는 유령 같은 것이라고 생각하죠. 그에게 중요한 것은 재산을 불리고, 사람들의 두려움의 대상이 되고, 모든 인간을 제 발밑에 두는 것뿐이에요. 곧 그의 군대가 쳐들어올 거예요. 이렇게 단합된 우리 모두가 그를 이겨낼 수 없다면 이제 갓 생긴 평화와 자유도 물거품이 될 게 뻔해요. 호시탐탐 기회를 노리는 아드라스토스에게 대항해야 합니다. 이는 우리를 위한 것일 뿐만 아니라 이도메네우스를 위한 것이기도 해요. 만일 우리가 지면 살렌타인도 위험에 처하게 될 겁니다. 그러니 이도메네우스에게도 이 소식을 전하는 게 어떨까요?"

네스토르의 말을 들으며 이도메네우스의 초대를 받은 각 나라의 왕과 주요 인물들은 살렌타인 성으로 향했다.

멘토의 조언

1 어리석은 지도자는 진실을 알게 되는 것이 두렵고, 스스로를 깨우치고 반성할 용기가 없어 자신이 저지른 잘못을 지지하는 데에만 권력을 쓴다.

2 한 나라의 가장 안전한 요새는 정의, 절제, 신의이다.

3 전쟁은 인간을 괴롭히려는 신이 줄 수 있는 가장 악한 벌이다.

4 지혜와 이성의 말은 헛된 열정을 잠재우고, 진짜 영광은 자애와 중용에서 온다.

제10장

진실을 말하는 자,
세상의 눈을 뜨게 하리라

아무리 위대한 인간도 그들의 성격이나 생각에서 비롯된
결점이 있기 마련이에요. 정말 존경받을 만한 사람은
바로 잘못을 인정하고 고칠 준비가 된 사람들이죠.

피곤에 지친 헤스페리아 동맹국 군사들이 하룻밤을 보내기 위해 천막을 치자 평원이 온통 형형색색으로 물들었다. 성 안으로 들어간 동맹국 왕과 대신들은 짧은 시간에 멋진 건물을 지어낸 살렌타인의 능력에 눈이 휘둥그레졌다. 밖으로는 전쟁을 준비하고 있었음에도 불구하고 여기저기서 건축물이 올라가고 도시가 커진 사실이 놀라울 따름이었다.

모두가 멋진 왕국을 만들어낸 이도메네우스의 현명함에 감탄했다. 이제 이도메네우스와 평화협정을 맺었으니 그와 동맹하여 움직이면 다우니아에 대항할 힘이 더 커진다고 생각했다. 따라서 각국의 왕들이 이도메네우스에게 연맹 가입을 제안했다. 그는 당연하다고 생각하는 이 제안에 기꺼이 응낙하였고 자신의 병사들을 보내겠다고 약속했다. 그러나 한 국가가 번영하는 데 필요한 모든 조건에 대해 누구보다 잘 알고 있던 멘토는 이도메네우스의 힘이 보이는 것만큼 그렇게 강하지 않다는 결론을 내렸다. 그리하여 멘토는 이도메네우스를 불러 조용히 말했다.

"약속드린 대로 모든 일이 잘 해결된 것 같습니다. 왕께서도 보셨지요? 살렌타인을 위협하던 불행으로부터 멀어졌어요. 이제 더 큰 영광을 위해 노력하고, 그대의 조부이신 미노스의 지혜에 버금가는 현명함으로 나라를 다스리는 일만 남았습니다. 그대는 내가 솔직하게 모든 것을 말하길 바랍니다. 또한 아부를 싫어하죠. 그렇다고 믿고 얘기를 좀더 해볼까 합니다. 이웃 나라의 왕들이 살렌타인의 화려함과 그대의 능력에 대해 칭송할 때, 나는 이런 생각을 했습니다. 그대의 행동과 결정은 어쩜 너무나 무모하다고 말입니다."

무모하다는 말에 이도메네우스의 표정이 바뀌었다. 그의 눈빛이 흔들리고 얼굴이 빨개지며 뭐라고 변명이라도 할 듯 멘토의 말을 끊으려고 했다. 하지만 멘토는 매우 겸손한 말투로 상대방에 대한 존경을 유지하며, 그러나 소신 있고 강력하게 말했다.

"무모하다는 말에 놀라신 것 같군요. 하긴 누가 그대에게 이런 말을 하겠습니까. 항상 왕을 존경해야 하고, 그 앞에서는 말도 조심스럽게 해야 함이 마땅하지요. 굳이 상처를 주는 말을 하지 않더라도 진실 자체로 상처를 받는 법이 아니겠습니까? 하지만 당신은 잘못을 덮어주기 위해 부드럽게 말하는 것이 아니라 있는 그대로 솔직하게 말하는 나를 얼마든지 이해하리라 생각합니다. 나는 왕께서 어떤 거짓도 꾸밈도 없이 진실을 있는 그대로 보고 듣는 것에 익숙해지기를 바랍니다. 그것이 나의 목표였지요. 또한 누군가가 그대의 행동에 대해 조언을 할 때에는 그 사람이 생각하는 그대로를 말하지 않는다는 사실을 알아주길 바랐습니다. 당신에게 불리한 것에 대해 사람들이 말을 하고 조언을 할 때에는 그들이 말하는 것 이상을 볼 줄 알아야 합니다. 그래야 어떤 상황에서도, 또 그 누구에게도 속지 않을 수 있어요. 그대가 원하면 얼마든지 부드럽게 얘기할 수 있어요. 돌려 말할 수도 있지요. 하지만 그대에게는 그 어떤 이익도 바라지 않는 누군가가 따끔하게 얘기해줄 필요가 있어요. 왜냐하면 그 누구도 그렇게 하려 들지 않을 테니까요. 그러면 당신은 진실의 반만 이해하는 것이 되겠죠? 언제나 부풀리고 아름답게 꾸민 얘기만 듣는 것이지요."

멘토의 말에 이도메네우스는 너무 민감하게 군 자신이 너무도 부끄러웠다. 하여 멘토에게 말했다.

"아부 섞인 말을 듣는 데 익숙해지는 것이 어떤 결과를 초래하는지 보셨습니까? 내가 이 나라를 세울 수 있었던 건 모두 멘토의 덕분입니다. 하지만 그대의 입에서 나오는 모든 진실은 듣기가 거북하고 아프기만 합니다. 그러니 아부에 익숙해진 이 왕을 가엾이 여겨주세요. 그 누구도 진실을 말하려 들지 않는 이 가엾은 왕을 불쌍히 여겨주세요. 나를 정말 사랑하는 나머지 내가 미워할 걸 알면서도 진실만을 얘기하는 사람, 이런 사람을 아직 찾지 못했답니다."

이도메네우스는 눈물을 글썽이며 멘토를 껴안았다. 그러자 멘토가 말했다.

"듣기 좋지만은 않을 말을 하는 것이 나에게도 참 가슴 아픈 일입니다. 하지만 진실을 숨겨 당신을 배신할 수는 없지 않습니까. 내 입장에 서서 생각해보세요, 이해가 가시지 않습니까? 지금까지 사람들에게 속기만 했다면, 어쩜 그건 당신이 그러길 바라기 때문이었을지 몰라요. 너무 솔직한 조어우 듣기 싫었던 거죠. 그 무엇도 원하지 않고, 당신에게 진실만을 말해줄 수 있는 사람을 찾아보기는 했던가요? 당신에게 잘보이려고 애쓰지도 않고, 자신의 이익을 찾지도 않고, 그대의 그릇된 열정이나 잘못된 생각을 가차 없이 비난할 만한 그런 사람을 찾아보긴 했습니까? 당신에게 아부를 하는 사람들을 멀리하려고 노력했던가요? 그런 사람들을 의심하고 경계한 적이 있습니까? 아닐걸요! 진실을 추구하고 진실을 알려 하는 사람들이 하는 모든 것을 당신은 피해만 왔습니다.

그럼 어디 봅시다, 당신을 매섭게 비판할 진실로 인해 창피함을 당할 각오가 되어 있는지, 그럴 용기가 있는지 말이에요. 그대 곁에서 아부를 늘어놓는 사람들은 경계하고 처단해야 한다고 말했습니다. 밖으로는 아직 완성되지 않은 왕국을 위협하는 적들이 득실대고 있을 때, 안으로는 무엇을 하셨습니까? 오로지 멋진 건축물을 만들어낼 생각만 하지 않았던가요? 그래서 밤에는 잠도 못 잤다고 말하지 않았습니까? 그렇게 있는 재산을 탕진했던 거지요. 백성을 늘릴 생각도 하지 않았고, 이곳의 비옥한 땅을 가꿀 생각도 하지 않았어요. 그대의 능력을 뒷받침하는 가장 기본적인 힘이 이 두 가지라는 생각은 못했습니까? 바로 많은 백성을 두는 것, 그리고 그들의 양식이 될 땅을 가꾸는 것이라는 생각을요! 백성의 수를 늘리려면 나라가 오랫동안 평화로워야 합니다. 그대가 고민해야 할 문제는 농업의 발전과 정의로운 법을 만드는 것뿐이었어요. 하지만 당신의 그 헛된 야심이 당신을 낭떠러지로 몰고 간 것이죠. 더 크고 더 멋있게 보이려는 욕망 때문에 그대의 위대한 능력까지 실추시킨 겁니다.

이제 그 실수를 만회할 차례예요. 큰 공사는 일단 다 중지하세요. 새로 만든 도시를 손상시킬 사치는 다 잊으세요. 사람들에게 숨을 고를 시간을 주셔야 합니다. 백성들이 풍족하게 살 수 있도록 해야 합니다. 그래서 결혼을 하고 자식을 많이 낳도록 격려해야 해요. 다스릴 백성이 있으니 왕인 거죠. 그 백성이 많은 만큼 그 자리도 중요해지는 것이고요. 그대의 힘은 땅이 넓다고 커지는 것이 아니에요. 그 땅에 사는 사람이 많아질수록, 그래서 당신에게 복종하는 사람이 많아질수록 커지는 것이죠! 크기는 작을지 모르나 좋은 땅을 갖는 것이 중요합니다. 그 안에 수많은 백성들이 살게 하셔야죠. 열심히 일하고 규율을 철저히 지키는 그런 백성들이요. 그리고 그 백성들이 당신을 사랑하도록 만드세요. 그러면 수많은 왕국을 정복한 왕들보다 더 힘 있고, 더 영광스럽고, 더 행복한 왕이 될 수 있을 겁니다."

그러자 이도메네우스가 물었다.

"그럼 이웃 나라 왕들에게는 뭐라고 하죠? 나의 약한 모습을 보여야 합니까? 농사일에 신경 쓰지 않은 건 사실이에요. 우리나라의 위치상 무역도 쉬웠을 텐데 나는 그것까지 무시했어요. 멋진 도시를 만드는 데만 온 신경을 썼던 것도 사실입니다. 그러니 수많은 왕들 앞에서 내 잘못을 인정하며 치욕을 겪어야 합니까? 그래야 한다면 하겠습니다. 아무리 어려워도 할 일은 해야죠. 백성들을 위한 왕, 모든 영광을 백성들에게 돌리는 그런 왕은 개인의 유명세보다 왕국의 평화를 더 중요시해야 한다고 멘토가 가르쳐주셨으니까요."

이도메네우스의 말에 멘토가 대답했다.

"그런 생각을 하시다니, 참으로 한 민족의 아버지가 될 자격이 있습니다. 도시의 화려함이 아닌 그대의 이 선한 마음으로 이도메네우스가 진정한 왕의 자격이 있다는 걸 알았어요. 하지만 왕인 그대는 자신의 마음과 기분을 다스릴 줄도 알아야 합니다. 그것은 왕국을 위해서도 꼭 필요한 일이에요. 이번에도 내가 나서겠습니다, 내가 알아서 해보겠어요. 이웃 나라 왕들에게는 이렇게 말하도록 하겠습니다. 우선 당신이 해야 할 일은 살아 있기만 하다면 율리시스를 다시 이타케로 돌아가도록 돕는 일이라고요. 그가 아니면 그의 아들이라도 이타케로 돌아가 왕좌에 앉히고 페넬로페의 수많은 구혼자들을 쫓아내기를 원한다고 하겠습니다. 그런 큰일에 수많은 군사가 필요하다는 것은 이웃 나라 왕들도 충분히 이해할 거예요. 그러니 다우니아와의 전쟁에는 조금의 군사만 보내는 것도 이해하겠지요."

멘토의 말에 이도메네우스는 오랫동안 그를 짓누르던 큰 짐을 던듯한 표정이었다.

"내 명예와 우리 왕국의 명예를 살려주실 분은 멘토이십니다! 하지만 다우니아와의 전쟁에 텔레마코스가 참여하지 않습니까? 그런데 어떻게 율리시스의 왕위를 살리고, 그게 아니라면 아들인 텔레마코스를 그 자리에 앉힐 수가 있겠습니까?"

그러자 멘토가 대답했다.

"걱정마십시오, 나는 진실만을 말할 것입니다. 살렌타인의 무역을 되살리기 위해 함대를 보내십시오. 그들이 에페이로스 근처까지 가면 됩니다. 그곳에서 그들은 두 가지 일을 동시에 하게 됩니다. 하나는 살렌타인의 엄청난 세금 때문에 더이상 이곳으로 오지 않는 외국 상인들을 불러 모으는 것입니다. 또 하나는 율리시스의 소식을 수소문하는 것이지요. 아직 살아 있다면 그리스와 이탈리아 사이의 바다 어딘가에 있을 테니까요. 피치아 섬에서 그를 봤다는 얘기도 들려오고요. 설령 율리시스를 찾지 못한다고 해도 그의 아들 텔레마코스에게는 큰 도움이 될 것입니다. 그들이 죽은 줄만 알았던 텔레마코스의 명성을 이타케뿐만 아니라 이웃 나라까지 널리널리 떨칠 테니까요. 페넬로페의 구혼자들은 강력한 동맹국 군사들과 함께 돌아올지 모르는 텔레마코스를 두려워하게 되겠죠? 또한 이타케 사람들은 그들의 속박에서 벗어나려고 할 것입니다. 그러면 페넬로페도 위안을 받을 것이요, 더욱 강력하게 재혼을 거부할 겁니다. 이렇게 이도메네우스는 텔레마코스에게 큰 도움이 될 수 있어요. 당신 대신 동맹국 군사들과 함께 이탈리아 연안에서 다우니아인들에 대항해 싸울 텔레마코스에게요!"

이도메네우스가 소리쳤다.

"이렇게 현명한 조언을 들을 수 있는 왕은 얼마나 행복하단 말입니까! 똑똑하고 솔직한 친구 하나가 백만 군사 부럽지 않네요! 행복을 느끼고 좋은 충고를 통해 그 행복을 잘 누릴 줄 아는 왕은 또 얼마나 행복합니까! 흔히 지혜롭고 덕망 높은 사람들은 왕의 친구가 될 수 없어요. 왕들은 그들의 도덕적이고 정직한 모습을 두려워하니까요. 대신 아부를 하는 사람들에게 귀를 기울이죠. 그들의 배신은 꿈에도 생각하지 못한 채로 말입니다. 나 역시 그런 실수를 저질렀어요. 그런 가짜 친구에게 당한 모든 이야기를 해드리겠습니다. 나에게 뭔가를 바라며 온갖 듣기 좋은 칭찬으로 나의 욕심과 열정을 불붙게 만든 이야기를요."

멘토는 동맹국의 왕들을 불러놓고 이도메네우스는 그들과 함께 전쟁에 나갈 텔레마코스를 위해 시급히 해결해야 할 일이 있다고 설명했다. 결국 동맹국 왕들은 텔레마코스와 이도메네우스가 약속한 백 명의 크레타 젊은이들이 전쟁에 참여하는 것으로 만족하게 되었다. 백 명의 젊은이들은 이도메네우스가 크레타에서 데려온 가장 건강하고 믿음직한 청년들이었다. 따라서 멘토는 이도메네우스에게 이들을 전쟁에 보내라고 조언했던 것이다.

멘토가 말했다.

"평화가 깃든 동안에는 백성들의 수를 늘려야 합니다. 하지만 나라가 약해지거나 전쟁을 전혀 모르는 것도 좋지 않습니다. 이를 피하기 위해서는 젊은이들을 전쟁에 참여하게 해보는 것도 좋습니다.

한 나라가 영광을 차지하려는 경쟁심을 조금 갖고, 무기에 관심을 가질 줄도 알며, 피곤이나 죽음에 대한 두려움을 없앨 줄도 알고, 군사 기술에서 경험을 쌓는 데는 그 정도의 젊은이면 충분합니다."

동맹국의 왕들은 모두 이도메네우스에게 만족했고, 멘토의 지혜에 감동을 받으며 살렌타인을 떠났다. 게다가 텔레마코스를 데리고 가니 그들의 기쁨은 한층 더 커졌다.

정작 텔레마코스는 멘토와 헤어져야 한다는 사실 때문에 고통스러웠다. 동맹국 왕들이 작별 인사를 나누고 이도메네우스에게 영원한 우정과 신뢰를 약속하는 동안, 멘토는 하염없이 눈물을 흘리는 텔레마코스를 꼭 껴안았다.

"영광을 차지하러 나서는 기쁨을 느낄 수가 없습니다, 멘토. 그저 우리가 헤어져야 한다는 사실이 슬플 뿐이에요. 이집트에서 있었던 불행을 또 겪는 것 같아요. 나에게서 멘토를 떼갈 때 느꼈던 고통, 다시는 살아서 볼 수 없을지도 모르는 그런 작별을요."

멘토는 텔레마코스를 위로하기 위해 부드러운 목소리로 말했다.

"그때와는 전혀 다른 이별이에요. 우리가 이렇게 헤어지는 이유는 우리가 원해서이지 않습니까? 게다가 아주 잠시 헤어져 있는 것뿐이에요. 마음이 너무 약해져서는 안 됩니다. 더 강해지세요. 그런 마음으로 나를 사랑해주시면 됩니다. 내가 없이도 잘 살고 견디는 데 익숙해져야 합니다. 멘토가 함께해서가 아니라 텔레마코스의 지혜와 정의로운 마음으로 행동하세요. 해야 할 일을 해내세요."

이 말을 하며 멘토의 모습 속에 숨어 있던 미네르바는 방패를 열어 텔레마코스를 보호했다. 미네르바는 텔레마코스의 내면에 한번에 다 갖추기는 어려운 지혜와 선견지명의 힘, 대담한 용기, 중용의 마음을 다 불어넣어주었다. 멘토가 말했다.

"큰 위험 속으로 당당히 들어가십시오. 그럴 때마다 배우는 것이 많을 거예요. 전쟁에 한 번도 나가지 않았던 왕보다 전투의 위험을 피하는 왕이 더 불명예스러운 거랍니다. 많은 사람들을 지휘하는 자의 용기가 의심쩍거나 불안한 것이어서는 안 됩니다. 한 민족에게는 그들을 다스리는 왕이 필요한 법이죠. 그러나 그보다 더 중요한 것은 왕의 능력과 가치가 흔들리지 않는 일이랍니다. 사람들을 다스리는 자는 모두의 모범이 되어야 합니다. 그가 모범을 보여 군사를 움직여야 합니다. 그러니 어떤 위험도 피하지 마십시오. 사람들이 그대의 용기를 의심하도록 놔두느니 차라리 전쟁터에서 죽음을 택하십시오. 그대에게 위험을 피하라며 호들갑을 떠는 이들은 기회만 생기면 제일 처음으로 그대에게 용기가 없었다느니 비겁했다느니 하며 비판을 해댈 자임을 명심하십시오.

그렇다고 꼭 필요하지도 않은 위험을 무릅쓰려 하지는 마세요. 진정한 가치란 조심스럽게 행동했을 때 그 빛을 발하는 법이니까요. 쓸데없이 위험에 나서는 것은 소중한 삶을 무시하는 그릇된 혈기일 뿐이에요. 흥분해서 무리한 행동을 하는 것은 아무 소용이 없어요. 위험 속에서 자신을 잊고 절제하지 못하는 사람은 용감한 사람이 아니라 무모한 사람이에요. 그런 사람은 위험에 맞서기 위해 이성을 잃고 자신을 잊어야만 해요. 정말 마음에서 우러나온 용기로 그 위험에 다가가는 것이 아니니까요. 그러니 위험이 닥치면 혼란스러워질 수밖에 없지요. 조국을 위해 적들을 무너뜨리려면 상황을 잘 읽고 적절한 시기에 적당한 명령을 내릴 이성이 필요해요. 하지만 정작 가장 필요한 그 이성을 잃어버리는 것이죠. 병사의 혈기는 있을지 모르나 장군의 적절한 식별은 못 가진 셈이에요. 어떻게 보면 병사보다 못한 걸지도 몰라요. 전투 속의 병사는 명령에 복종해야 하고, 그러기 위해서는 이성을 잃거나 절제력을 잃으면 안 되거든요. 무모하게 위험에 뛰어드는 자는 명령에 복종하는 것이 아니라 단체의 규율을 무시하는 것이고요. 그래서 군대 전체를 위험에 빠뜨리게 할 수도 있는 사람이에요. 모두의 안전보다는 개인의 헛된 욕망을 중요하게 생각하는 그런 자는 엄중한 처벌을 받아야 합니다.

그러니 텔레마코스, 서둘러 영광을 차지하려는 생각은 하지 마세요. 영광을 얻을 수 있는 진짜 방법은 좋은 시기가 올 때까지 조용히 기다리는 거예요. 좀더 솔직하고, 겸손하고, 어떤 과시도 하지 않을 때 더 칭송받는 법이랍니다. 또한 위험이 커지면 커질수록 그것을 해결할 방법도 많아져야 하고 용기도 더 커져야 한답니다. 그리고 이 한 가지도 잊지 마세요. 사람들에게 질투심을 유발하지 않도록 해야 한다는 겁니다. 물론 텔레마코스 자신도 다른 이들의 성공에 질투를 느끼지 마십시오. 받아야 마땅할 칭찬을 해주세요. 하지만 그 칭찬 역시 제대로 보고 바르게 판별해서 하십시오. 그대에게는 없는 경험이 있는 장군들 앞에서 혼자 결정을 내리지 마세요. 공손하게 그들의 조언을 받아들이십시오. 그들과 의견을 나누고 많이 가르쳐 달라고도 하세요.

하지만 그대가 잘 할 수 있는 일은 그들에게 말하고 보여줄 줄도 알아야 합니다. 다른 족장이나 장군들에 대해 의심이나 질투를 불러일으키게 하는 얘기는 듣지 마세요. 항상 솔직하고 당당하고 똑똑하게 말하세요. 만일 다른 장군들이 그대를 무시하는 것 같다면 그들에게 마음을 여세요. 그대의 논리를 펴세요. 그런 당신을 보고 느끼는 게 있다면 그들도 텔레마코스를 아끼게 될 테니까요. 그러면 그들에게서 원하는 모든 것을 얻을 수도 있지요. 하지만 그들이 그대의 뜻을 몰라줄 정도로 이성적이지 못하다면 그들의 문제가 무엇인지 생각해놓으세요. 그리고 전쟁이 끝날 때까지 그들에게 물들지 않고 조심히 행동하면 되는 거예요. 그러면 그 누구도 그대를 탓할 수가 없어요. 아부를 하고 듣기 좋은 말을 하는 이들은 편 가르기를 좋아하죠. 그런 사람들에게는 절대 그대가 속하게 될 부대의 장군과의 일, 문제, 고민을 말하지 마세요.

나는 여기 남아 이도메네우스가 백성들을 위해 일할 수 있도록 돕겠습니다. 그에게 아부를 떨었던 자들과 잘못된 조언 때문에 나라를 일으키는 동안 그가 행해야 했던 모든 잘못을 만회하는 일을 도울 거예요."

텔레마코스는 이도메네우스에게서 놀란 몇 가지 일을 멘토에게 털어놓았다. 그리고 잘못된 이도메네우스의 행동에 대한 질책까지 서슴치 않았다. 그러자 멘토는 조금은 엄격하게 말했다.

"아무리 존경할 만한 사람도 인간일 뿐이라는 사실이 놀랍습니까? 왕위에 오른 사람들이 겪을 수밖에 없는 수많은 문제와 함정 속에서 나약한 인간의 모습을 보였다는 것이 놀랍습니까? 이도메네우스가 겉으로 보이는 웅장함이나 위대함에 신경을 썼던 것은 사실입니다. 하지만 그의 입장이었다면 그 누군들 달콤한 아부에 넘어가지 않았겠습니까! 그가 사람들을 너무 믿고 그들의 조언에 귀를 기울인 것도 사실입니다. 하지만 똑똑하고 현명한 왕들도 실수는 하게 마련입니다.

왕에게는 그의 짐을 덜어주고 믿을 수 있는 대신들이 필요합니다. 왕 혼자서 모든 일을 다 할 수는 없으니까요. 오히려 왕을 둘러싸고 있는 사람들이 왕보다 더 많은 일을 알고 있습니다. 그들은 왕 옆에 있으면 보이지 않죠. 그들은 온갖 술책을 써서 왕을 속일 수 있습니다. 그들에게서는 보고픈 덕망도 재능도 찾을 수가 없어요. 그들을 연구하고 더 깊이 파고들면 뭐합니까, 매일 실망할 뿐인걸요. 공공의 안정과 이익을 위해 필요한 만큼 능력 있고 선한 사람들을 만들어낼 수가 없답니다. 사람이라면 누구든지 자신만의 고집이 있고, 절대 양보할 수 없는 것이 있으며, 질투도 갖고 있기 때문이에요. 그것을 다 고칠 수가 없답니다.

다스릴 백성이 많을수록 혼자서는 할 수 없는 많은 일들을 함께 나눠서 할 대신들이 필요하죠. 이렇게 누군가에게 권력을 맡겨야 할 일이 많아질수록 그 누군가에 대한 선택에서도 실수를 하는 일이 잦아져요. 오늘 왕에 대해 가차 없는 비판을 하는 사람에게 똑같은 권력을 준다면 미래에 왕이 되어 자신이 비판했던 그보다 더 일을 망칠 수도 있어요. 그가 했던 실수를 그대로 반복할 수도 있지요. 완벽하거나 풍족하지 못한 조건, 낮은 신분 등은 타고난 결점을 가려줄 수 있답니다. 오히려 능력을 더 돋보이게 하고, 신분 때문에 차지할 수는 없었지만 그런 자리에 얼마든지 합당한 사람처럼 보이게도 하죠. 문제는 권력입니다. 권력은 능력 있는 사람들을 어려운 시험대에 올려놓는답니다. 그리고 그의 단점을 더 부각시키죠.

높고 중요한 위치는 물건을 커보이게 하는 유리와도 같아요. 그런 위치에 있으면 작은 결점도 아주 크게 보이죠. 작은 일이 큰 결과를 일으키고, 아주 가벼운 잘못이 폭력적인 여파를 가져올 수가 있기 때문이에요. 세상 전체가 한 사람을 주목하고 시시각각 그의 행동을 지켜보고 있어요. 아주 엄격하게 그를 판단하죠. 그를 비난하는 자들은 그의 위치에 있어보지 못한 사람들이에요. 그러니 얼마나 어려운 자리라는 걸 모르죠. 그들은 왕이 인간이 아니길 바래요. 그러니 완벽함을 요구하는 거예요. 아무리 선하고 지혜로운 왕도 인간일 뿐입니다. 한계가 있다는 말이에요. 그에게도 기분이라는 게 있고, 좋아하고 몰두하는 일이 있으며, 어쩔 수 없는 습관이 있답니다. 그뿐입니까, 그에게서 이득을 얻어내려 하고 온갖 술수를 쓰는 사람들에게 둘러싸여 있어요. 그에게는 탈출구가 없답니다. 매일 실망하고, 매일 속아요. 자기 자신의 열정 때문에 그럴 때도 있고, 대신들의 집착 때문에 그럴 때도 있지요. 자신의 잘못을 만회하기 바쁘게 또 다른 잘못을 저지르게 된답니다. 이것이 바로 가장 양식 있고 가장 존경받을 만한 왕들의 신분이자 조건이에요."

그러자 텔레마코스가 불끈하여 말했다.

"하지만 이도메네우스는 자신의 잘못으로 조상들이 쌓아놓은 크레타를 잃었어요! 멘토가 돕지 않았더라면 살렌타인도 잃었을 거라고요!"

"이도메네우스가 큰 실수를 했다는 것은 저도 인정합니다. 하지만 그리스를 비롯하여 번영한 나라의 왕들을 보세요. 용서받지 못할 잘못을 한 번도 저지르지 않은 왕이 있습니까? 아무리 위대한 인간도 그들의 성격이나 생각에서 비롯된 결점이 있기 마련이에요. 정말 존경받을 만한 사람은 바로 잘못을 인정하고 고칠 준비가 된 사람들이죠. 율리시스를 생각해보세요. 당신의 아버지, 위대한 율리시스라고 약점이 없고 결점이 없었던 줄 아십니까? 미네르바가 없었다면 수많은 위험에 빠졌을 것이고, 운명의 장난으로 더 힘든 고통에 빠졌을지 모를 일입니다. 미네르바가 몇 번이나 그를 붙잡고 일으켜 세워 올바른 길로 인도했는지 아십니까? 다시 이타케로 돌아가 왕좌에 오르면 완벽하게 나라를 다스릴 거라고 기대하지 마십시오. 그에게서도 결점이 분명 보일 것입니다. 하지만 그의 결점에도 불구하고 그리스 전체가, 아시아 전체가, 대양의 섬 전체가 그를 존경했습니다. 수많은 자질과 좋은 품성이 그 결점을 잊게 해주었기 때문입니다. 그런 율리시스를 모범으로 삼고 그를 사랑하고 존경하는 일이 얼마나 행복한지 곧 아시게 될 겁니다.

위대한 사람들에게서도 인간의 나약한 모습을 볼 수 있음을 잊지 마십시오. 경험이 많지 않은 젊은이는 오만한 비판을 쉽게 할 수 있어요. 그가 따르고 본보기로 삼고 싶은 누군가에게서 결점이 보이면 너무 실망한 나머지 그를 내팽개쳐버리죠. 아버지가 완벽하지 않더라도 그를 사랑하고 존경하고 본받아야 합니다. 이게 끝이 아니에요. 내가 나서야 할 만큼 잘못을 했다 하더라도 이도메네우스에 대한 존경심을 잊으면 안 됩니다. 그는 천성이 정직하고 올바르며 어디에도 편중되지 않고 자유로우며 선한 사람이에요. 그가 가진 가치는 정말 완벽하죠. 그는 속이는 것을 싫어하며 마음이 가는대로 움직입니다. 겉으로 보이는 가치 또한 그의 위치에 적합한 것이죠. 자신의 잘못을 인정할 줄 아는 겸손함, 그의 온화함, 듣기 거북하다 할지라도 나에게서 진실만을 듣고 싶어했던 마음, 그리고 그것을 다 참아낸 끈기, 대대적으로 자신의 잘못을 말하고 고치려는 용기, 많은 사람들 앞에서 정정당당히 심판을 받겠다는 그의 심성을 보더라도 이도메네우스가 얼마나 위대한 사람인지 알 수 있어요.

평범한 사람이라면 운이 좋다거나 누군가의 현명한 조언을 받아 그의 잘못이 가려질 수 있어요. 하지만 오랫동안 아부에 시달렸던 왕이 그의 실수를 만회하는 데에는 그 무엇도 뛰어넘는 덕망이 있어야 가능하답니다. 그 어떤 잘못을 저지르지 않는 것보다 이렇게 다시 일어서는 것이 더 힘들고 장한 일이에요. 이도메네우스는 거의 모든 왕이 저지르는 잘못을 저질렀을 뿐입니다. 하지만 거의 어떤 왕도 감히 하지 못할 일을 해낸 거예요. 잘못을 인정하고 고치려 하는 것 말입니다. 나에게 그의 생각에 반하고 그를 비판하는 말을 하도록 놔둔 그 순간부터 나는 이도메네우스를 존경하기 시작했어요. 그러니 그를 인정하고 존중해주세요. 내가 이렇게 말하는 이유는 이도메네우스의 유명세를 위한 것이 아니에요. 다 텔레마코스에게 필요하기 때문에 하는 말입니다."

멘토는 이 말을 통해 너무 쉽게 타인들에 대해 가혹한 비판을 하는 것이 얼마나 부당한 일인지를 가르쳤다. 특히 한 나라를 책임지는 어려움이나 혼란을 겪어야 하는 사람들에 대한 쉬운 평가가 그렇다는 것이었다. 멘토가 말을 이었다.

"이제 떠나야 할 시간입니다, 텔레마코스. 나는 여기서 그대를 기다리도록 하지요. 잊지 마십시오. 신을 두려워하는 자에게 신 외에는 그 무엇도 두려워할 것이 없다는 것을요. 아마 텔레마코스는 극한 위험에 처하게 될지도 모릅니다. 하지만 그럴 때마다 미네르바가 텔레마코스를 보호하고 있다는 사실을 기억하십시오."

멘토의 말에 텔레마코스는 미네르바의 기운이 느껴지는 것 같았다. 아니, 이것은 미네르바가 그에게 용기를 주기 위해 하는 말처럼 느껴졌다.

"아버지처럼 지혜와 용기가 넘치는 아들로 키우기 위해 내가 얼마나 애썼는지 기억하세요. 아버지의 본보기와 현명한 행동이나 말에 누를 끼칠 만한 일은 절대 하지 마세요."

벌써 해가 솟아 산 정상이 금빛으로 물들고 있었다. 동맹국의 왕들은 성에서 나와 각자의 군대로 돌아갔다. 평원에 천막을 치고 하룻밤을 보낸 군사들도 장군의 지휘에 따라 줄을 맞춰 걷기 시작했다. 높이 들어 올린 창이 햇빛에 비쳐 반짝 빛났다. 방패에 반사된 빛으로 눈이 멀 정도였다. 그들이 걸어가는 뒤로 먼지 구름이 뭉게 뭉게 피어올랐다.

멘토의 조언

1 지도자가 고민해야 할 가장 기본적인 두 가지는 산업의 발전과 정의로운 법을 만드는 것이다.

2 지도자는 사람들이 설사 불리한 것에 대해 조언을 할 때에도 진실을 있는 그대로 보고 듣는 것에 익숙해져야 한다. 특히 진실만을 말해줄 사람을 찾아야 한다.

3 지도자는 사람들에게 질투심을 유발하지 않도록 조심하되, 그 자신도 다른 이들의 성공에 질투를 하지 말아야 한다. 오히려 마땅한 칭찬을 해주고, 솔직하고, 겸손하고, 어떤 과시도 하지 않을 때 더 칭송받는 법이다.

4 정말 존경받을 만한 사람은 바로 잘못을 인정하고 고칠 준비가 된 사람들이다.

멘토와 헤어진 이후의 여정과 결말

이도메네우스와 함께 살렌타인에 남게 된 멘토는 도시 곳곳을 돌아다니며 그의 왕국을 번영시킬 여러 가지 조언을 해준다.

동맹군과 함께 다우니아의 왕 아드라스토스를 물리치러 간 텔레마코스는 전쟁 포로를 두고 라케데모니아의 왕 팔란테와 그의 동생 히피아스와 싸워 죽을 위기에 처하는데, 미네르바가 보낸 아이리스에 의해 목숨을 건진다. 젊은 혈기에 휘말린 자신의 행동을 반성하며 칩거하던 텔레마코스는 아드라스토스의 기습으로 위기에 처한 팔란테를 구하고 군사들을 이끌며 강인하고 현명한 지도자로서의 면모를 갖추기 시작한다. 하지만 며칠째 율리시스가 꿈에 나오자 아버지가 이미 세상을 떠났다고 판단하여 저승 세계인 플루톤으로 내려가기로 결심한다. 백성들을 억압하고 폭정을 휘두른 왕들이 고통받는 저승과 백성을 아끼고 선정을 베푼 왕들이 머무는 천국 상젤리제를 거치며 올바른 왕의 덕목을 배운 후 증조 할아버지 아르케시오스를 만난다. 그에게서 아버지 율리시스가 살아 있으며 곧 이타케에 도착하여 왕이 될 것이라는 예언을 듣고 이승으로 돌아와, 다우니아의 베누즈시를 공격하고 미네르바의 힘을 받아 용맹하게 싸운다. 결국 아드라스토스를 죽여 동맹군의 영웅으로 떠오르나 겸손한 자세를 유지한다.

화려하던 살렌타인을 검소하지만 튼튼하게 바꿔놓은 멘토와 해후하고 이도메네우스의 딸 안티오페를 사랑하게 되지만 자신의 나라 이타케를 위하여 귀향길에 오르는 텔레마코스. 멘토는 지도자는 사람을 이해해야 하고, 백성들이 행복하게 살 수 있도록 선정을 베풀어야 하므로, 정치가 주는 고통 속에서 자신을 희생해야 한다는 정치의 기본 원칙을 되새겨준다.

항해 중 잠시 정박한 무인도에서 아버지 율리시스를 만나지만 알아보지 못하고 헤어져 우는 텔레마코스에게 멘토는 감정에 휩쓸리지 말고 인내해야 한다고 조언한다. 미네르바를 위한 제사를 지낸 후 멘토는 자신의 본모습인 미네르바로 변신하고, 텔레마코스에게 현명한 왕이 갖춰야 할 인성과 마음가짐에 대하여 다시 한번 일러준다. 하늘로 올라가는 미네르바에게 땅에 엎드려 존경심을 표한 텔레마코스는 무사히 이타케에 도착하여 율리시스와 재회한다.

---- 각주 풀이 ----

1. 그리스어로 '감추는 여자'라는 뜻. 전설의 섬 오기기아에 살았는데 율리시스를 사랑하여 7년 동안이나 놓아주지 않았다. 율리시스의 수호신 미네르바가 올림푸스의 신들에게 하소연하자 주피터가 전령의 신 헤르메스를 통해 그녀가 율리시스를 놓아주도록 명령했다.

2. 그리스 신화 속 영웅 오디세우스의 라틴어 이름. 이오니아해 이타케 섬의 왕자이며 페넬로페의 남편이다. 트로이 전쟁의 출진을 미친 척하고 거부했으나 일단 전쟁에 참가하자 뛰어난 무장으로서 활약했다. 목마 속에 병사를 숨기는 꾀를 써서 트로이를 함락시켰으나, 귀향길에 수많은 위험을 겪으며 20년 동안 방랑했다. 그가 없는 사이에 많은 젊은이들이 페넬로페에게 청혼하며 승낙을 재촉했는데 그녀가 더이상 견뎌낼 수 없게 됐을 때 율리시스가 나타나 그들을 죽이고 왕위에 올랐다.

3. 율리시스와 페넬로페의 아들. 율리시스가 트로이 전쟁에 참가하지 않기 위해 미친 척하고 밭을 갈고 있을 때, 트로이 전쟁 영웅 팔라메데스가 어린 텔레마코스를 쟁기 앞에 놓았다. 율리시스는 아들을 피해 쟁기질을 함으로써 연극임이 드러나 트로이 원정길에 오르게 되었다. 아버지 없이 자라 내성적이고 선량한 텔레마코스는 멘토와 함께 고난을 겪으며 용감한 청년으로 성장한다. 후에 어머니의 구혼자들의 매복을 피해 고향에 도착한 텔레마코스는 거지로 변장한 율리시스를 만나 아버지를 도와 어머니의 구혼자들을 죽이고 왕국을 되찾게 된다.

4. 전쟁과 지성의 여신. 주피터와 해신海神 오케아노스의 딸 메티스 사이에 태어났으며 올림푸스 12신 가운데 하나이다. 그리스 신화의 아테나와 동일시된다.

5. 주피터의 부인 헤라는 남편의 아이를 임신한 세멜레를 질투하여 그녀를 유혹, 주피터가 헤라에게 구혼했을 때와 똑같은 모습으로 자기에게 와달라고 요구하도록 했다. 세멜레의 요구를 무엇이든 들어주기로 약속한 주피터가 번갯불에 싸여 나타나자 그녀는 타죽고 말았다. 주피터는 세멜레의 배에서 태아를 꺼내 자신의 넓적다리에 넣어 꿰맨 후 달이 차자 낳았는데, 그가 바로 술의 신 바쿠스이다.

6. 바쿠스를 키운 사람이자 그의 술친구.

7. 사냥꾼인 아틀란테는 순결을 지키기 위해 청혼자들과 달리기 경주를 하고 진자를 죽였다. 그녀에게 반한 히포메네스는 비너스에게 기도하여 황금사과 세 개를 얻었고 경주 중 아틀란테가 앞설 때마다 하나씩 던져 승리했다.

8. 라피타이족의 왕 페이리토스와 신부 히포다메이아의 혼례장에 침

입한 반인반마 켄타우로스와 라피테스들의 싸움. 라피테스는 라피타이의 단수이다.

9.   바다의 신 넵투누스(포세이돈의 로마 이름)의 아들. 율리시스의 부하들을 동굴에 가둬 잡아먹었고 그 보복으로 율리시스가 그의 눈을 멀게 하자 넵투누스에게 복수를 부탁하여 율리시스의 귀국을 늦췄다.

10. 전설적인 식인 부족 라이스트리고네스의 왕. 율리시스의 부하들을 잡아먹고 선단을 공격했다.

11. 각종 저주에 능하여 율리시스의 부하들을 동물로 만들었으나 헤르메스의 도움으로 마법의 영향을 받지 않는 율리시스를 사랑하여 아들 텔레고노스를 낳았다.

12. 넵투누스의 아들 글라우코스의 사랑을 받는 아름다운 님프였으나 키르케의 질투로 다리가 열 둘이며 머리가 여섯 개인 바다괴물이 되었다.

13. 넵투누스와 대지의 여신 가이아의 딸. 너무나 대식가여서 주피터가 번개로 때려 바다 속에 던져버렸다. 그녀가 하루에 세 번 바닷물을 마신 다음 그것을 토해낼 때 커다란 소용돌이가 일어난다고 한다.

14. 그리스 전설 속 영웅으로 트로이 전쟁이 일어났을 때 60세가 넘은 노인이었으나, 두 아들과 함께 90척의 배를 이끌고 아가멤논을 총대장으로 하는 그리스의 트로이 원정군에 참가했다. 전술이 뛰어나고 친절하여 모든 사람들에게 존경과 사랑을 받았다.

15. 스파르타의 정식 명칭.

16. 스파르타의 왕. 트로이의 왕자 파리스가 아내 헬레네를 유혹하여 트로이로 데려가자 형인 아가멤논을 중심으로 그리스 각지에서 군대를 모아 트로이 전쟁을 일으켰다.

17. 그리스 신화에 나오는 거인족. 호메로스의 『오디세이아』에 의하면 바다 가운데 섬에 사는 외눈족으로 사람을 먹고 양을 기른다.

18. 트로이 왕족 안키세스와 여신 비너스의 아들. 트로이 전쟁 중 사촌 헥토르에 버금가는 용맹을 떨쳤다. 트로이가 함락되기 전 추종자들과 새로운 땅을 찾아 떠났다고 한다.

19. 시칠리아 섬 에릭스 지역의 왕. 트로이의 마지막 왕 프리아모스를 지원하여 트로이 전쟁에 참가했다가 함락되기 전에 시칠리아 섬으로 돌아왔다. 새로운 땅을 찾아 이탈리아로 향하던 아이네아스가 섬에 들르자 환대하였으며 아이네아스의 아버지 안키세스의 1주기를 기념하여 장례경기를 치렀다.

20. 오늘날의 시리아와 레바논 해안지대, 즉 지중해 동안을 일컫는 고대 지명이다. 항구도시를 중심으로 한 도시연맹의 형태를 취했으며 거주민은 주로 해상무역에 종사했다.

21. 고대 국가 페니키아의 가장 큰 항구도시. 현재 레바논의 남서부, 지중해에 면한 도시로 자주색 염료가 티레에서 발명되었다는 전설이 있다.

22. 오르페우스와 더불어 음악의 신으로 일컫는다.

23. 얼굴은 사람이지만 머리에 작은 뿔이 나고 하반신은 염소의 모습을 한 반인반수.

24. 주피터와 헤라의 아들이자 올림푸스 12신의 하나. 신들의 무기와 장구를 만드는 신으로 그리스 신화에서는 헤파이스토스로 불린다.

25. 양 떼를 돌보는 아폴론에게 친절히 대해주었다. 아드메토스가 이올코스의 왕 펠리아스의 딸에게 청혼하자 펠리아스는 사자와 멧돼지가 끄는 전차에 탈 것을 요구했는데 아드메토스에게 호의를 갖고 있

던 아폴론의 도움으로 무사히 결혼할 수 있었다.

26. 주피터와 혜라의 아들이자 올림푸스 12신이다. 농업과 전쟁의 신으로 트로이 전쟁에서는 트로이군 총대장인 헥토르의 편에서 그리스군과 싸웠다. 그리스 신화의 아레스와 동일시된다.

27. 로마 신화 속 운명의 여신인 노나, 데시마, 모르타의 통칭. 파르카는 파르카이, 파타라고도 한다. 노나는 운명의 실을 자았고, 데시마는 이를 재고, 모르타는 가위로 잘라냈다. 이들이 만든 실의 길이는 그 것을 부여받은 인간 개개인의 수명을 나타냈으며, 신들조차도 그녀들의 막강한 능력을 두려워했다고 한다.

28. 상아로 만든 여인상을 너무 사랑해서 신에게 기도하여 결국 여인상이 인간이 되게 한 키프로스의 왕 피그말리온과는 동명이인.

29. 남편이 살해된 후 강대한 나라 카르타고를 세웠다. 트로이인들을 이 끌고 새로운 나라를 찾다가 카르타고에 오게 된 아이네아스를 깊이 사랑했지만 그가 떠나자 불 속에 뛰어들어 자살했다.

30. 부유한 페니키아인으로서 그의 재산을 탐낸 피그말리온에게 죽임을 당했다.

31. 테살리아의 페리아스 왕은 조카 이아손에게 왕위를 빼앗길까 두려워 그에게 용이 지키는 금빛 양의 모피를 가져오라고 명령했다. 이를 위해 이아손은 여신 아테나의 도움으로 목선 아르고나우타이를 만들었고 여신 헤라의 도움으로 헤라클레스를 포함한 50명의 영웅들을 선원으로 태웠다.

32. 아르고나우타이의 키잡이.

33. 테세우스. 그리스 신화 속 아테네의 영웅이다. 미궁 라비린토스에서 괴물 미노타우로스를 죽인 일화로 유명하며 친구 페이리토스와 함

께 플루톤의 아내 페르세포네를 납치하러 저승에 내려갔다가 헤라
클레스의 도움으로 간신히 탈출했다.

34.　꿈의 신.

35.　아폴론의 별명.

36.　주피터와 유로파의 아들이자 크레타 섬의 왕. 최고의 해군 조직자로
해적을 평정해서 에게해 전역을 지배하고 크레타 섬에 법을 만들어
선정을 베풀었다. 사후에는 저승의 심판관이 되었다고 한다.

37.　천공의 신 우라노스와 대지의 신 가이아의 아들. 저승 가장 밑에 있
는 나락의 세계를 뜻하며 지상에서 타르타로스까지의 깊이는 하늘
과 땅과의 거리와 맞먹는다고 한다.

38.　바다의 신 넵투누스와 그의 아내 암피트리테의 아들. 후대에는 복
수형인 트리토네로 바뀌어 많은 트리톤 가운데 하나를 가리키기도
했다.

39.　바람을 자루 속에 가둬둘 수 있는 바람의 신.

40.　명장明匠이라는 뜻의 이름. 대장간의 신 불카누스의 자손으로 크레
타의 왕 미노스의 아내 파시파에가 괴물 미노타우로스를 낳았을 때
이 괴물을 가두기 위한 미궁 라비린토스를 지었다.

41.　밤의 신의 딸. 율법의 여신으로 인간의 우쭐대는 행위에 대한 신의
보복을 의인화한 것이다.

42.　경작과 재배, 풍요로운 결실을 주관하는 농업의 신.

43.　동물의 수호신, 사냥의 신이며 가축의 신으로 임신과 출산을 돕는
신으로 숭배됐다. 그리스 신화의 아르테미스와 동일시된다.

44.　다나우스 왕의 딸들을 의미한다. 다나우스는 50명의 딸이 있었는데
신탁에서 자신의 사위에게 죽임을 당할 것이라는 예언을 듣는다. 이

에 왕은 딸들에게 남편을 죽일 것을 명했고 한 명의 딸을 제외한 모든 딸들이 모두 남편을 죽여 지옥에서 독에 물을 퍼 나르는 형벌을 받게 되었다.

45. 아내의 납폐금納幣金을 내기 싫어 장인을 죽였다. 주피터가 친족살인죄를 씻어주었지만 익시온은 주피터의 아내 헤라를 범하려 했다. 그의 배은 행위에 노한 주피터는 그를 불수레에 묶어 지옥의 밑바닥 타르타로스에 두어 영원히 도는 형벌을 내렸다.

46. 천상계에서 신들의 음식을 훔쳐서 인간에게 주었기 때문에 영원한 벌을 받게 되었다. 일설에는 자신의 아들 펠롭스를 죽여 신들의 식탁에 바쳤기 때문이라고도 한다.

47. 코린토스 왕. 인간 가운데 가장 교활한 사나이로 주피터가 보낸 사신을 속여 꼼짝 못하게 묶어놓는 등 못된 짓을 많이 해서 형벌을 받게 되었다.

48. 프로메테우스를 뜻한다. 주피터가 숨겨둔 불을 훔쳐 인간에게 주고, 주피터의 장래에 관한 비밀을 밝히지 않았기 때문에 코카서스 바위에 쇠사슬로 묶여 독수리에게 간이 쪼이는 고통을 겪게 되었다.

49. 바다의 여신. 호메로스가 '바다의 노인'이라 부른 해신 네레우스의 50명(또는 100명)의 딸들을 통칭한다.

50. 미소년의 대명사처럼 불릴 정도로 용모가 빼어나 비너스와 저승의 여왕 페르세포네의 사랑을 받았다. 이를 질투한 불카누스(혹은 마르스)가 변신한 멧돼지에 물려 죽었다.

51. 머리가 세 개이고, 꼬리는 뱀 모양인 지옥의 문을 지키는 개.

52. '케스토스 히마스'라는 이 허리띠를 두르면 누구라도 유혹할 수 있다고 한다.

53.   트로이의 마지막 왕 프리아모스의 아들. 스파르타 왕 메넬라오스의
       아내 헬레네를 트로이로 데려와 트로이 전쟁을 촉발시켰다. 장기인
       궁술로 그리스의 영웅 아킬레우스의 유일한 급소인 발뒤꿈치를 활
       로 쏘아 죽였다.

54.   트로이 원정군의 영웅. 비너스와 군신 마르스에게까지 상처를 입히
       고 목마 속으로 숨어 트로이 함락에 공을 세웠다. 비너스의 복수로 아
       내의 부정을 알게 된 후 이탈리아로 건너가 다우니아의 왕이 되었다.

55.   트로이를 지지하여 전쟁에 참가했으나 율리시스와 디오메데스의
       습격을 받아 목숨을 잃고 넵투누스에게 받은 명마도 빼앗겼다. 이 말
       들이 트로이의 목초를 먹고 스카만드로스 강물을 마시면 트로이는
       결코 그리스군에게 함락되지 않을 것이라는 예언이 있었다고 한다.

56.   아킬레우스 다음가는 용사로 인정받았으나 아킬레우스 사후 그의
       유품을 둘러싸고 율리시스와 겨루어 패하였다. 그는 분한 나머지 양
       떼를 그리스군으로 착각하여 모두 베어 죽인 뒤 제정신이 들자 전리
       품인 헥토르의 칼로 자살했다.

57.   헤라클레스의 친구로 그의 활과 화살을 갖고 전쟁에 참여하기 위해
       트로이로 향하던 중 뱀에 물려 율리시스에 의해 렘노스 섬에 10년
       동안 방치되었다. 그리스군이 헤라클레스의 화살 없이는 승리하지
       못할 것이라는 신탁을 들은 율리시스가 그를 트로이로 데려왔고 필
       로크테테스는 뛰어난 궁술로 파리스를 비롯하여 수많은 영웅을 죽
       였다.

58.   트로이의 마지막 왕. 파리스가 태어났을 때 그로 인하여 트로이가
       멸망할 것이라는 예언을 들었으나 차마 죽이지 못하고 산속에 버렸
       다. 트로이 전쟁으로 열세 명의 아들과 왕국을 잃었으나 전쟁의 원

인이 된 헬레네를 벌하지 않을 만큼 온후하고 다정한 노인이었다. 아들 폴리테스가 아킬레우스의 아들에게 살해당하자 크게 노하여 맞서 싸웠으나 죽고 말았다.

59. 라케다이몬(스파르타).

60. 싸움의 여신. 마르스의 아내 또는 누이로 알려진 네리오와 동일시되기도 한다.

61. 티탄신족의 한 사람으로 그 일족이 주피터와 싸워 패하자 천계를 어지럽혔다는 죄로 어깨에 천공을 떠받치는 벌을 받게 되었다.

멘토링의 시대에 만나는 진정한 멘토

　　루이 14세의 손자인 부르고뉴 공작은 매우 게으르고 신경질적이어서 사람들을 쉽게 무시할 뿐만 아니라, 원하는 것은 무슨 수를 써서라도 얻어내려는 아이였다고 한다. 그런 왕자의 가정교사로 당시 온화한 성격과 명철함으로 유명했던 프랑수아 드 페늘롱이 임명되었다. 페늘롱은 까다로운 부르고뉴 공작에게 왕자로서 가져야 할 품격과 지식 등을 가르치기 위해 우화 및 역사적 인물들이 등장하는 이야기를 지어냈다. 요즘으로 말하면 '스토리텔링' 기법을 사용한 것이다. '플라세레, 도체레 Placerer, docere', 즉 '가르치기 위한 즐거움 찾기.' 즐거움 속에서 유용한 정보와 교훈을 주자는 것이 페늘롱의 교육 철학이었기 때문이다.

　　몇 년 후 청소년이 된 부르고뉴 공작을 위하여 영웅 신화를 바탕으로 하고 총 18장으로 구성된 『텔레마코스의 모험 Les aventures de Télémaque 』을 쓰게 된다. 페늘롱은 호메로스의 『오디세이아』 중 아버지를 찾아나선 어린 텔레마코스의 여행을 테마로 삼은 이 책을 통하여 정치계에 곧 입문하게 될 부르고뉴 공에게 권력자가 가져야 할 도덕과 윤리를 가르치려 했다. 이상적인 정치의 모습, 정치가로서 가져야 할 의무뿐만 아니라 미술, 조각, 문학에 대한 고전적 감상은 물론 여행기 구조를 통해 세계로 향하는 열린 마음을 심어주려 했다. 흥미 있는 스토리를 통해 왕자가 갖춰야 할 지식 및 소양, 즉 신화, 문학, 지리, 역사, 철학, 정치, 경제, 예술 등을 배우고 익히도록 하는 것이 그의 목표였다.

이렇게 탄생한 『텔레마코스의 모험』은 주인공이 여러 경험과 여행을 통해 인간의 조건과 현실, 권력의 초상뿐만 아니라 철학적이고 도덕적인 주제에 대해 고민하여 조금씩 성숙해지는 모습을 그린다. 텔레마코스를 통해 언젠가 지도자가 될 부르고뉴 공작에게 앞으로 닥칠 큰 문제를 대비하고 이겨나갈 수 있는 지혜와 인성을 가르치려 했던 것이다. 여기에서 멘토는 이성과 도덕적 가치를 대표하는 보호자로 등장한다. 그는 텔레마코스에게 지도자가 갖춰야 할 가르침을 줄 뿐만 아니라 위험을 피할 수 있도록 배려하고, 또한 텔레마코스가 깊은 사고를 하고 스스로 깨우칠 수 있도록 돕는다. 실수를 통해 직접 배울 수 있도록 한 것이다. 멘토에게 인간의 실수란 배움의 중요한 부분을 차지하는 요소이기 때문이다.

18세기에 쓰인 작품 속 멘토의 가르침은 우리가 이미 알고 있는 지식이나 교훈일 수 있다. 그러나 이것을 텔레마코스라는 인물의 삶을 통해 바라보고, 또 그런 지식이나 교훈이 어떻게 적용되는지 살피는 것은 꽤 흥미로운 일이다. 특히 지금처럼 가르침이 범람하는 시대에 지도자의 마음 자세와 권력의 다양한 모습에 대한 텔레마코스의 관찰과 고뇌, 그리고 인간의 행복 조건에 관한 단상들은 21세기를 살고 있는 우리들이 진지하게 검토해볼 만한 문제라고 생각한다.

요즘은 '멘토의 시대'라고 해도 과언이 아닐 정도로 멘토라는 단어를 자주 듣고, 읽고, 말한다. 텔레마코스에게 나타난 미네르바가 멘토라는 이름으로 그에게 지혜로 향하는 길을 열어주었듯, 우리들 모두도 그런 현명한 조언자, 평생을 존경할 만한 누군가를 찾는 것 같다. 서로 바라는 멘토의 모습이 조금씩은 다르겠지만 아직 나를 이끌어줄 멘토를 찾지 못했다면 『텔레마코스의 모험』에 소개된 '원조 멘토'를 통해 조금이나마 위안을 받을 수 있었으면 좋겠다.

지성이든 인품이든 그 어떤 면으로든 믿고 따를 수 있는 미네르바 같은 지도자가 간절한 이때, 이렇게 딱 맞는 작품을 만나게 해주신 푸르메출판사의 김이금 사장님과 편집부, 그리고 이 책의 기획과 번역에 많은 영감을 준 한소원 선배께 감사드린다.

2012년 겨울
프랑스 보르도에서
옮긴이 강미란

옮긴이 | 강미란

1977년 제주도에서 태어났다. 중앙대학교 불어불문학과에서 학사와 석사, 프랑스 보르도 3대
학에서 프랑스어 교육 및 언어학 석사, 파리통·번역대학원 번역학 연구 석사 수료 후 파리 디드
로 7대학에서 박사 과정 중이다. 현재 프랑스 보르도 프랑수아 마장디 고등학교 한국어 교사,
보르도 3대학 한국어 강사, 주불 한국 대사관 주최 프랑스 고등학교 학생들을 위한 한국어 교
재 집필 멤버를 역임하고 있으며 프리랜서 번역가로 활동 중이다.
지금까지 옮긴 책으로는『그림자 도둑』『밤1, 2』『낮1, 2』『차마 못 다한 이야기들』『꼬마 꾸뻬,
인생을 배우다』『아빠, 어디가?』『바보들은 다 죽어버려라』『나는 지진이다』『다이어트 소설』
『그 후에…』『백장의 백지』『샤바의 소년』 등이 있다.

멘토의 탄생

1판 1쇄 인쇄 2012년 11월 26일
1판 1쇄 발행 2012년 11월 30일

지은이 | 프랑수아 드 페늘롱
옮긴이 | 강미란
펴낸이 | 김이금
펴낸곳 | 도서출판 푸르메
등록 | 2006년 3월 22일(제318-2006-33호)
주소 | 121-869 서울시 마포구 연남동 568-39 컬러빌딩 301호
전화 | 02-334-4285~6
팩스 | 02-334-4284
E-mail | prume88@hanmail.net
인쇄·제본 | 한영문화사

ⓒ 프랑수아 드 페늘롱, 2012

ISBN 978-89-92650-80-9 03300

* 책값은 뒤표지에 표시되어 있습니다.

이 도서의 국립중앙도서관 출판시도서목록(CIP)은 e-CIP홈페이지(http://www.nl.go.kr/ecip)와
국가자료공동목록시스템(http://www.nl.go.kr/kolisnet)에서 이용하실 수 있습니다.
(CIP제어번호: CIP2012005348)